IMAGE-GUIDE FÜR DIE FRAU

Mary Spillane

IMAGE-GUIDE FÜR DIE FRAU

ERFOLGREICH IN BERUF UND ÖFFENTLICHKEIT

Deutsch von Beate Gorman

Hallwag Verlag Bern und Stuttgart

Für die Millionen Frauen, denen wir helfen durften, ihr Selbstbewußtsein zu entwickeln, und die nun das Beste aus sich machen.

Der Verlag dankt Frau Sylvia Haller, der Geschäftsführerin der COLOR ME BEAUTIFUL GMBH, für die Durchsicht des Textes und für die Ergänzung des Bildmaterials.

Die englische Originalausgabe ist unter dem Titel PRESENTING YOURSELF. A PERSONAL IMAGE GUIDE FOR WOMEN im Verlag Judy Piatkus, London, erschienen.

2. Auflage, 1994

Mode-Illustrationen: David Downton
Haare und Make-up: Martin Fletcher

Lektorat: Urs Aregger
Umschlag und Gestaltung: Robert Buchmüller, Sabine Meier
Satz: Utesch Satztechnik GmbH, Hamburg
Druck: Hallwag AG, Bern
Bindung: Grollimund, Reinach

ISBN 3-444-10424-3

Inhalt

Dank

Ich danke allen meinen Londoner Mitarbeitern, die mich in der hektischen Zeit bei der Vorbereitung dieses Buches unterstützt haben. Besonders danke ich der unvergleichlichen Veronique Henderson für ihr organisatorisches Talent und Ihre Ausdauer, alle Fragen mit mir auszudiskutieren. Sue Abbott bin ich für die kritische Durchsicht des Textes zu Dank verpflichtet. Trevor Castleton, mein Partner, sorgte dafür, daß während meiner Abwesenheit alles seinen geregelten Gang nahm.

Dank gebührt auch unseren hübschen Models Kate Cameron, Liz Baker, Pauline Brandt und Ruth Brooks, die die Botschaft dieses Buches professionell und äußerst stilvoll umsetzten.

Diane Williams von *Marks and Spencer,* Mark Binnington von *Next Directory,* Pamela Lewis von *Ken Lane*, South Moulton Street, *The World Gold Council, Fabrice Karel,* Gary von *Joel & Son* und *Bally Shoes* – sie alle sind geschätzte Kollegen, die uns für dieses Buch ihre prächtige Kleidung und tollen Accessoires zur Verfügung gestellt haben. Außerdem bin ich Martin Fletcher zu Dank verpflichtet, dessen künstlerische Fähigkeiten bei Frisuren und Make-up ich für alle wichtigen CMB-Projekte nutze.

Angie Michaels hält mich auf dem laufenden, was Veränderungen bei Unternehmenspolitik und -praktiken in den USA angeht – eine liebe Freundin und geschätzte Kollegin im Bereich des Image-Consulting.

Mein Dank geht auch an Steve DiAntonio und an das CMB-Team in den USA, das die europäischen Tochterorganisationen über die Farb- und Image-Beratung, die jetzt von COLOR ME BEAUTIFUL® weltweit eingesetzt wird, unterrichtet hat.

Schließlich geht mein Dank an das gesamte Team der CMB-Image-Consultants, die in Europa, Afrika, im Mittleren und Fernen Osten arbeiten und mir ständig Ideen liefern, wie wir unseren Service verbessern können, um die Bedürfnisse der Frauen von heute zu erfüllen.

Einleitung

Dieses Buch wurde für *Sie* geschrieben und handelt von *Ihnen* – davon, wie Sie sich Tag für Tag im Berufsleben präsentieren können. Ihr Aussehen, Ihr Verhalten und Ihre Sprache, die Art und Weise, wie Sie in Konferenzen auftreten oder sich präsentieren, ist für Ihre Karriere genauso wichtig wie Berufserfahrung und persönliche Fähigkeiten. Dieses Buch wird Ihnen dabei helfen herauszufinden, ob Ihr Image *für* oder *gegen* Sie arbeitet, und welche Verbesserungen sich anbieten.

Ein schlechtes Image macht alles zunichte, weil es Sie daran hindert, ihre wahren Qualitäten und Fähigkeiten zu zeigen. Viele wünschen sich, daß dies nicht der Fall sein möge, daß man uns nur nach unseren Leistungen und nicht nach zusätzlichen, als oberflächlich empfundenen Faktoren, etwa unserem Erscheinungsbild, beurteilen solle. Doch in der Geschäftswelt von heute ist es einfach eine Tatsache, daß *Ihre Person* wesentlich zur Vermittlung Ihrer Ideen beiträgt. Wie Sie sich «verkaufen» oder präsentieren, spricht Bände über Ihre Selbsteinschätzung und Ihren Respekt anderen gegenüber. Ihre Selbstdarstellung offenbart Ihr Gespür für Qualität, Kreativität und Professionalität.

Die Ratschläge, die ich Ihnen gebe, sind für Frauen in Großunternehmen, in mittleren wie auch in Kleinbetrieben gedacht, für jene, die am Anfang Ihrer Karriere stehen, bereits die Karriereleiter erklimmen oder nach einer größeren Pause zu Hause in den Beruf zurückkehren. Dabei versuche ich auch, nationale und kulturelle Grenzen zu überspringen und sowohl für gewinnorientierte als auch für gemeinnützige Unternehmen Ratschläge zu geben.

IHR PERSÖNLICHER IMAGE-GUIDE

Dieses Buch befaßt sich mit den Herausforderungen, denen Frauen am Arbeitsplatz begegnen. Ich spreche sehr gern vor gemischtem Publikum über das Thema «Image», um die Probleme zur Sprache zu bringen, die beide Geschlechter beim Umgang miteinander haben. Männer und Frauen brauchen jedoch auch Ratschläge zu persönlicheren Dingen, die sie in gemischten Gruppen nicht so gerne diskutieren: Körperform, Körperpflege und ähnliches. Daher werde ich mich in den folgenden Kapiteln von Frau zu Frau an Sie wenden. Für Männer gibt es einen eigenen Leitfaden*, der erklärt, wie sie sich selbstbewußter präsentieren können.

Das Buch in Ihrer Hand erläutert Ihnen, warum *Sie* in der Geschäftswelt und Öffentlichkeit die Botschaft sind und wie andere Sie sehen. Egal wie Ihr heutiges Image aussieht und wie gut es bisher in Ihrer Karriere funktioniert hat, vielleicht genügt es schon morgen an neuen Berufsschauplätzen nicht mehr.

Sie werden hier lernen, wie Sie ein Image entwickeln können, das zu Ihrer gegenwärtigen und zukünftigen Position, zu Ihrem Lebensstil und Ihrer Persönlichkeit paßt. Seien Sie unbesorgt: Ich werde Ihnen keine willkürlichen Vorschriften machen, denn es gibt keine einzig richtige Formel, die da lautet: «Kaufen Sie dieses Kostüm, tragen Sie diese Frisur, sprechen Sie auf diese Weise, und Sie werden Erfolg haben!» So einfach ist es nicht, aber es ist auch nicht besonders schwierig.

Sie werden bei der Bewertung Ihres jetzigen Images und der Frage, ob es den Ansprüche genügt, aktiv mitwirken und erfahren, wie Sie sich gegenüber Ihren Kolleginnen und Kollegen einschätzen, wenn es darum geht, ein selbstbewußtes, attraktives Image zu vermitteln – ob Sie dabei im Rang unter ihnen stehen, sich auf gleicher Ebene befinden oder ihnen vielleicht sogar einiges voraushaben.

Erfahren Sie, was an Ihnen Besonderes ist und wie Sie Ihre Vorzüge unterstreichen können, während Sie Ihre weniger attraktiven Merkmale in den Hintergrund rücken. Die meisten Frauen haben keinen perfekten Körper, und daher werden wir uns ehrlich damit befassen, wie Sie – ob «zu dick» oder «zu dünn» – am besten aussehen können. Sie werden nicht nur erfahren, wie Sie durch kluges Kaschieren das Beste aus Ihrer jetzigen Körperform machen können, sondern auch, wie Sie sich gesund erhalten durch Ernährung und Sport, so daß Ihnen für Ihr Geschäftsleben mehr Energie zur Verfügung steht.

Das Buch enthält zudem Tips, wie Sie sich auf Konferenzen verhalten sollten und wie Sie als Vorsitzende, Teilnehmerin einer Besprechung oder bei einer Präsentation Pluspunkte erzielen. Konferenzen sind wichtige Gelegenheiten, bei denen Sie Ihre Fähigkeiten zeigen, sich hervortun und Anerkennung finden können.

Wenn Ihnen nur schon beim Gedanken, vor einem Publikum stehend eine Rede zu halten, die Knie zittern, lernen Sie hier, wie Sie Ihren Zuhö-

* Image-Guide für den Mann, Hallwag Verlag, Bern und Stuttgart, 1994

rern allein durch Ihr Image so stark imponieren können, daß das, was Sie zu sagen haben, noch kompetenter und beeindruckender sein wird. Erfahren Sie, ob Ihre Stimme Ihr Auftreten unterstreicht oder die falschen Signale aussendet, vielleicht Angst, zu geringes Selbstbewußtsein oder Schwäche. Wenn Sie mögliche Probleme festgestellt haben, lernen Sie, wie diese gelöst werden können, indem Sie Ratschläge befolgen, die vor Ihnen schon bei Tausenden von Frauen mit Talent funktioniert haben.

Paßt Ihr heutiges Image zu dem Berufszweig, in dem Sie tätig sind? Planen Sie einen Karriereschritt, für den ein anderer Look erforderlich ist? Lesen Sie nach, wie Sie eine Feinabstimmung Ihres Images während Ihrer gesamten Karriere vornehmen können und *müssen.*

Vielleicht gehören Sie zu der wachsenden Zahl von Frauen, die von Ihrem Unternehmen zur Sprecherin gewählt werden. Vielleicht träumen Sie von einer Karriere in der Politik. Tips für hochfliegende Karrierepläne, bei denen Sie im Licht der Öffentlichkeit stehen, werden Ihnen helfen, vor einem wichtigen Fernsehinterview oder einer Wahlrede Ihr Erscheinungsbild entsprechend zu gestalten.

MEINE EIGENEN ERFAHRUNGEN

Sicher fragen Sie sich, woher ich die Qualifikation nehme, Ihnen solche Ratschläge zu erteilen. Ich bin Image-Consultant, aber ich arbeite auch als Managerin, Strategieplanerin, Rednerin und Trainerin. Dies ist im Grunde meine dritte Karriere – zuvor war ich in der US-amerikanischen Regierung und in der Managementberatung tätig. Ich war verantwortlich für Etats in der Höhe von 50 Millionen Dollar, leitete einen Stab von über 100 Mitarbeitern und bin sehr stolz darauf, ein erfolgreiches internationales Unternehmen mit einem Consultant-Netz von über 1000 Mitarbeiterinnen ganz von unten aufgebaut zu haben. Wie viele Leserinnen bin ich zudem Ehefrau und Mutter und daher starken Zwängen ausgesetzt, wenn es darum geht, mir persönlich Zeit zu nehmen, um mein eigenes Image aufzubauen (auch wenn dies meine Aufgabe im Beruf ist).

Ich schreibe dies, damit Sie sehen, daß ich neben meiner Beratertätigkeit in vielen Unternehmen, großen multinationalen Firmen und kleineren Betrieben persönliche Berufserfahrung als Mitarbeiterin vorweisen kann und aus erster Hand weiß, vor welchen Herausforderungen eine Frau steht, wenn sie das richtige Image für sich finden will. Als ich in den siebziger Jahren meine Karriere startete, hatten insbesondere Frauen kaum Vorstellungen, wie sie sich kleiden und pflegen mußten, um ernst genommen zu werden. Zudem gab es keine Berater in den Schulen, Universitäten oder Personalabteilungen, von denen sie eingestellt wurden. Wir waren die Neuen Frauen und mußten vorerst viel lernen.

Heute zucke ich zusammen, wenn ich an einige der Kleidungsstücke denke, die ich bei meiner Arbeit als Lobbyistin auf dem Capitol Hill in Washington trug, und ich hege keinerlei Zweifel, daß mich mein Erscheinungsbild bei vielen Gelegenheiten daran hinderte, das zu erreichen, was ich beabsichtigte. Für mein Alter wirkte ich sehr jung, und ich war in einem vorwiegend von Männern bestimmten Umfeld tätig. Aber ich nahm meinen Beruf ernst und arbeitete hart. Ich reservierte mir nicht die Zeit für so «unwichtige» Dinge wie Kleiderkäufe oder Friseurbesuche, und um Rat, wie ich ein wirkungsvolleres Image entwickeln könnte, fragte ich schon gar nicht. An wen hätte ich mich auch wenden können? Wenn ich nur damals schon gewußt hätte, was ich heute weiß...

IMAGE-CONSULTING

Als ich zu Beginn der achtziger Jahre nach Europa kam, erkannte ich bald einmal das Potential für einen neuen Service, der in den USA bereits ein paar Jahre zuvor Fuß gefaßt hatte – Image-Consulting. Es gab jedoch ein Problem: «Image-Consulting» war ein neues Phänomen, und die Europäer wollten auf keinen Fall fehlendes Wissen in Stilfragen zugeben, während die Amerikaner ganz verrückt darauf waren, das eigene Image zu verbessern. Mein Kampf sollte mühselig sein.

Das war vor zehn Jahren. Heute fragen sowohl politische Parteien als auch Unternehmen COLOR ME BEAUTIFUL um Rat. Für den Durchschnittsmann bzw. die Durchschnittsfrau ist ein Termin bei einem Image-Consultant nicht ungewöhnlicher als die Gesichtsbehandlung bei der Kosmetikerin oder ein Wochenende auf einer Beautyfarm.

Das COLOR-ME-BEAUTIFUL-Netz mit über 1000 speziell ausgebildeten Image-Consultants in 28 Ländern hat sich der Aufgabe verschrieben, seinen Kunden durch ein geeignetes Image zu mehr Selbstvertrauen zu verhelfen. Aufgrund ihrer begeisterten Reaktion entstand mein erstes Buch: *Kleider – Farben – Stil. Neues von COLOR ME BEAUTIFUL*, (Hallwag Verlag, Bern und Stuttgart, 1992). Es war für Frauen verfaßt, die im Haushalt oder in einem anderen Beruf aktiv waren, von den Teenagern bis hin zu den Großmüttern.

Es ist ebenfalls meinen Kundinnen zu verdanken, daß ich mir die Zeit für ein zweites Buch genommen habe. Diesmal geht es darum, wie man am Arbeitsplatz effektiv und gleichzeitig attraktiv wirkt. Nach einem

Seminar oder einer persönlichen Beratung zur Entwicklung eines neuen Image setzen die meisten Frauen zwei oder drei wichtige Empfehlungen gleich in die Tat um. Sie tragen beispielsweise Farben, die besser zu ihnen passen, kaufen sich eine neue Brille oder lassen sich eine attraktivere Frisur machen. Fast sofort ernten sie Komplimente von Kollegen und werden durch ihre Kunden bestärkt. Diese positive Reaktion spornt sie an, noch mehr darüber zu erfahren, wie sie das Beste aus sich machen können. Die Fragen werden schwieriger und spezieller. Diese Kundinnen wünschen sich ein «Nachschlagewerk für Image-Fragen», so daß sie sich Rat holen können, wenn sie mit einer neuen Situation konfrontiert werden oder wenn sie sich auf einen neuen Karriereschritt vorbereiten. Jetzt liegt dieses Buch vor.

Viele Frauen kommen zwei- oder dreimal zurück, um eine Feinabstimmung vornehmen zu lassen oder ihre Kenntnisse zu vertiefen. Dabei lernen sie, wie sie ihr Make-up auf den neuesten Stand bringen oder die Garderobe des letzten Jahres mit wenig Geld der neuen Mode anpassen können. Einige bitten auch um eine persönliche Begleitung beim Einkauf, um zu sehen, wie die Ratschläge von CMB in die Tat umgesetzt werden können. Es gibt sicher nicht viele Berufe, die so befriedigend sind wie das Image-Consulting, geht es dabei doch um Selbstachtung. Wir unterrichten Frauen nicht nur darin, wie sie sich kleiden, ihren Look auf den neuesten Stand bringen und Make-up wirkungsvoller tragen können oder wie sie Vorstellungen, geschäftliche oder private Auftritte besser meistern – wir geben ihnen vor allen das Selbstbewußtsein, *sie selbst* zu sein. Denn wie Sie in den nächsten Kapiteln lernen werden, geht es bei einem erfolgreichen Image nicht darum, daß andere Ihre schicken Kostüme bemerken oder Ihre Accessoires bewundern. Wichtiger ist vielmehr, daß andere Sie zuerst bemerken und sich anschließend, wenn Sie wieder gegangen sind, nicht mehr darauf besinnen können, *was* Sie getragen haben. Statt dessen haben sie in Erinnerung behalten, daß Sie professionell, attraktiv und erfolgreich ausgesehen haben.

Habe ich Sie bereits von der Bedeutung und dem Wert eines erfolgreichen Images überzeugt? Hier noch einige Ausschnitte aus Zuschriften von Frauen, die sich bei CMB beraten ließen – vielleicht mit gewissen Zweifeln vor ihrem ersten Besuch, die inzwischen aber offensichtlich verflogen sind:

«Die Tatsache, daß ich acht Monate nach meiner ‹Generalüberholung› befördert wurde, ist kein Zufall. Mein Chef hat mich sogar auf mein neues Erscheinungsbild angesprochen (während unseres Gesprächs sagte er dreimal: ‹toller Stil!›). Vielen Dank von einer dankbaren CMB-Anhängerin.»

Erfolgreiche Frauen lernen Tricks für ein besseres Aussehen kennen.

«Jahrelang habe ich mich einzig und allein auf meinen Job konzentriert und meinen Stil für völlig unwichtig gehalten. Jetzt weiß ich, daß das ein Fehler war! Es ist nicht weiter verwunderlich, daß meine Präsentationen bei dem schrecklichen Aussehen immer ein Krampf waren. Ich werde mich – Wort für Wort – an Ihre Ratschläge halten.»

«Ihr Seminar hat mich wirklich beeindruckt. Wie konnte ich nur so blind sein und nicht merken, welche negativen Signale ich ausgesandt habe? Ihre Ehrlichkeit hat mir gefallen. Innerhalb einer Woche habe ich all Ihre wichtigen Tips bereits umgesetzt. Jetzt bin *ich* diejenige, die andere beeindruckt!»

Und nun sind Sie an der Reihe!

Kapitel 1

Die Botschaft sind *Sie*

Legen Sie das Buch doch kurz zur Seite und fragen Sie sich, warum Sie es gekauft haben. Vielleicht hat eine Freundin es Ihnen empfohlen, oder es hat Sie gereizt, nachdem Sie es in der Buchhandlung durchgeblättert haben. Möglicherweise kennen Sie eine Frau, die sich bei COLOR ME BEAUTIFUL hat beraten lassen und anschließend wirklich vorteilhafte Veränderungen an ihrer Kleidung vornahm.

Irgendwo in Ihrem Innern schlummern Fragen über das persönliche Image und die Wirkung, die es auf Ihre Karriere hat. Wie präsentieren Sie sich Ihrer Meinung nach den Mitmenschen? Wie werden Sie wohl von anderen beurteilt, die Sie nicht kennen und Ihnen zum erstenmal begegnen? Haben Sie jemals darüber nachgedacht, was Sie anderen vermitteln wollen, welche Eigenschaften Sie bewundern und womit man Sie in Verbindung bringen soll?

Stellen Sie sich vor, daß Sie mit einer Kollegin in der Nähe Ihres Büros einen Kaffee trinken. Die Leiterin eines Konkurrenzunternehmens, für das Ihre Kollegin früher einmal gearbeitet hat, betritt das Lokal und setzt sich für ein paar Minuten zu Ihnen. Welchen Eindruck haben Sie in dieser kurzen Zeit wohl auf sie gemacht? Wie können Sie in ein paar Minuten klug und kreativ wirken, ohne unangenehm aufzufallen und das Gespräch zu beherrschen? Wie können andere spüren, daß Sie verläßlich und effizient sind, ohne von Ihrem Vorgesetzten die Personalakte anfordern zu müssen? Wie können Sie – beispielsweise im Außendienst – erfolgreich aussehen, ohne mit Ihren Leistungen anzugeben?

Die Antwort ist einfach: all dies bewirkt Ihr Image. Kleidung, ein gepflegtes Äußeres, Stimme und Verhalten sagen beim Zusammentreffen mit anderen innerhalb von wenigen Minuten sehr viel über einen Menschen aus. Wir alle schätzen einander ein und beurteilen die Wertvorstellungen, den Hintergrund und die Fähigkeiten anderer, indem wir solche Hinweise registrieren. Wenn Sie bei Ihrer Kleidung auf Nummer Sicher gehen und sich ohne Flair kleiden, wird man Sie dann für kreativ halten? Wenn Sie zögernd sprechen, Augenkontakt vermeiden, gelten Sie dann nicht als wenig selbstbewußt, statt Signale für Erfolg zu geben? Wenn Sie abgekaute Nägel haben, wird man Sie dann im Beruf für diszipliniert halten? Wirken Sie reif, wenn Sie um zehn Uhr morgens zum Cola-Automaten laufen? Aussehen, Sprechweise, Auftreten – all das sendet wichtige Botschaften aus, die etwas über Sie und den gegenwärtigen Stand Ihres Erfolges aussagen. In gewisser Weise besagen Sie auch etwas über Ihr restliches Potential.

WIE ANDERE UNS SEHEN – UND BEURTEILEN

Sie sollten nicht eine Sekunde lang glauben, daß Sie nur ein paar Tricks erlernen müssen und alle damit zum Narren halten können, indem Sie vorgeben, jemand anderer zu sein. Ihr Image muß Ihr jetziges Ich oder Ihr zukünftiges Potential widerspiegeln. Der Eindruck, den Sie erwekken, sollte Ihrer Persönlichkeit entsprechen. Wenn Sie die an Sie gestellten Erwartungen nicht erfüllen können, wird Ihr Image Sie nicht tragen und in sich zusammenbrechen. Doch dies bedeutet nicht, daß Ihre möglichen Schwächen nicht überwunden werden können. Wenn Sie Angst davor haben, vor Publikum zu sprechen, können Sie lernen, wie man mit Streß umgeht, eine gute Präsentation vorbereitet und durchführt. Wenn Ihr Kleidungsstil nicht besonders aufregend ist, können Sie lernen, wie man sich besser zurecht macht und schicker aussieht. Wenn Ihre Eltern es versäumt haben, Ihnen die Feinheiten der Tischmanieren beizubringen, können Sie lernen, wie man sicher ein Fünf-Gänge-Menü in einem Top-Restaurant absolviert. Ein erfolgreiches Image ist ehrlich, macht gleichzeitig das Beste aus Ihrer Persönlichkeit und gibt Ihnen das Selbstbewußtsein, in jeder Situation ganz Sie selbst zu sein.

Neueste Untersuchungen in Großbritannien und in den USA weisen nach, daß vieles – von der Entscheidung, ob man einen Job überhaupt bekommt bis hin zu den weiteren Karriereschritten – vom persönlichen Image abhängt. Unternehmensleiter, Personalchefs und Manager in Amerika und Europa sind sich darin einig, daß das Äußere stimmen muß, damit jemand für einen Job überhaupt in Betracht gezogen werden kann. In Großbritannien waren 93 Prozent und in den USA sogar 96 Prozent derjenigen, die im Geschäftsleben wichtige Entscheidungen treffen, der Meinung, daß die Selbstdarstellung des Bewerbers der wichtigste Faktor ist, um eine Arbeitsstelle zu erhalten. Auf dem heutigen, von Konkurrenzdenken geprägten Arbeitsmarkt reicht es einfach nicht aus, «qualifiziert» oder auch «erfahren» zu sein, um den gewünschten Job zu bekommen – Arbeitgeber wollen mehr. Je höher die Befragten in der Unternehmenshierarchie angesiedelt waren, desto eher waren sie der Meinung, daß das Image lebenswichtig für Berufserfolg und Weiterkommen ist.

Eine dreijährige Studie des Center for Creative Leadership (Zentrum für kreative Führung) in den Staaten kam zu dem Ergebnis, daß Frauen, die die berühmt-berüchtigte «Glasdecke» durchbrechen wollen, ganz speziell auf ihr Image achten sollten, damit sie sich bei ihren Karriereversuchen nicht selbst im Wege stehen. 35 Prozent der Frauen, die sich «auf der Überholspur» nicht durchsetzen konnten und «entgleisten», mußten sich sagen lassen, daß ihr schlechtes Image der Hauptgrund für den Mißerfolg war.

Wir baten die Firma Robert Half Associates, 300 der führenden Personalchefs in Großbritannien zu befragen, welche Bedeutung Sie dem Image für die Karriere einer Frau zumessen. 93 Prozent von ihnen erklärten, daß das persönliche Image einer Frau «sehr wichtig» oder «äußerst wichtig» für die Entwicklung ihrer Karriere und für ihren Erfolg sei. Dies wird von einer neuen Erhebung des oben erwähnten «Zentrums» zum beruflichen Durchbruch von Frauen bestätigt. Darin wird ein eindrucksvolles Image als einer der Faktoren zitiert, die für den Erfolg von Karrierefrauen in einem vorherrschend männlichen Arbeitsumfeld oder in Positionen, die vorher Männer innehatten, von Bedeutung waren. Insgesamt wurde das Image der erfolgreichsten Frauen als «modisch, kultiviert, geschäftsmäßig und respekteinflößend» beschrieben.

WIE WIR UNS SELBST SEHEN

Unser Erscheinungsbild hat nicht nur Auswirkungen darauf, wie andere uns wahrnehmen, sondern – was genauso wichtig ist – auch darauf, wie wir uns selbst sehen. Wenn Sie gut aussehen, fühlen Sie sich selbstbewußter. Ein positives Image hat Auswirkungen auf Ihre Selbstachtung, Sie bewerten sich höher und freuen sich über die Bestärkung durch andere.

Ihr Image hat Auswirkungen auf Ihre Leistung. Wenn Sie gut aussehen – attraktiv und passend gekleidet – und auch fit sind, erfahren Sie mehr Anerkennung von anderen, und zwar nicht nur aufgrund Ihrer Kleidung, sondern auch, weil Sie sich Ihrer Rolle entsprechend verhalten. Denken Sie einmal an Komplimente im Beruf im Stile «eine großartige Präsentation», «Sie haben das bestens gehandhabt», «Gut sehen Sie aus» usw. Fühlen Sie sich dabei nicht großartig? Wenn Sie meinen, daß Sie eine gute Leistung gezeigt haben, den Erwartungen entsprochen oder sie sogar übertroffen haben, wollen Sie dann nicht weiter gute Arbeit leisten und sich sogar noch steigern? Dieser Verstärkungsprozeß eines positiven Selbstbildes verläuft zyklisch. Ein besseres Image führt zu größerem Selbstbewußtsein, das Ihnen mehr Selbstvertrauen verleiht, was wiederum die Leistung steigert, so daß Sie größere Anerkennung erfahren, und diese stärkt wieder Ihr Selbstwertgefühl.

Bei unserer Arbeit als Image-Beraterinnen sehen wir leider nur allzu oft, daß der gewünschte Prozeß genau umgekehrt abläuft: Hart arbeitende Frauen, die durchaus fähig und talentiert sind, werden in ihrer Karriere behindert, weil sie ein schlechtes Selbstbild und geringe Selbstachtung besitzen, was es ihnen sehr erschwert, sich zu entfalten und die Anerkennung zu erhalten, die sie eigentlich verdienen. Ein negatives Image – etwa durch schlechte Kleidung, mangelnde Pflege, schlechte Gesundheit, zu geringes Selbstvertrauen oder fehlende Ausstrahlung – kann zu einer Verschlechterung der Leistung, ja zu völliger Entmutigung führen.

Ein Experiment mit zwei Gruppen von Bewerberinnen für einen Arbeitsplatz soll dies illustrieren. Beide Gruppen wurden vor dem Bewerbungsgespräch geschminkt, doch der einen Gruppe sagte man, daß eine unattraktive Narbe im Gesicht hinzugefügt worden sei, obwohl diese Frauen genau wie jene der anderen Gruppe vorbereitet worden waren. Als die Frauen nach dem Gespräch Bericht erstatteten, erklärten jene, die angeblich eine Narbe hatten, daß ihr Gegenüber distanziert reagiert habe und durch die vermeintliche Narbe abgestoßen worden sei. Die Gespräche verliefen für die Bewerberinnen, die glaubten, sie seien mit einer Narbe verunziert, allgemein schlecht, wirkten sie doch weniger selbstbewußt und ängstlicher als die Teilnehmerinnen der anderen Gruppe.

Unser Erscheinungsbild hat also auf uns selbst genauso viele Auswirkungen wie auf die Menschen, mit denen wir leben, arbeiten und jeden Tag zusammentreffen. Was hindert Sie daran, völliges Selbstvertrauen in sich selbst zu haben? Welche verletzende Kritik haben Sie von Freundinnen oder Kollegen in bezug auf Kleidung, Gewicht, Haut oder Frisur in der Vergangenheit einstecken müssen? Haben Sie versucht, sich, das heißt Ihr Image, seit Beginn Ihrer Karriere zu verbessern? Wenn nicht, können Sie es sich wirklich leisten, die Rolläden herunterzulassen und die Barrieren, die Sie am eigenen Erfolg hindern, zu ignorien?

IHRE IMAGE-BILANZ

Dieses Buch bietet Ihnen hier die Möglichkeit, sich selbst einmal eingehend zu betrachten und ehrlich einzugestehen, welche Aspekte Ihres Images Sie daran hindern, Karriere zu machen. In den nächsten Kapiteln werden wir uns auf Ihr Erscheinungsbild konzentrieren und darauf, wie Sie mehr aus sich machen können. Hier wollen wir feststellen, mit welchen Aspekten Ihres Image Sie zufrieden sind und wo Sie Hilfe brauchen.

Kreuzen Sie nun an, wie Sie sich selbst einschätzen:

Image-Faktor	**Eine Schwäche**	**Auf der Höhe anderer**	**Überdurch-schnittlich**	**Erstklassig**
Qualität der Stimme	☐	☐	☐	☐
Kommunikationsfähigkeit (Schrift und Stimme)	☐	☐	☐	☐
Eignung zur Präsentation	☐	☐	☐	☐
Verhalten in einer Gruppe	☐	☐	☐	☐
Tischmanieren	☐	☐	☐	☐
Augenkontakt	☐	☐	☐	☐
Handschlag	☐	☐	☐	☐
Haltung	☐	☐	☐	☐
Fitneß	☐	☐	☐	☐
Pflege (von Haaren, Haut, Händen usw.)	☐	☐	☐	☐
Kleidung/ persönlicher Stil	☐	☐	☐	☐
Benehmen	☐	☐	☐	☐

Geben Sie sich drei Punkte für jede Kategorie, die Sie mit «erstklassig», zwei Punkte für jede Kategorie, die Sie mit «überdurchschnittlich» bewertet haben und einen Punkt, wenn Sie sich als «auf der Höhe anderer» empfinden. Natürlich erhalten Sie keine Punkte für Schwächen.

- Bei *weniger als 8 Punkten* sind Sie das Opfer eines katastrophalen Images. Wie Sie bisher in Ihrem Job bestanden haben, muß wohl ein Geheimnis bleiben.
- Bei einem Ergebnis von *9 bis 12 Punkten* zählen Sie zu den Durchschnittsfrauen, die einem Menschen selten zu nahe treten, aber nur wenige Punkte bei denjenigen erzielen, die für ihre Karriere wichtig sind – dem aktuellen und dem zukünftigen Arbeitgeber.
- Wenn Sie auf *13 bis 24 Punkte* gekommen sind, so haben Sie einiges versucht, um sich hervorzutun, besitzen jedoch ein unbeständiges Image, das in mancher Hinsicht gut, an anderen Stellen jedoch schwach ist.
- Bei *25 bis 36 Punkten* wissen Sie, daß Ihr Image wichtig ist. Zweifellos haben Sie viel unternommen, um sich selbst zu verbessern. Vielleicht konnten Sie von Anfang an auf Ihre Eltern zählen, die Ihnen beigebracht haben, wie wichtig Benehmen, Tischmanieren oder gute Kleidung sind. Andere Aspekte wiederum eigneten Sie sich durch spezielles Training, Beobachtung oder gute Bücher an. Mein Kompliment!

Sie verdienen in jedem Fall ein erstklassiges Image, ein Erscheinungsbild, durch das Sie sich den Respekt und die Wertschätzung anderer gewinnen. Von noch größerer Bedeutung jedoch ist Ihr Selbstvertrauen, damit Sie ganz Sie selbst sein können. Mit diesem Thema beschäftigt sich dieses Buch – das Beste aus sich zu machen und sich im bestmöglichen Licht zu präsentieren, egal welche Sprosse der Karriereleiter Sie bereits erklommen haben oder ob Sie erst gerade dabei sind, die Ärmel hochzukrempeln.

DIE FEINABSTIMMUNG

Es ist ganz wichtig, Ihr Image während Ihrer Karriere ständig weiterzuentwickeln. Was auf einer Ebene, in einem Geschäftszweig, in einer Kultur funktioniert, kann an anderer Stelle unpassend sein und wenig Erfolg bringen. Die clevere Geschäftsfrau schätzt die nicht greifbare Natur einer neuen und anderen Umgebung richtig ein und nimmt die notwendigen Anpassungen vor – nicht nur, um dazuzugehören, sondern auch, um den Erfolg abzusichern.

Als nächstes wollen wir uns mit den Schlüsselereignissen befassen, die in Ihrer Karriere wahrscheinlich auftreten werden. Sie alle können ein wichtiger Einschnitt sein, der etwas Positives zur Verbesserung Ihres Images beiträgt. Alle notwendigen Strategien zur erfolgreichen Handhabung dieser Einzelschritte werden in späteren Kapiteln in allen Details behandelt.

DAS ERSTE BEWERBUNGSGESPRÄCH

Wieviel Mühen man doch für seinen ersten schriftlichen Lebenslauf aufwendet! Manche sitzen tagelang über Fachbüchern und besuchen sogar Kurse, in denen sie lernen, wie man sich in Schriftform präsentiert, doch viel zu wenige sind sich der Bedeutung des persönlichen Images beim Bewerbungsgespräch bewußt.

Jetzt stoßen wahrscheinlich viele Studentinnen und jungen Frauen einen Seufzer aus: «Aber so etwas kostet doch Geld!» Das trifft tatsächlich am Anfang zu. Wenn Sie also keine passende Kleidung besitzen und sich nichts von einer Freundin leihen können, sollten Sie einen Kredit in Betracht ziehen. In einer Befragung von Personalchefs erwiesen sich folgende Punkte als Schlüsselfaktoren, die bei einem Bewerbungsgespräch einen günstigen Eindruck vermitteln:

1. ein schickes Kostüm
2. ein fittes und gesundes Aussehen
3. eine attraktive Frisur
4. ein hübsches Make-up.

An anderer Stelle werden Sie erfahren, wie Sie Ihre Kleidung Ihrer Person und Ihrem Budget entsprechend auswählen können, und wie Sie sich bei Bewerbungsgesprächen verhalten sollten. Doch vorerst ist es wichtig zu begreifen, welch große Bedeutung Ihr persönliches Image auf dem wettbewerbsorientierten Arbeitsmarkt hat, speziell dann, wenn Sie keine Erfahrung haben und «nur sich selbst» und Ihr Potential zu verkaufen haben.

IHRE ERSTE LEITENDE STELLUNG

Jetzt, da Sie sich in Ihrem Unternehmen weiter nach oben gearbeitet haben, erhalten Sie Ihre erste Gelegenheit zu lernen, daß die wahren Herausforderungen in der Geschäftswelt darin bestehen, «Probleme unter Menschen» zu lösen. Diese Aufgaben reichen von der Überwachung der Angestellten bis hin zum Anleiten ehemaliger Kollegen. Alle wissen, daß es Ihre erste Chance ist, ein Team zu führen. Einige werden nach Ihren Fersen schnappen und versuchen, Ihren Erfolg zu unterminieren, während andere Sie tatkräftig unterstützen.

Die Wahrscheinlichkeit, daß dies gelingt, ist größer, wenn die anderen das Gefühl haben, daß Sie für das Team arbeiten und nicht nur für sich selbst. Dennoch sind Sie jetzt keine Teamspielerin mehr, sondern Leiterin der Gruppe, und diese Veränderung Ihres Status sollten Sie geschickt vermitteln. Dazu gehört, daß Sie sich professioneller kleiden. Tragen Sie keine Pullover mehr, sondern nur noch Jacken und schicke Accessoires, die farblich zur Kleidung passen. Denken Sie daran, daß nackte Beine unprofessionell wirken, und auch ein Make-up gehört unbedingt zu Ihrem gepflegten Äußeren. Stellen Sie Richtlinien für ein modischeres Erscheinungsbild des gesamten Teams auf.

Vorher haben Sie wahrscheinlich am Konferenztisch gesessen und auf eine Gelegenheit gewartet, andere Ihre Anwesenheit fühlen zu lassen. Jetzt ist es Ihre Aufgabe, Geschwindigkeit, Stil und Ton Ihrer eigenen Besprechungen zu bestimmen. Bereiten Sie sich gut vor, lesen und studieren Sie alles mögliche, um die richtige Botschaft an Ihr Team und an jene, die Vertrauen in Ihre Beförderung gesetzt haben, auszusenden.

IM HÖHEREN MANAGEMENT

Sie haben inzwischen so gute Leistungen erbracht, daß man Sie bittet, mehr und andere Verantwortung zu übernehmen, aber noch immer müssen Sie viel lernen. Wenn sich erst einmal die erste berauschende Aufregung über die Beförderung gelegt hat, kann Panik einsetzen, wenn Sie nicht ausreichend vorbereitet sind.

Dummerweise versuchen viele, in diesem Stadium zu bluffen; andere beschließen, in allen Dingen Expertin zu werden, und büffeln eifrig, um alle Aspekte der neuen Aufgabe zu verstehen. Beide Wege führen nicht zum Erfolg. Bedenken Sie, daß Ihre Mitarbeiter Ihre Führungsstärke brauchen und suchen – Ihr Mitarbeiterstab sollte daher spüren, daß Sie alles unter Kontrolle haben, aber gleichzeitig sollten Sie Hilfe, die man Ihnen anbietet, willkommen heißen. Hören Sie zu und lernen Sie. Ohne die Kooperation Ihrer Kollegen werden Sie keinen Erfolg haben.

Ihre Fähigkeiten zur Kommunikation und Präsentation sind in diesem Stadium von größter Bedeutung für Ihre Karriere. Wenn Sie es bisher noch nicht gelernt haben, wie Sie entspannt vor größeren Gruppen sprechen können, steht diese Aufgabe jetzt im Vordergrund. Die schriftliche Kommunikation ist wichtig, aber Sie werden sehr viel mehr Einfluß haben, wenn Sie mit Ihren Mitarbeitern auch reden können, Vorschläge von ihnen erhalten und Ideen effektiv mit Ihnen diskutieren. Weiteres in Kapitel 11.

Selbst wenn Sie unter Druck stehen, dürfen Sie Ihr persönliches Image nicht vernachlässigen. Es ist von größter Bedeutung, daß man glaubt, Sie haben alles im Griff. Denken Sie daran, sich vernünftig zu ernähren und nehmen Sie sich die Zeit, regelmäßig ein wenig Sport zu treiben. Gehen Sie mindestens einmal im Monat zum Friseur und vergessen Sie nicht Ihr Make-up. Die meisten Frauen wirken ohne es farblos, ungepflegt und müde.

Besuchen Sie Ihre neuen Teams am Arbeitsplatz. Lassen Sie sich in den Läden oder Fabrikationsanlagen Ihres Unternehmens sehen. Improvisierte Besuche sind oft die beste Gelegenheit, die Leute mit Köpfchen in einem Unternehmen kennenzulernen, jene Menschen, die Ihnen wirklich erklären können, wie bestimmte Dinge funktionieren und was tatsächlich abläuft. Gelegentliche Zusammenkünfte mit dem allgemeinen Mitarbeiterstab sind oft erfolgreicher, wenn sie in kleineren Gruppen und weniger formell als Ihre Managementsitzungen abgehalten werden. Fördern Sie Diskussionen, indem Sie freundlichere Farben tragen. Näheres dazu erfahren Sie in Kapitel 4.

DIE GRÜNDUNG EINES EIGENEN UNTERNEHMENS

Heute entscheiden sich mehr Frauen als Männer dazu, ein eigenes Unternehmen zu gründen. Oft haben sie eine konservativ ausgerichtete Firma verlassen, weil sie mehr Flexibilität brauchen, um mit der Doppelbelastung als Ehefrau und Mutter sowie Karrierefrau fertigzuwerden. Nur wenige berufliche Möglichkeiten sind so herausfordernd oder potentiell lohnend wie der Aufbau eines Unternehmens aus dem Nichts. Zudem versprechen sie größere Freiheiten. Dennoch kann die Arbeit am Anfang stark an Ihren Kräften zehren, und Sie müssen unbedingt einen kühlen Kopf bewahren.

Allen, von denen dieses neue Unternehmen abhängt, sollte vermittelt werden, daß Sie bedingungslos an sich selbst glauben. Zu diesem Personenkreis zählen auch Ihre Geldgeber, Lieferanten, potentielle Kunden und natürlich Ihre ersten Mitarbeiter.

Als Unternehmerin haben Sie in der Kleidungsfrage mehr Freiheiten als im Betrieb oder im Büro. Doch wenn Sie mit Außenstehenden zu tun haben, sollten Sie zur traditionellen Geschäftskleidung zurückkehren, um Vertrauen zu erwecken. Vielleicht werden in Ihrem neuen Unternehmen Gymnastikanzüge hergestellt. Diese sollten Sie lieber nicht tragen, wenn Sie sich mit einem Geldgeber treffen...

Die meisten neuen Unternehmen haben einen engen finanziellen Spielraum. In den ersten drei Jahren werden nur selten Gewinne erzielt, so daß oft recht bescheidene Bezüge für die Unternehmensleiterin zur Verfügung stehen. Gerade in dieser Zeit kann es vorkommen, daß Ihre Kleidung ein wenig altmodisch und abgetragen wirkt, da jede Mark, jeder

Franken, die Sie erübrigen können, für notwendige Anschaffungen ausgegeben werden muß. Doch wenn Sie eine neue Dienstleistung oder ein neues Produkt auf den Markt bringen, sollten Sie genauso frisch wie Ihre Idee wirken. Das bedeutet nicht unbedingt, daß Sie teure Kleidung tragen müssen – schon Kleinigkeiten können darauf hinweisen, daß Sie auf dem neuesten Stand sind, daß Sie wissen, was zur Zeit aktuell ist, daß Sie die Hand am Puls des Kunden haben.

EIN BERUFSWECHSEL

Sie streben einen Berufswechsel an, wenn Ihnen die jetzige Aufgabe keinen Spaß mehr macht oder wenn Sie eine größere Herausforderung in Ihrer Karriere suchen. Unabhängig von Ihrer Motivation enthalten solche Veränderungen immer ein Element des Risikos. Sie verlassen bekanntes Gebiet, in dem Sie sich auskennen. Mitarbeiter innerhalb und Ihre Kontaktpersonen außerhalb des Betriebs kennen Sie, und Sie wissen um Ihren Wert, was das Leben oft erleichtert.

Ein Berufswechsel ist eine der streßreichsten Erfahrungen im Leben. Sie lernen eine neue Geschäftskultur kennen und müssen sich erst wieder zurechtfinden. Doch am wichtigsten ist, daß Sie sich schnell verkaufen, damit Ihnen der Übergang möglichst leicht fällt. Deshalb müssen Sie die Kultur und den Stil des neuen Unternehmens verstehen, bevor Sie überhaupt zu Ihrem ersten Vorstellungsgespräch aufbrechen.

Nach Möglichkeit sollten Sie die Eingangshalle der Firma an einem Arbeitstag besichtigen, um zu sehen, wie die Menschen dort gekleidet sind. Reden Sie mit Bekannten, die zu dem Unternehmen, bei dem Sie sich bewerben, Kontakte haben, und versuchen Sie, ein Gespür für das neue Umfeld zu bekommen. Erkundigen Sie sich nicht nur danach, was in dem Jahresbericht der Firma steht, sondern lesen Sie Presseberichte darüber, wie die Konkurrenz der Firma aussieht und wo das Unternehmen zur Zeit seine Prioritäten setzt.

Um die Stelle tatsächlich zu bekommen, müssen Sie von Anfang an so aussehen, als seien Sie schon Teil dieser bestimmten Kultur, und sich entsprechend verhalten. Alle Arbeitgeber suchen Mitarbeiter, die dazupassen, und keine, die offensichtliche Gegensätze verkörpern.

Wenn Sie von dem Unternehmen tatsächlich eingestellt wurden, möchten Sie sicher möglichst viel Unterstützung finden, gleichzeitig wollen Sie aber auch die Autorität ausstrahlen, die Ihre neue Stellung erfordert.

Versuchen Sie auf keinen Fall, Ihre Vorgängerin oder Ihren Vorgänger nachzuahmen; wirken Sie ganz natürlich, aber achten Sie darauf, daß Sie sich nicht zu sehr aufplustern. Geben Sie, was Ihren Umgang mit den

Mitarbeitern, anderen Kollegen und auch Vorgesetzten angeht, frühzeitig den Ton an.

Wenn Ihre Karriere sich an einem Scheideweg befindet und Sie einen mutigen Karriereschritt wagen wollen, sollten Sie dieses Buch ganz besonders sorgfältig lesen. Sie werden alles Wichtige erfahren, was Ihnen nicht nur zu einer faszinierenden beruflichen Aufgabe verhilft, sondern Sie gleichzeitig schnell zu einem großen Gewinn für das Unternehmen werden läßt.

DIE RÜCKKEHR AN DEN ARBEITSPLATZ

Wenn Sie für einige Zeit Ihrem Beruf den Rücken zugekehrt hatten, haben Sie zweifellos große Angst, in der «Außenwelt» nicht mehr akzeptiert zu werden. Viele Frauen, die etwa nach einer «Familienpause» neue Herausforderungen suchen, erfahren schnell, wie viel sich während ihrer Abwesenheit verändert hat.

Die technologischen Veränderungen sind schon verwirrend genug, aber sie lassen sich verhältnismäßig leicht nachvollziehen, indem Sie an einem Auffrischungskurs teilnehmen, wie sie von Volkshochschulverbänden oder den Industrie- und Handelskammern angeboten werden.

Das wahre Problem für Frauen, die nach ein paar Jahren in den Beruf zurückkehren, besteht darin, daß sie «altmodisch» wirken können. Ein persönliches Image, das noch vor drei Jahren als akzeptabel galt, kann heute im Büro sehr altbacken wirken. Beobachten Sie Frauen auf dem Weg zur Arbeit – achten Sie darauf, wie sie sich heute kleiden. Was ist anders geworden? Sie werden zweifellos feststellen, daß neben den auffälligeren Veränderungen an der Kleidung besonders Frisuren und Accessoires sich gewandelt haben.

Ihre Frisur und Ihr Make-up sollten unbedingt an erster Stelle stehen, bevor Sie zu einem wichtigen Vorstellungsgespräch gehen. Während der Familienpause vernachlässigen die meisten Frauen ihr Aussehen zugunsten wichtigerer Aufgaben, aber die Geschäftswelt verlangt nach einem gewissen Schliff. Wenn Sie sich beim Friseur über einen neuen Haarschnitt unterhalten, sollten Sie sich gleich erkundigen, was Sie zu seiner Pflege tun müssen. Lernen Sie, wie Sie Ihr Make-up auf den neuesten Stand bringen, indem Sie die attraktivsten Farben und Techniken anwenden.

Nehmen wir einmal an, daß Sie für das Bewerbungsgespräch ein neues Outfit brauchen, das Ihnen viel Selbstvertrauen verleihen soll. Kapitel 4, 5 und 6 liefern viele Ideen zur Kleiderwahl, so daß Sie ohne Mühe etwas auswählen können, in dem Sie nicht nur großartig aussehen, sondern das auch auf vielfältige Weise mit anderen Kleidungsstücken, die Sie bereits besitzen oder später kaufen werden, kombiniert werden kann.

Schließlich sollten Sie alles im richtigen Verhältnis sehen. Sie sind eine talentierte Frau mit großen Fähigkeiten als Managerin, die sich wieder dem traditionellen Berufsleben einordnen will. Schließlich waren Sie in der Zwischenzeit nicht «arbeitslos», sondern einfach nur in einem anderen Lebensbereich tätig. Bringen Sie also Ihr Image in Form, indem Sie professionell aussehen, und zeigen Sie, daß es Ihnen damit ernst ist.

NACH DER ENTLASSUNG

In den letzten Jahren haben nur wenige den Auswirkungen der wirtschaftlichen Rezession entgehen können, die die meisten Industrieländer heimgesucht hat. Sicherlich kennt fast jede Leserin jemanden, vielleicht sogar im engeren Familienkreis, der durch eine Entlassung am Boden zerstört wurde. Vielleicht waren Sie auch selbst von einer solchen Maßnahme betroffen. Auch wenn Sie rational erklären können, warum Sie Ihre Stelle verloren haben, helfen solche vernünftigen Erklärungen oft wenig, um die Selbstachtung zu bewahren.

Zeiten, in denen man arbeitslos ist, können befreiend, aber auch belastend sein. Zum großen Teil hängt dies natürlich von Ihrer finanziellen Situation ab. Außerdem bringt eine Änderung des Lebensstils auch oft körperliche Veränderungen mit sich. Viele freigestellte Arbeitnehmerinnen und ihre Arbeitgeber haben sich an CMB-Consultants gewandt, um sich für Vorstellungsgespräche beraten zu lassen. Wir haben beobachtet, daß viele Betroffene zwischen zwei Stellen zu- oder abnehmen, so daß ihre Kleidung nicht mehr richtig sitzt, aber das letzte, was diese Menschen hören wollen, ist die Aufforderung, sich ein neues, passendes Outfit zu kaufen.

Wenn Sie von einer Entlassung betroffen sind, sollten Sie versuchen, fit zu bleiben. Ihnen bietet sich eine großartige Möglichkeit, sowohl Ihr körperliches Erscheinungsbild als auch Ihre geistige Einstellung zu verbessern. Nehmen Sie die Herausforderung an und werden Sie aktiv! Ein gut funktionierender Körper hält auch den Geist wach. Wenn Sie ein wichtiges Vorstellungsgespräch in Aussicht haben, wirken Sie nicht gequält, sondern energiegeladen. Falls Sie noch weitere Aufmunterung brauchen, so schlagen Sie in Kapitel 9 nach.

Kapitel 2

Das «richtige» Image

Heute werden wir Frauen mit Ratschlägen bombardiert, wie wir uns nach einem Arbeitsplatz umsehen sollten. Zeitschriften, die uns als Leserinnnen gewinnen wollen, zeigen attraktive, junge Models, die modische, aber umwerfend kurze oder enge Kleidung tragen, die von männlichen Mitarbeitern eher als sexuelle Belästigung bezeichnet werden könnte, trüge man sie im Büro. Erfolgsfrauen in echten Unternehmen wissen, daß es nur zu Schwierigkeiten führt, wenn man sich zu provozierend kleidet – zudem wirkt es oft geradezu lächerlich. Warum bestehen die Zeitschriften dennoch auf solchen Vorstellungen für das Berufsleben?

Im letzten Jahr druckte eine britische Zeitschrift, die sich speziell an berufstätige Frauen wendet, einen Fotoartikel, in dem ein hübscher Teenager mit langem, blondem Haar abgelichtet war. Das Model trug ein kurzes, rotes Strickkleid, in dem es besonders zerbrechlich aussah. Das Bild war sehr effekthascherisch, aber glaubte man in der Redaktion tatsächlich, daß Frauen, die männliche Mitarbeiter unter sich haben oder in den Vorstand der Firma vorstoßen wollen, sich so kleiden sollten? Die Zeitschrift verteidigte sich mit dem Hinweis, daß es sich eben um ein Image handle, wie es berufstätige Frauen im Büro gerne vertreten *würden*.

Viele Frauen trügen wohl Jogging-Anzüge oder Jeans im Büro, wenn Ihnen dies freigestellt wäre; aber sie wissen, daß sie unweigerlich ihren Arbeitsplatz verlieren würden. In den Vereinigten Staaten entfaltet sich zur Zeit in vielen Unternehmen eine neue Verrücktheit – sogenannte «zwanglose Tage» *(Casual Days)*. Einmal in der Woche oder im Monat kommen die Mitarbeiter «im freien Stil» zur Arbeit. Viele nutzen die neue Freiheit und erscheinen in Jogging-Anzügen, Shorts und abgetragenen Jeans... Es ist noch zweifelhaft, ob es wirklich Vorteile bringt, die Kleidervorschriften eines Unternehmens zu lockern, aber karrierebewußte Frauen sollten sich ihre Chancen nicht durch zu saloppes Auftreten verbauen.

Nur in wenigen Berufszweigen (selbst in den weiblich dominierten) kann eine Frau sich nach Lust und Laune kleiden, wenn auch die Normen für die Arbeitskleidung von Frauen überhaupt erst vor etwa zwanzig Jahren festgelegt wurden, in der Zeit nach dem Höhepunkt der Frauenbewegungen und speziell in den achtziger Jahren, als sich immer mehr Frauen für eine berufliche Karriere entschieden oder aufgrund ihrer materiellen Situation gezwungen waren, berufstätig zu werden.

Jetzt, da immer mehr Frauen in einflußreiche Positionen aufsteigen, hören wir mit einem Mal, daß wir uns größere Freiheiten herausnehmen können. Doch wenn Sie einmal Frauen beobachten, die im Vorstand eines Unternehmens sitzen oder ein hohes politisches Amt innehaben, werden Sie meistens ein völlig konventionelles, klassisches Busineß-Image feststellen. Diese Frauen haben ihre jetzige Position erreicht, weil sie auf Nummer Sicher gegangen sind, weil sie jedesmal, wenn sie sich Kleidung oder Accessoires gekauft haben, *professionell* gedacht haben. Dennoch gibt es Variationen des klassischen Kostüms, die nicht nur akzeptabel, sondern geradezu vorzuziehen sind. Obwohl ich langes, offen getragenes Haar, Kleidungsstücke, die bis zur Mitte der Wade reichen, und eng anliegende Stricksachen für ein erfolgreiches Busineß-Image nie empfehlen könnte, gibt es unzählige Möglichkeiten bei Farbe, Stil und Zubehör, die Ihre Arbeitskleidung angenehmer und interessanter gestalten werden als die Ansammlung von Uniformstücken, die möglicherweise in Ihrem Kleiderschrank hängen.

Bevor wir uns mit Einzelheiten beschäftigen, wollen wir uns die Frage stellen, was ein «Unternehmensimage» überhaupt ist, wie es sich auf Ihren Arbeitsplatz auswirkt und wie Sie darauf reagieren müssen, wenn Sie die Karriereleiter erklimmen möchten.

BERUFSZWEIG UND IMAGE

Zu einem Unternehmen gehört immer auch ein bestimmtes Image. Egal ob es sich um einen multinationalen Konzern, einen Einzelbetrieb oder eine gemeinnützige Organisation handelt – ein klares Unternehmensimage ist von wesentlicher Bedeutung für die Kommunikation mit Kunden, Klienten und Partnern des Unternehmens. Ohne ein klar definiertes Image hat eine Firma Schwierigkeiten zu vermitteln, worum es in dem Unternehmen geht, was es anbietet und worauf es abzielt.

Denken Sie einmal an die geläufigsten Namen wie Sony, Coca-Cola, Virgin und MacDonald's. Sie sehen deren Schriftzug vor Ihrem geistigen Auge... die goldenen Bögen von MacDonald's, die rotweißen Cola-Dosen usw. Möglichen Kunden fallen sie an Geschäftsstraßen und in Supermärkten geradezu ins Auge. Weitere Image-Botschaften findet man in den Broschüren von Unternehmen, in der Werbung, bei der Verpackung der Produkte, in den Büros, Fabrikationsanlagen und Zentralen, bei manchen Unternehmen auch bei der Bekleidung ihrer Mitarbeiter. All dies trägt zu einem einheitlichen Bild bei, anhand dessen wir ablesen können, worum es diesem Unternehmen geht und was seine Ziele sind.

IHR UNTERNEHMENSIMAGE

Denken Sie an die Schlagworte, mit denen *Ihr* Unternehmen oder *Ihre* Organisation beschrieben wird. Vielleicht haben Sie selbst mitgeholfen, einige der PR-Materalien der Firma, wie etwa Werbebroschüren, zu entwickeln. Vielleicht unterweisen Sie auch neue Mitarbeiter in der Unternehmenskultur. Was will Ihr Unternehmen der Außenwelt vermitteln?

Wenn Ihre Firma betont, daß ihre Produkte von höchster *Qualität* sind, während ihre Serviceangestellten schäbige, schlecht sitzende Anzüge tragen, wirkt dieser Anspruch dann glaubwürdig? Würde man nicht eher von dieser Aussage überzeugt sein, wenn dieselben Vertreter gut gepflegt und besser angezogen wären? Wenn Ihre Dienstleistungen wirklich *professionell* sind, aber der mit einer Probelektion beauftragte Trainer keinen Anzug trägt, wird dem Kunden dann die erhoffte Autorität vermittelt? Wenn Sie behaupten, daß Ihre Bank wirklich *kundenfreundlich* ist, daß die Kunden jederzeit hereinschauen und ihre Probleme mit

Eine Diskussion darüber, wie Sie das Image des Unternehmens am besten widerspiegeln können, ist eine wirkungsvolle Übung, die auch den Zusammenhalt des Teams fördert.

den Beratern diskutieren können, von denen die meisten jedoch wie Polizeibeamte mit marineblauen Anzügen und weißen Hemden bekleidet sind, glauben Sie, daß dies einladend auf die Kunden wirkt? Werden die Betroffenen ihre Probleme mitteilen können und das Gefühl haben, tatsächlich willkommen geheißen zu werden? Wenn Sie vermitteln wollen, daß es sich bei Ihrem Unternehmen um eine *kreative* und *fortschrittliche* Firma handelt, sollten dann alle Mitarbeiter wie Klone desselben Typs aussehen? Oder ist Ihr Anspruch auf *Verläßlichkeit* glaubwürdig, wenn Ihre Marketingmanager nach dem letzten Schrei gekleidet auftritt?

Viele Unternehmen werden sich immer stärker bewußt, wie wichtig es ist, das richtige Image zu präsentieren. Eine ganze Reihe von ihnen hat sich an CMB mit der Bitte um Beratung gewandt, wie die Mitarbeiter einen besseren Eindruck auf Klienten und Kunden machen können. Oft wird diese Änderung durch ein bestimmtes Ereignis hervorgerufen: Das Managementteam ist neu, das Unternehmen möchte seine Exportmärkte erweitern, eine Abteilung wird neu organisiert oder ganze Unternehmen (und damit ganze Unternehmenskulturen) fusionieren.

Es folgen ein paar Beispiele von Organisationen, die eine Übergangsphase durchgemacht haben und deren Verantwortliche der Meinung waren, daß das Image der Mitarbeiter verbessert werden müßte.

WIE KANN MAN FRAUEN FÜR SPITZENPOSITIONEN AUFBAUEN?

Eine internationale Bank, die das Potential ihrer Mitarbeiterinnen stärker nutzen wollte, bot einen einwöchigen Kurs mit dem Titel «Die Entwicklung von Fähigkeiten zum Karrieremachen» an, der speziell auf Frauen aus dem mittleren Management abzielte, die an einem längerfristigen Aufstieg bei dieser Firma interessiert waren. Diese Kurswoche bot (und bietet auch fünf Jahre später noch) sorgfältig geplante Workshops zur Karriereplanung und Rollenspiele an, um jene schwierigen, aber typischen Situationen mit Kolleginnen und Kollegen sowie Vorgesetzten durchzuspielen. Außerdem werden Problemlösungen anhand von Fallstudien dargestellt, die Fähigkeiten zu präsentieren, zu verhandeln und Geschäftsverbindungen zu knüpfen werden eingeübt, und nicht zuletzt werden auch Image-Fragen abgehandelt.

CMB wurde zu Hilfe gerufen, weil man bei der betreffenden Bank der Meinung war, daß die Frauen ihren Beförderungschancen und Aufstiegsmöglichkeiten ins höhere Management einfach durch ihren Kleidungsstil schadeten. In der Mitte des Kurses kommen *wir* an die Reihe und bringen den Frauen die Botschaft: «Täuschen Sie Selbstbewußtsein vor, bis Sie es tatsächlich geschafft haben.» Es ist wirklich so: Wenn das Image stimmt, wenn Frauen selbstbewußt sind und den Eindruck vermitteln können, daß es sich lohnt, ihnen zuzuhören, werden andere genau dies tun. Der richtige Look, gepaart mit einer selbstbewußten Stimme oder Körpersprache und entsprechendem Verhalten, bewirkt auf der Stelle Respekt. Glauben Sie mir, dies trifft auch auf Sie zu.

Die beratenen Frauen freuen sich über diesen Rat, speziell wenn ich ihnen erkläre, daß sie nicht wie Kopien ihrer männlichen Kollegen aussehen sollten. Natürlich ist das Bankwesen eine ernste Branche, doch Frauen sollten sich wie Frauen kleiden. Gespräche, die ich mit Personalchefs geführt habe, bestätigen, daß Männer sich unbehaglich fühlen, wenn Frauen sich in der Geschäftswelt nicht *grundsätzlich anders* als Männer kleiden. Sie meinen zwar, daß Frauen geschäftsmäßig gekleidet sein, aber dennoch wie Frauen wirken sollten. Sich im Bankwesen wie eine Frau zu kleiden, bedeutet nicht, rosafarbene Kostüme, voluminöse Frisuren und schweres Parfüm zu tragen. Setzen Sie ruhig auch etwas Farbe ein, doch Ihre Kostüme sollten neutral gehalten sein, während die Farbe sich auf Ihre Bluse beschränkt. Tragen Sie eine attraktive Frisur, die jedoch nicht zu sehr ablenkt. Achten Sie auf einen frischen, sauberen Duft, der aber nicht so überwältigend sein sollte, daß er bei Kundengesprächen die anstehende Arbeit stört.

FEMININ ODER SEXY?

Allzu oft behindern Frauen sich selbst in ihrer Karriere, indem sie sich bei ihrem Image am Arbeitsplatz zu große Freiheiten herausnehmen. Junge, unabhängige Frauen im Alter von zwanzig bis dreißig Jahren verwechseln den Arbeitsplatz oft mit einer Diskothek oder Bar und erscheinen am Arbeitsplatz, als handle es um eine persönliche Verabredung.

In der Werbung sind vorwiegend Frauen beschäftigt. Es ist ein temporeiches Geschäft, für das unorthodoxe Denkweisen und gutes Kommunikationsgeschick nötig sind – Eigenschaften, die viele talentierte Frauen besitzen. Doch viele PR-Unternehmen verzweifeln fast an ihren Mitarbeiterinnen, weil sie sich so unprofessionell kleiden und an Kunden und Medien die falschen Signale aussenden.

Ein Unternehmen aus dieser Branche bat uns, den gesamten Mitarbeiterstab in Kleidungsfragen zu beraten – angefangen bei der Empfangs-

Links: Dieser Look ist im Beruf zu sexy – je mehr Haut Sie zeigen, desto weniger Autorität haben Sie. Das gilt auch für die Arme und Beine. Vermeiden Sie deshalb in jedem Fall ärmellose Kleidungsstücke sowie hohe Absätze zu kurzen Röcken, wenn Ihnen an einem seriösen Eindruck gelegen ist.
Rechts: Ein sommerlicher Hosenanzug wirkt komplett, gibt Bewegungsfreiheit und sieht mindestens ebenso pfiffig aus. Hosen setzen sich immer mehr durch; dennoch beachten Sie die diesbezüglichen Richtlinien auf den Seiten 100 bis 102.

dame bis hin zur Geschäftsleitung. Ohne Ausnahme waren alle diese Frauen attraktiv und nach der neuesten Mode gekleidet. Bei einem Durchschnittsalter von 27 Jahren waren die meisten schlank und trugen kurze Lycra-Röcke. Auch tiefe Ausschnitte, wallende Frisuren, lange Ohrringe und Parfüm, bei dem einem schwindelte, waren gut vertreten. Ich erklärte den Frauen, daß ein großer Teil der Mühe, die sie für ihre Kunden aufwandten, gar nicht bemerkt oder falsch eingeschätzt würde, weil sie zu aufreizend wirkten. Viele Männer unter ihren Kunden würden sich die ganze Zeit überlegen, wie hoch ihr Rocksaum wohl bis zum Ende einer Besprechung rutschen würde, statt sich aufs Geschäftliche zu konzentrieren. Dagegen würden weibliche Kunden wahrscheinlich ablehnend reagieren. Unternehmen selbst wünschen sich Mitarbeiter, bei denen man das Gefühl hat, daß die Firma an erster Stelle steht und nicht ein modisches, erotisches Image. Es besteht ein großer Unterschied zwischen Attraktivität im Beruf – einem angenehmen Erscheinungsbild, das von beiden Geschlechtern respektiert wird – und einem sexgeladenen Aussehen, das vom Geschäftlichen ablenkt.

Wir rieten den Frauen, sich auf Qualitätskleidung mit besserer Paßform zu konzentrieren. Weniger Kleidungsstücke, die jedoch von Qualität und stilvoller sein sollten, würden viel besser wirken als eine Menge modischer Einzelstücke. Die Röcke sollten etwas weiter sein und mindestens drei Zentimeter zusätzliche Länge haben, damit sie nicht so eng am Körper anliegen oder hochrutschen würden, wenn die Frauen sich bewegten oder setzten. Bei den Ausschnitten der Oberteile sollte das obere Ende der Achselhöhlen die unterste Grenze sein. Außerdem empfahlen wir, bei Kundengesprächen immer eine Jacke zu tragen. Leichte Strumpfhosen, die vorher alle Mitarbeiterinnen im Sommer abgelehnt hatten, wurden für obligatorisch erklärt. Schließlich rieten wir ihnen, hochhackige, moderne Schuhe durch modische mit mittelhohen Absätzen zu ersetzen.

Als wir uns ein paar Monate später erneut trafen, berichteten alle, wieviel leichter es aufgrund ihres «professionellen» Erscheinungsbildes jetzt war, auf das Geschäftliche zu sprechen zu kommen, Honorare zu vereinbaren und die Zustimmung der Kunden zu ihren Vorschlägen zu erhalten.

UNTERSCHIEDLICHE KLEIDUNG FÜR DAS MANAGEMENT

In der Hotellerie tragen viele Angestellte Uniformen. Die Aufgabe, den besten Stil und die passendsten Farbkombinationen für die vielen Mitarbeiter und die verschiedenen Positionen auszuwählen, ist eine große Herausforderung. Aus diesem Grund wird CMB oft gebeten, die Farbtöne herauszusuchen, die den meisten Menschen gut stehen und die freundlich wirken, statt Autorität zu vermitteln, sowie einen modischen Stil zu wählen, der allen ein attraktives Aussehen gibt.

Eine bestimmte internationale Hotelkette rühmt sich besonders der Werthaltungen und der starken ethischen Kultur ihres amerikanischen Gründers. Obwohl es sich um eines der weltweit größten Hotelunternehmen handelt, stehen im Mittelpunkt der Geschäftsphilosophie Qualität, Service und Freundlichkeit. «Aufgabe der Mitarbeiter ist es, sich um die Kunden zu kümmern und dies gern zu tun», erklärte der Präsident. Ich wurde gebeten, während einer Verkaufskonferenz in Wien ein Seminar zum Thema persönliches Image für Manager der Hotelkette in Europa, Afrika und im Mittleren Osten abzuhalten.

. . . .

Nach meiner Präsentation fiel mehreren Teilnehmern auf, daß einige ihrer wichtigsten Mitarbeiter nicht so schick gekleidet waren wie das Personal an der Rezeption, wo alle modische Uniformen anhatten. Ein paar von ihnen trugen dieselbe Uniform wie Mitarbeiter im unteren Management und hatten regelmäßig Schwierigkeiten mit Kunden, die darauf bestanden, «den Abteilungsleiter» zu sprechen, obwohl dieser ja bereits vor ihnen stand.

Die Hotels in London und Amsterdam buchten anschließend Seminare für ihre Managementteams, die beide unterschiedliche Probleme hatten. In London wirkten die Manager zu streng und langweilig. Sie mußten daran erinnert werden, daß es in ihrem Geschäft um Gastfreundschaft ging und daß sie in einer Großstadt tätig waren, in der Geschäftsleute aus der ganzen Welt verkehrten. Die Kostüme der Frauen und ihr Make-up sollten farbiger werden, ebenso die Krawatten der Männer. Die ach-so-bequemen Damenschuhe mit Gummisohlen mußten durch schicke Trotteurs ersetzt werden, damit sie zu den Kostümen paßten. Der Vorliebe der meisten Managerinnen für Kleider mußte Rechnung getragen werden, indem wir ihnen den Rat gaben, dazu eine klassische Jacke zu tragen. Die Männer mußten sich sagen lassen, daß eine zerknitterte Leinenjacke fehl am Platze war, speziell mitten im Winter.

In Amsterdam waren die Mitarbeiter alle teuer gekleidet, aber zu leger, wenn man wiederum davon ausging, daß ihre Kundschaft sich hauptsächlich aus Geschäftsleuten zusammensetzte. Sie mußten professioneller wirken – was sich nur mit einem Anzug oder Kostüm erreichen läßt. Die Frauen in Managementpositionen reagierten bestürzt auf den Vorschlag, ihr Aussehen aufzupolieren. Die wenigsten trugen Kostüme und die meisten kein Make-up. Bei ihnen hatte man den Eindruck, daß sie gleich an einem freien Nachmittag zum Einkaufsbummel aufbrechen würden, und nicht, daß sie gerade ein Hotel leiteten. Die Ratschläge, die wir ihnen gaben, ähnelten stark denen, die ihre Londoner Kolleginnen erhalten hatten.

WELCHES IMAGE FUNKTIONIERT AM BESTEN?

Die eben zitierten Beispiele zeigen, daß Unternehmen und Einzelpersonen gezielte Überlegungen anstellen müssen, um die Geschäftsphilosophie durch das persönliche Image der Mitarbeiter möglichst wirkungsvoll zum Ausdruck zu bringen. Ich habe dazu Beispiele aus sehr unterschiedlichen Organisationen mit ganz verschiedener Geschäftskultur angeführt. Um noch besser zu vermitteln, wie unterschiedlich ein Image wirken, folgen hier einige Richtlinien, nach denen ich arbeite.

ACHTEN SIE AUF EIN GESCHÄFTSMÄSSIGES ÄUSSERES

Die Größe eines Unternehmens beeinflußt die Richtlinien für das persönliche Image der Arbeitnehmer sehr stark. Für große Firmen, die in der Kommunikation und in der betrieblichen Hierarchie formellere Strukturen aufweisen, eignen sich perfekt die hochwertige traditionelle Geschäftskleidung, das konventionelle Geschäftskostüm, ein gepflegtes Äußeres und die passenden Accessoires.

Natürlich gibt es Ausnahmen – Unternehmen beispielsweise, denen zu Anfang eine andere Geschäftskultur zugrunde lag und die organisch gewachsen sind. Zwei bemerkenswerte Beispiele, die sicherlich viele kennen, sind der Body Shop und die Virgin Group. Die Gründer beider Unternehmen sind große Individualisten, und obwohl es sich um äußerst erfolgreiche Geschäftsleute handelt, fordern sie viele traditionelle Werte und Geschäftspraktiken heraus. Anita Roddick und Richard Branson ge-

Nur eine Minderheit von Frauen und Männern gelangt an die Spitze, ohne sich um ihr Image zu bekümmern. Zu diesen wenigen Auserwählten gehört Anita Roddick, die Gründerin des Body Shop.

hören der Generation der «wilden sechziger Jahre» an und haben etablierte Geschäftskonventionen immer wieder ignoriert. Trotzdem haben sie es geschafft.

Durch ihren Erfolg und ihr Vorbild kann es sogar gelingen, die Normen bei der Geschäftskleidung etwas zu entspannen. Doch bis Ihr unabhängiges, gegen das Establishment gerichtete Image von anderen Unternehmen akzeptiert wird, sollten Sie sich nach den Vorgaben dieses Buches richten, die auf Erfahrung und genauen Untersuchungen beruhen und Ihnen helfen werden, im Berufsleben vorwärts zu kommen.

Was sollen Sie also tragen, wenn Sie für ein eher kleines Unternehmen arbeiten? Kleine Firmen bestehen nur aus wenigen Mitarbeitern, auf deren Engagement sie sich verlassen müssen. Meistens wird von den Betroffenen erwartet, daß sie überall einspringen, und aus diesem Grund sollte das Erscheinungsbild der Arbeitnehmer etwas salopper und nicht so streng wie in größeren Unternehmen sein. Wenn Sie in einem solchen Unternehmen die Geschäftsleitung innehaben, werden sich Ihre Mitarbeiter zusätzlich anstrengen, wenn sie erkennen, daß Sie gewissermaßen «eine von ihnen» sind, daß man auf Sie zugehen kann, obwohl *Sie* das Steuer fest in der Hand haben.

Frauen, die ein eigenes Unternehmen leiten, brauchen Autorität. Diese wird ihnen durch eine Jacke verliehen, die sie mit Kleidern oder Röcken und Blusen kombinieren können. Das Kostüm wirkt in kleinen Unternehmen zu streng und sollte Besprechungen mit der Bank oder dem Firmenvorstand vorbehalten sein – wo es wiederum die einzig passende Kleidung ist.

TRADITIONELL ODER PROGRESSIV?

Wenn ich Menschen bitte, ihr Unternehmensimage zu beschreiben, werden diese beiden Attribute nur selten gleichzeitig genannt – entweder sieht ein Unternehmen sich als traditionell oder aber als progressiv. Im allgemeinen sind die traditionellen Unternehmen seit langem etabliert, während es sich bei den progressiven um neue Firmen handelt, die der bestehenden Konkurrenz ein Stück vom Kuchen abjagen wollen.

In der Geschäftswelt kann es gefährlich sein, ein ausschließlich *traditionelles* oder *progressives* Image zu verbreiten. Diejenigen, die sich zu sehr auf Traditionen berufen, können als altmodisch empfunden werden, nicht in der Lage, sich den Veränderungen des Marktes oder den sich entwickelnden Bedürfnissen ihrer Kunden anzupassen. Bestimmte Akademiker tappen in diese Falle, beispielsweise manche Rechtsanwälte,

Ärzte oder Steuerberater. Obwohl sie Vertrauen erwecken und zeigen wollen, daß sie reiche Erfahrung haben, müssen sie auch vermitteln, daß sie in bezug auf Innovationen und Dienstleistungen auf der Höhe ihrer Aufgabe sind.

Traditionalisten müssen sich hin und wieder selbst überprüfen, um sicherzugehen, daß ihr Image sowohl zeitgemäß als auch professionell ist. In solchen Firmen fordert man Frauen fast immer auf, keine Hosen zu tragen. Zur Abwechslung könnten Sie statt dessen ein Strickensemble in interessanten Farben tragen, beispielsweise eine schicke, aber locker geschnittene Jacke aus Strickstoff über einem einfachen Strickkleid oder einem passendem Oberteil und Rock.

Bedenken Sie jedoch, daß Firmen, die ein besonders progressives Image vermitteln, ihre Kunden beunruhigen könnten, da diese glauben, daß das, was ihnen heute gepredigt oder verkauft wird, schon morgen wieder zum alten Eisen gehöre. Es ist daher von größter Bedeutung, ein gewisses Gleichgewicht zu vermitteln.

Je jünger das Unternehmen ist, desto mehr muß es bei anderen Vertrauen erwecken, daß es Standfestigkeit hat. Möglicherweise bietet es die allerneuesten Produkte oder Dienstleistungen zu äußerst aggressiven Preisen an, doch es muß auch den Eindruck von Verläßlichkeit und Unverwüstlichkeit erwecken. Aus diesem Grund sollte Ihre Kleidung nüchtern und beruhigend sein.

Je progressiver das Unternehmen ist, desto jünger sind oft auch die Mitarbeiterinnen und Mitarbeiter. Wenn Sie in einer solchen Firma arbeiten, genießen Sie wahrscheinlich das Arbeitsklima dort, aber bei Ihrer Kleidung sollten Sie immer auf Nummer Sicher gehen. Allzu viele Frauen nehmen sich in solchen Situationen größere Freiheiten heraus, tragen kürzere Röcke, unpassenden Schmuck und Schuhe, die zu modisch – bisweilen sogar auffällig – sind statt schick. Solche Kleidung war möglicherweise sogar recht teuer, doch in der Geschäftswelt wirkt sie einfach nur billig und zeigt nicht dasselbe professionelle «Engagement» wie ein Kostüm von Qualität und ein paar Ohrringe im «klassischen» Stil.

GESCHÄFTSREISEN INS AUSLAND

Wenn Sie Geschäftsreisen ins Ausland unternehmen müssen, sollten Sie sich von den dort vorherrschenden Normen leiten lassen, doch das heißt nicht, daß Sie sich wie die Einheimischen kleiden müssen. Es bedeutet jedoch auf jeden Fall, nationale oder lokale Regeln zu Rock- und Ärmellängen zu beachten.

Geschäftsreisen ins Ausland sind für Frauen nun mal in größerem Ausmaß Fallgruben. Allzu leicht fällt die Wirkung provinziell aus: Die kurzen, engen Röcke, die in Frankreich durchaus akzeptiert werden, erweisen sich für New York einfach als ungeeignet. Die «tolle Frisur», die in Dallas unbedingt nötig ist, würde jeden Geschäftsabschluß in Tokio zum Platzen bringen. Die dicken Stiefel, wie man sie in Stockholm häufig sieht, würden sich in Brüssel plump und unprofessionell ausmachen...

Wenn Sie ein Land noch nie besucht haben und sich auch keinen Rat bei Kolleginnen holen können, sollten Sie mit einem geschäftsmäßigen Kostüm auf Nummer Sicher gehen. Es muß nicht unbedingt Ihr aufregendstes Outfit sein, sondern eher eines, das sie auch zu einer Vorstandssitzung tragen würden. Verwenden Sie echten Schmuck als Zubehör, wenn Sie solchen besitzen. Wenn nicht, sollten Sie sich eine goldene Armbanduhr, ein paar Goldohrringe und eine schöne Perlenkette leihen. Tragen Sie Ihre besten Schuhe im aktuellen – nicht modischen – Trend. Sie sollten auch in perfektem Zustand sein.

DIE TÄTIGKEIT IN EINEM INTERNATIONALEN UNTERNEHMEN

Wenn Sie einem internationalen Unternehmen angehören, in dem Mitarbeiter aus verschiedenen Nationen arbeiten, wird Ihr Weiterkommen in der Zukunft stark davon abhängen, wie Sie mit Ihren ausländischen Kollegen zurechtkommen. Ihre eigene Arbeitsgruppe mag nur aus Menschen gleicher Nationalität bestehen, doch es ist ratsam, auch in anderen Bereichen zu arbeiten und sich im ganzen Unternehmen einen Namen zu machen. Achten Sie auf charakteristische Unterschiede in der Kleidung von Vertretern anderer Nationalitäten. Sieht man es ihnen an, daß sie Ausländer sind? Oder haben sie ihr Image so weit angepaßt, daß sie in dem Unternehmen völlig integriert sind?

Wie «reisebeständig» ist Ihr eigenes Image im Ausland? Würde man bei einer Gegenüberstellung erkennen, ob Sie aus London, New York, Frankfurt, Zürich, Wien, Mailand, Sydney oder Tokio kommen? Was verrät Ihre Nationalität? Geben diese Unterscheidungsmerkmale Ihnen ein Gefühl von Stolz oder Unbehagen, wenn Sie unterwegs sind oder sich mit anderen in einem internationalen Unternehmen vergleichen?

Ich rate Ihnen, der Verlockung zu widerstehen, Dinge zu tragen, die Ihre Nationalität verraten. Das heißt nicht, daß Sie nicht stolz darauf sein können, Britin, Deutsche, Schweizerin, Japanerin, Amerikanerin oder was auch immer zu sein, doch Sie sollten nie so typisch nationalistisch wirken, daß andere Sie für engstirnig und unfähig halten, sich anzupassen oder den Reichtum anderer Länder, Kulturen und Völker zu verstehen und zu schätzen.

Kaufen Sie Ihre Kleidung in Geschäften, die internationale Marken führen, was heute nicht allzu schwerfallen sollte. Experimentieren Sie im Rahmen der Ratschläge, die ich Ihnen in den Kapiteln 4, 5, 6, 7 und 8 gebe, und suchen Sie das Beste für sich aus. Achten Sie besonders auf jene Accessoires, die in allen Ländern geschätzt werden – Uhren, Schuhe, Aktentaschen und -koffern.

Lassen Sie sich von Ihren Kolleginnen anderer Nationalität beraten; ermutigen Sie sie dazu, Ihr eigenes Image zu bewerten. Ihr Ziel ist es, sich so zu kleiden und zu verhalten, daß Sie überall hinreisen und mit Geschäftspartnern in allen Ländern zurechtkommen können. Wenn Sie dies erreichen, stehen Sie auf der Beförderungsliste sicherlich bald ganz oben.

Kapitel 3

Jeden Tag toll aussehen

Wenn ich meine Zuhörerinnen frage, wie man jeden Tag am Arbeitsplatz toll aussehen kann, erhalte ich Antworten, aus denen im allgemeinen immer hervorgeht: Dazu braucht man viel Zeit und Geld.

Ich gehe davon aus, daß Ihnen beide Ressourcen nur begrenzt zur Verfügung stehen – entweder weil Sie stark mit Ihrer Karriere beschäftigt sind oder genauso schwer zu Hause arbeiten oder möglicherweise auch die *Doppelbelastung* von Beruf und Haushalt unter einen Hut bringen müssen, so daß Sie wahrscheinlich nicht viel Zeit haben, Zeitschriften zu lesen, durch Geschäfte zu bummeln, um sich die neueste Mode anzusehen oder Kleidungsstücke auszusuchen, die zu Ihrer Garderobe passen. Wahrscheinlich stehen Ihnen jeden Monat nur ein paar Stunden zur Verfügung, um Ihre Garderobe zu planen und einzukaufen und jeden Tag nur Minuten, um Ihr Outfit zusammenzustellen. Vielleicht ist es auch nicht gerade rosig um Ihre finanziellen Mittel bestellt, speziell nach einem familienbedingten Arbeitsunterbruch.

Denken Sie an die finanzielle Seite Ihres Images. Sie brauchen Ihr Nettoeinkommen für alle möglichen Dinge, und Ihr Image steht möglicherweise auf der Prioritätenliste ziemlich weit unten. Es sollte jedoch ganz oben stehen und in Ihren Monats- und Jahresetat fest eingeplant werden. Wenn man Ihnen ansieht, daß Sie für einen Karrieresprung bereit sind, ist die Chance groß, daß sich dieses Streben erfüllt, und sehr bald werden Sie mehr Geld verdienen. Denken Sie an das Geld, das Sie von Zeit zu Zeit ausgeben, um Ihre Garderobe zu ergänzen – ein Paar Schuhe hier, eine Jacke dort, Ohrringe und so weiter. Wenn Sie Buch darüber führten, wieviel Geld Sie für solche «Kleinigkeiten», für ungeplante und nicht im Budget vorgesehene Einkäufe ausgeben, wären Sie wohl schockiert.

Ihr neues Ziel lautet also: Ihre Garderobe genau wie andere Investitionen planen und kein Geld mehr für Einzelartikel ausgeben, die sowieso nicht zu den Kleidungsstück in Ihrem Schrank passen. Zuerst müssen Sie herausfinden, was Ihnen steht, die vorhandene Garderobe danach beurteilen und schließlich eine Prioritätenliste für den Einkauf aufstellen.

Doch zuerst wollen wir die folgenden Fragen durchgehen:

GENÜGT IHR IMAGE DEN ANSPRÜCHEN?

		Ja	Nein
1.	Brauchen Sie morgens weniger als 15 Minuten, um sich für die Arbeit zurechtzumachen (ohne Dusche)?	☐	☐
2.	Tragen Sie jeden Tag Ohrringe?	☐	☐
3.	Gehen Sie mindestens alle sechs bis acht Wochen zum Friseur? Im Idealfall alle vier Wochen?	☐	☐
4.	Brauchen Sie jeden Tag länger als 10 Minuten, um Ihr Haar für den Berufsalltag in Form zu bringen?	☐	☐
5.	Tragen Sie farbigen Nagellack, der zu Ihrer Kleidung und/oder zu Ihrem Lippenstift paßt?	☐	☐
6.	Maniküren Sie Ihre Fingernägel jede Woche?	☐	☐
7.	Tragen Sie jeden Tag Make-up zur Arbeit oder nur gerade, wenn Sie zu einem Vorstellungsgespräch gehen?	☐	☐
8.	Rutscht Ihr Rock zentimeterweise nach oben, wenn Sie sich setzen?	☐	☐
9.	Frischen Sie Ihr Make-up tagsüber auf?	☐	☐
10.	Kennen Sie den Unterschied zwischen 5 und 20 den?	☐	☐
11.	Besteht Ihre Garderobe hauptsächlich aus Kleidungsstükken in Marineblau, Grau und anderen neutralen Tönen?	☐	☐
12.	Tragen Sie einen Gürtel zu Ihren Röcken (auch wenn keine Schlaufen vorhanden sind)?	☐	☐
13.	Kennen Sie die ideale Rocklänge für Ihre Berufskleidung?	☐	☐
14.	Wissen Sie, welcher Stil Sie besonders schlank wirken läßt?	☐	☐

	Ja	Nein
15. Tragen Sie im Sommer ärmellose Kleider und Blusen, um es weniger heiß zu haben?	☐	☐
16. Sind Sie zierlich und tragen Sie Schuhe mit hohen Absätzen, um größer zu wirken?	☐	☐
17. Bewahren Sie all Ihre Schuhe im Schrank auf Schuhspannern auf?	☐	☐
18. Kleiden Sie sich anders, wenn Sie eine wichtige Besprechung haben?	☐	☐
19. Halten Sie stets ein Kostüm/Kleid und Accessoires – also die Utensilien zu einem besonderen Look – für Geschäftsessen am Abend im Schrank bereit?	☐	☐
20. Sind Ihre Schuhe, Handtasche/Aktenkoffer oder -tasche und Uhr von guter Qualität, so daß sie Ihre Position und Ihren Erfolg unterstreichen?	☐	☐

ANTWORTEN
Geben Sie sich für jede übereinstimmende Antwort jeweils einen Punkt.

1. Nein
Wash'N'Go ist ein cleverer Name für ein Shampoo, aber verhängnisvoll, wenn dies die Mühe beschreibt, die Sie sich jeden Tag mit Ihrem Image geben. Für Make-up und Frisur benötigen Sie 15 bis 20 Minuten, für das Ankleiden und die Wahl der Accessoires weitere 10 Minuten. Eine halbe Stunde ist also das Mindeste. Weiteres dazu in Kapitel 8.

2. Ja
Ohrringe haben für Frauen den gleichen Stellenwert wie Krawatten für Männer. Auch hierüber mehr in Kapitel 8.

3. Ja
Die Geschwindigkeit, mit der Haare wachsen, ist zwar von Mensch zu Mensch verschieden, doch läßt man das Haar länger als acht Wochen ungeschnitten, so wirkt es sehr ungepflegt. In Kapitel 8 mehr dazu.

4. Nein
Frisuren, für die man jeden Tag mehr als 10 Minuten aufwenden muß, sind nur eine Alternative für alleinstehende Frauen, die gerne früh aufstehen. Erleichtern Sie sich das Leben, indem Sie Geld in einen Haarschnitt und eine Pflege investieren, die Sie bei möglichst geringem Zeitaufwand gut aussehen läßt. In Kapitel 8 gehe ich näher darauf ein.

5. Nein
Farbiger Nagellack ist Frauen vorbehalten, die in der Mode- oder Schönheitsbranche tätig sind. Ansonsten lenkt er nur ab und vermittelt nicht das Bild einer Frau, der es ums Geschäft geht. Polieren Sie Ihre Nägel oder tragen Sie durchsichtigen oder hellen Lack in neutralen Farben. Auch zu diesem Thema finden Sie weitere Informationen in Kapitel 8.

6. Ja
Hände und Fingernägel haben Ihre besondere Bedeutung in der täglichen Kommunikation. Näheres dazu in Kapitel 8.

7. Ja
Frauen mit Make-up verdienen in aller Regel mehr und werden auch schneller befördert. Lernen Sie, für den Arbeitsplatz Farben auszuwählen, die natürlich wirken und eine gewisse zurückhaltende Eleganz verbreiten. Weitere Informationen dazu in Kapitel 8.

8. Nein
Wenn Ihr Rock an Ihren Oberschenkeln auf- und abrutscht, ist er zu kurz oder zu eng. Wählen Sie eine elegante, lockerere Paßform für Hosen, so daß sie dort bleiben, wo sie vorgesehen sind und Ihnen stehen, ohne hauteng anzuliegen. Weiteres dazu in Kapitel 7.

9. Ja
Wenn Sie Ihr Make-up morgens sorgfältig auftragen (indem Sie die narrensichere Methode von CMB anwenden, die 10 Minuten in Anspruch nimmt), müssen Sie Ihr Gesicht nur mittags mit ein wenig Puder auffrischen und den Lippenstift zwei- oder dreimal neu auftragen, was auch davon abhängt, wie oft Sie sich an diesem Tag außerhalb Ihres Büros aufhalten. Näheres dazu in Kapitel 8.

10. Ja
Wenn Sie den Unterschied zwischen hauchdünnen Strumpfhosen und den verschiedenen Stärken nicht beachten, beeinträchtigen Sie mög-

licherweise unbewußt die Wirkung Ihres Outfits. Achten Sie auf die richtige Stärke, Dichte und Struktur bei Ihrer Winter- und Sommergarderobe. Weitere Informationen finden Sie in Kapitel 8.

11. Nein
Neutrale Farben sind die Hauptstütze für jede Berufsgarderobe, doch Sie sollten nicht so sehr auf Nummer Sicher gehen, daß Ihr Image «langweilig» wirkt. Näheres dazu in Kapitel 4.

12. Ja
Ein Gürtel bildet den Abschluß für Ihre Röcke und Hosen. Ein Exemplar in neutraler Farbe und von guter Qualität, das zu vielen Schuhpaaren paßt, dürfte die meisten Outfits ergänzen. Weitere Informationen finden Sie in Kapitel 8.

13. Ja
Vergessen Sie, was auf den Laufstegen bei Modeschauen zu sehen ist. Finden Sie statt dessen heraus, welche Alternativen für *Sie* geeignet sind, damit Sie schick aussehen. Wenn Sie nicht wissen, welche Rocklängen Ihnen am besten stehen, laufen Sie Gefahr, in zu langen Röcken plump und unattraktiv zu wirken. Ich gehe darauf näher in Kapitel 5 ein.

14. Ja
Bei Jacken, Kleidern, Röcken, Hosen sollten Sie Schnitt, Stoff, Struktur und Muster in Betracht ziehen. Schauen Sie sich Fehlkäufe in Ihrer Garderobe genau an. Einige dieser Kleidungsstücke lassen Sie schwerer erscheinen, als Sie wirklich sind. Wenn Sie den Grund dafür nicht kennen, ist es höchste Zeit, diesen herauszufinden. Dabei hilft Ihnen Kapitel 5.

15. Nein
Ärmellose Kleider lassen an Ihrer Autorität zweifeln. Halten Sie Ihre Arme immer bedeckt, zumindest bis knapp unterhalb des Ellbogens, und tragen Sie bei wichtigen Terminen eine Jacke, egal wie hoch die Temperaturen sind. Näheres dazu in den Kapiteln 6 und 7.

16. Nein
Die meisten Frauen, egal ob klein oder groß, bewegen sich auf hohen Absätzen unsicher. Es stimmt zwar, daß flache Schuhe eine zierliche Figur nicht vorteilhaft zur Geltung bringen, aber mit einem mittleren Absatz von etwa vier Zentimetern Höhe sehen Sie gut aus und können sich zudem elegant und bequem bewegen. Einzelheiten dazu in Kapitel 8.

17. Ja
Wenn Ihre Schuhe auf einem Haufen unter dem Bett liegen oder überall in der Wohnung verstreut sind, bringt Ihre Investition nicht den bestmöglichen Gewinn. Schuhspanner können das Leben guter Schuhe *um Jahre* verlängern. Außerdem sammeln Schuhe, die im Schrank aufbewahrt werden, nicht so viel Staub an und verlieren ihre Farbe nicht, was durchaus passieren kann, wenn sie im hellen Tageslicht stehen. Weiteres dazu in Kapitel 8.

18. Ja oder **nein**
Beide Antworten sind hier möglich. Für eine bessere Wirkung sollten Sie eine Feinabstimmung Ihres Looks bei besonderen Terminen vornehmen, aber Sie sollten immer gutgekleidet sein, so daß Sie auf unvorhergesehene Besprechungen mit wichtigen Geschäftspartnern vorbereitet sind. Näheres dazu in den Kapiteln 10 und 11.

19. Ja
Viele berufstätige Frauen unterschätzen die Bedeutung von Ereignissen, die gleichzeitig geschäftlicher und gesellschaftlicher Natur sind, beispielsweise ein Drink oder ein Abendessen nach der Arbeit. Planen Sie einen Look für den Tag, den Sie elegant für den Abend abändern können. Frischen Sie Ihr Make-up auf und tragen Sie einen angenehmen Duft auf. Ich komme in Kapitel 8 nochmals darauf zurück.

20. Ja
Warum geben Sie gutes Geld für Ihre Kostüme aus, um dann beim Schuhwerk zu sparen? Achten Sie darauf, daß Sie Ihrem Image mit Accessoires der besten Qualität, die Sie sich leisten können, den letzten Schliff geben. Weniger ist in diesem Bereich einfach nicht gut genug. Weiteres dazu in Kapitel 8.

- Wenn Sie *15 bis 20 Punkte* erzielt haben, ist es um Ihr Image recht gut bestellt. Sie wissen, daß Sie sich jeden Tag Mühe geben müssen, um einen guten Eindruck zu machen, und wenden auch die entsprechende Zeit auf. Dieses Buch wird Ihnen helfen, weitere kleine Verbesserungen vorzunehmen und neue Möglichkeiten kennenzulernen, damit Sie noch erfolgreicher wirken.
- Bei *10 bis 15 Punkten* wirken Sie wahrscheinlich etwas müde. Sie vermitteln nicht das nötige Flair, um Ihre wirklichen Möglichkeiten ausspielen zu können. Es ist an der Zeit, Ihr berufliches Image zu überdenken und auf den neuesten Stand zu bringen. Dieses Buch

wird Ihnen in vielen Aspekten helfen. Befassen Sie sich besonders mit den Vorschlägen zu Pflege und Accessoires, die Ihre Schwachpunkte sein könnten.

- Wenn Sie *weniger als 10 Punkte* erreicht haben, schadet Ihr Aussehen eindeutig Ihren Karriereabsichten. Unabsichtlich ist Ihr Erscheinungsbild so unbeständig, daß Sie falsche Signale an wichtige Leute aussenden. Sie müssen ganz von vorn beginnen. Befolgen Sie die Tips in diesem Buch, und Sie werden bald feststellen, daß ein erfolgreiches Image leicht erreichbar und erschwinglich ist.

WAS SIE FÜR EIN NEUES IMAGE BRAUCHEN

Sie haben jetzt die Einzelbereiche überprüft, in denen Sie sich ändern oder eine Verbesserung vornehmen wollen, und die beruflichen Erwägungen in diesem Zusammenhang kennengelernt. Nun ist es an der Zeit, sich ganz auf die Umsetzung zu konzentrieren.

Das Grundprinzip, nach dem wir von CMB uns richten, damit Frauen *Erfolg* ausstrahlen, lautet: Zuerst definieren wir, was an Ihnen einzigartig ist bezüglich Farbgebung, Körperbau, Persönlichkeit und Lebensstil. Dann helfen wir Ihnen, Ihre Individualität den Erfordernissen so anzupassen, daß sie Ihrer Position, Ihrer Organisation/Ihrem Berufszweig und der Unternehmenskultur Ihrer Firma entspricht. Diese Formel ergibt einen einzigartigen und persönlichen Look für jede Frau, denn die Voraussetzungen sind nie genau die gleichen für zwei Personen.

In den folgenden Kapiteln werden wir uns mit Ihren körperlichen Merkmalen beschäftigen – mit Ihrer Farbgebung und Ihrem Körperbau – und diskutieren, wie Sie ein Image entwickeln können, das attraktiv ist, aber vor allen Dingen eines: *ganz Sie selbst.*

Kapitel 4

Am Anfang steht die Farbe

Als Image-Consultants beginnen wir mit der Farbe, wenn wir Frauen dabei beraten, wie Sie das Beste aus sich machen können. Von der Farbe hängt nicht nur ab, wie gesund und attraktiv Sie aussehen, sie hat auch Auswirkungen darauf, wie Sie sich fühlen.

Wahrscheinlich haben Sie mindestens eine oder zwei Farben in Ihrer Garderobe, die Sie wie der leibhaftige Tod aussehen lassen. Jedesmal, wenn Sie eine bestimmte Jacke oder ein bestimmtes Kleid anziehen, greifen Sie seufzend nach Rouge und Lippenstift. Die Farbe läßt Sie blaß und völlig unbedeutend erscheinen.

Wenn Sie die Schranktür öffnen, können Sie dann eine Beziehung zwischen den Farben feststellen? Betrachten Sie einmal die Farbfamilien, die Sie dort angesammelt haben. Gehen Sie mit allen möglichen Schattierungen einer einzigen Farbe auf Nummer Sicher? Oder besteht Ihre Garderobe aus einem wahren Durcheinander an Tönen, wobei viele Stücke förmlich nach Aufmerksamkeit schreien und mit keiner anderen Farbe harmonieren?

Gestehen Sie es sich ein: Als vielbeschäftigte Berufsfrau können Sie es sich nicht leisten, in den falschen Farben schlecht oder bedeutungslos zu wirken. Sie haben auch keine Zeit, Dinge, die Sie separat gekauft haben, aufeinander abzustimmen, in der Hoffnung, daß sie zu irgendeinem bereits vorhandenen Teil passen, um schließlich doch nur bitter enttäuscht zu sein. Sie brauchen ein Konzept, um immer schick auszusehen, Ihre Garderobe von Unnützem zu befreien und sich den Kleiderkauf zu erleichtern.

FARBANALYSE

Millionen von Frauen (und Männern) haben sich in den vergangenen Jahren an COLOR ME BEAUTIFUL gewandt, um sich bei der Suche nach ihren besten Farben beraten zu lassen. Wir analysieren Ihre individuelle Farbgebung und sagen Ihnen, welche der zwölf Farbpaletten Sie für Ihre Garderobe benützen sollen, um das bestmögliche Aussehen zu erzielen. Wir verwenden die Jahreszeiten, um Menschen zu beschreiben, und in meinem letzten Buch, *Kleider – Farben – Stil. Neues von COLOR ME BEAUTIFUL* (Hallwag, 1992), werden die zwölf saisonalen Typen (es gibt drei Typen in jeder der vier Jahreszeiten) in allen Einzelheiten dargestellt.

Hier werde ich Ihnen das Grundwissen vermitteln, wie Sie eine Garderobe für den Beruf entwickeln können, indem Sie Ihre persönliche Farbgebung als Basis nehmen.

DEFINIEREN SIE IHRE PERSÖNLICHE FARBGEBUNG

Betrachten Sie sich ohne Make-up und mit freiem Nacken und Oberkörper im Spiegel. Wie würden Sie Ihre Farbgebung beschreiben? Vergessen Sie, wie Sie in der Jugend ausgesehen haben, und konzentrieren Sie sich auf Ihre jetzige Farbgebung – es sei denn, daß Sie sich die Haare färben. In diesem Fall sollten Sie für die Analyse Ihre natürliche Haarfarbe zugrundelegen.

Würden Sie Ihre Farbgebung als *kräftig und dunkel* bezeichnen? Frauen mit dunklem Haar und dunklen Augen gehören in diese Kategorie und sehen in Schwarz und auffallenden Farben wie Rot, Violett, Smaragdgrün und Königsblau prima aus. Oder ist im Gegensatz dazu ihre Farbgebung *hell und zart,* fast durchscheinend? Blauäugigen Blondinen und einigen Frauen mit stark hellgrauem Haar stehen hellere Farben am besten. Dann gibt es die Frauen mit einer Farbgebung, die einen *sehr warmen und goldenen* Glanz vermittelt. Rothaarige Frauen, die schnell Sommersprossen bekommen, wirken in warmen Tönen prachtvoll. Dies trifft auch auf die Frauen mit mittelbraunem Haar zu, das oft rötliche Glanzlichter aufweist. Einen Gegensatz dazu bilden die *rosigen und kühlen* Frauentypen, deren Haut rosafarbene Untertöne aufweist. Ihr Haar, das keine warmen Töne aufweist, reicht von einem schönen Grau zu Mittel- oder Mausbraun. Andere Frauen lassen sich in ihren natürlichen Farbtönen am besten als *leuchtend und klar* einstufen. Was einem an ihnen auffällt, ist der Kontrast zwischen den meist dunklen Haaren, den leuchtenden Augen und der klaren Haut. Schließlich gibt es noch die Frauen, auf die der Ausdruck «mausgrau» zutrifft. Sie wissen, daß ihnen ein Übermaß an leuchtenden Farben nicht steht. Ihre Farbgebung ist *weich und gedämpft,* und so sollten auch die Farben ihrer Kleidung sein.

Auf den nächsten Seiten sind Beispiele für verschiedene Garderobenausstattungen und Make-up-Farben abgebildet, die auf diesen sechs vorherrschenden Farbtypen beruhen. Bitte achten Sie darauf, daß ich keine speziellen Farben für die Grundierung empfohlen habe, da diese zu individuell sind; manche Farben können von allen Jahreszeiten getragen werden.

DIE GARDEROBE DES DUNKLEN FRAUENTYPS

Gesamteindruck:
Vermittelt Stärke.
Haar:
Schwarz, brünett, dunkles Kastanienbraun, graumeliert
Augen:
Braun oder haselnußbraun
Hautton:
Elfenbein, kräftiges Beige, dunkles Oliv, bronzenes Schwarz
Berühmte Beispiele für diesen Typ:
Whitney Houston, Joan Collins, Isabella Rosselini (oben), Whoopi Goldberg
Jahreszeiten nach CMB:
Dunkler Herbst- oder dunkler Wintertyp

ALLGEMEINE RICHTLINIEN

Bauen Sie sich Ihre Garderobe auf starken neutralen Tönen wie Schwarz, Anthrazit oder Marineblau auf. Kontrastieren Sie diese Farben jedoch immer mit lebhaften Tönen: mit Königsblau, Rot, Goldgelb, Türkis, um nur einige zu nennen. Kontrast ist besonders wichtig für Sie, daher sollten Sie anstelle von abgestuften, einfarbigen Tönen helle Farben zusammen mit dunklen tragen.

Pastelltöne stehen Ihnen überhaupt nicht. Wenn Sie hellere Töne tragen wollen, sollten Sie an *Weiß* mit einem Anflug von Farbe denken. Diese Töne bezeichnen wir als Eistöne – die hellsten Rosa-, Blau- und zitronengelben Töne. Doch diese hellen Farben verwenden Sie am besten für Blusen und/oder Sportkleidung; für das Büro (Kostüme bzw. Kleider) sind sie weniger geeignet.

Ihre Farben sind kräftig und auffallend, beispielsweise Mahagoni, Violett, Oliv- und Tannengrün. Auch die Primärfarben zählen dazu und klare Töne.

DAS ERGÄNZENDE MAKE-UP

Wählen Sie satte Lippenstiftfarben, beispielsweise Scharlachrot, wenn Sie Rot tragen. Für den Alltag sollten Sie es bei Lippenstift und Rouge jedoch mit einem durchscheinenden Weinrot oder mit Zimt versuchen (wählen Sie Weinrot, wenn Sie wissen, daß die kühleren, auf Blau basierenden Farben Ihnen am besten stehen, Zimt dagegen, wenn Ihnen warme Töne schmeicheln). Versäumen Sie nicht, die kräftige Farbgebung Ihrer Augen zu ergänzen. Betonen Sie sie, in dem Sie sie mit einem dunklen Eyeliner umrahmen – Anthrazit, Pflaumenblau, Salbeigrün oder Braun (Schwarz wirkt zu streng) – und weiche, neutrale Lidschattentöne auftragen, beispielsweise Rosa und Grau (wenn Ihre Töne kühl sind) oder Apricot und Salbeigrün (wenn Sie ein warmer Frauentyp sind).

DIE GARDEROBE DES HELLEN FRAUENTYPS

Gesamteindruck:
Zart und durchscheinend
Haar:
Blond oder hellgrau
Augen:
Blau, blaugrau, aquamarin, hellgrün
Hautton:
Hell – Elfenbein oder Porzellan, Pfirsich
Berühmte Beispiele für diesen Typ:
Prinzessin Diana (oben),
Linda McCartney, Melanie Griffiths
Jahreszeiten nach CMB:
Heller Frühlings- oder heller Sommertyp

ALLGEMEINE RICHTLINIEN

Die neutralen Farben, in die Sie investieren sollten, reichen von Camel, Graubeige und Taupe bis zu gedämpftem Graublau und hellem Marine. Vermeiden Sie dunkle Töne wie Schwarz oder Anthrazit, die Ihnen die natürliche Farbe stehlen und Sie blaß und langweilig wirken lassen. Ihr Weiß hat einen elfenbeinfarbenen Ton, doch Sie sollten sich eher für weiche Pastelltöne wie Apricot, Gelbbeige, Hellgelb, Rosa oder Himmelblau entscheiden, besonders als Kontrast.

Zur Abwechslung können Sie auch leuchtende Farben tragen, aber achten Sie darauf, daß sie nicht zu aufgeladen wirken. Anstelle eines starken Königsblaus sollten Sie es mit einem klaren Vergißmeinnichtblau versuchen. Ein kräftiges Violett kann zu stark wirken, doch wenn Sie es mit Blau mischen, so daß ein zartes Lapis entsteht, sind Sie bestimmt auf der Gewinnerseite. Blaugrüne Töne stehen hellen Frauentypen besonders gut.

Am besten steht Ihnen ein Klatschmohnrot, das nicht zu bläulich oder dunkel ist. Mango oder Lachs sind schöne Alternativen, wenn Sie eine neue Jacke suchen, mit der Sie Ihre Grundgarderobe aus Röcken und Hosen beleben können.

DAS ERGÄNZENDE MAKE-UP

Für den Alltag sollten Lippenstift und Rouge lachsrosa sein oder einen warmen Pinkton haben (wenn Sie wissen, daß diese warmen Töne an Ihnen am natürlichsten wirken). Pflaumenrosa sollten Sie wählen, wenn Ihnen blaue Töne besser stehen. Vermeiden Sie gefrostete oder Perlmuttlippenstifte, die für das Berufsleben zu hell und zu sportlich sind; matte, mittlere Töne sind für dort am besten geeignet. Betonen Sie Ihre Augen, aber nicht zu stark. Wählen Sie einen Lidstrich in gedämpftem Petrol, Grau oder Marine. Lidschatten: Apricot oder Champagner mit Kakaobraun oder weichem Grau passen zu Ihrer gesamten Garderobe.

DIE GARDEROBE DES WARMEN FRAUENTYPS

Gesamteindruck:
Goldig
Haar:
Rotblond, rot oder kastanienbraun
Augen:
Goldbraun, haselnußbraun, warmes Grün, petrolblau
Hautton:
Elfenbein mit Sommersprossen, Goldbraun, pfirsichfarbenes Porzellan, Gelbbeige
Berühmte Beispiele für diesen Typ:
Die Herzogin von York,
Emma Thompson (oben),
Shirley McLaine
Jahreszeiten nach CMB:
Warmer Frühling oder warmer Herbst

ALLGEMEINE RICHTLINIEN

Traditionelle «Geschäfts»-Farben, insbesondere einige Grau- oder marineblaue Töne, sollten Sie vermeiden, denn sie bringen Ihre natürliche Farbgebung nicht optimal zur Geltung. Tragen Sie statt dessen goldene Brauntöne, Oliv, Camel und Rosttöne, die äußerst professionell wirken und viel wirkungsvoller zu Ihrer Farbgebung passen.

Achten Sie bei Ihren Farben auf gelbe, rote oder grüne Untertöne. Vermeiden Sie Weiß und tragen Sie statt dessen lieber Creme oder Gelbbeige. Wählen Sie anstelle eines Weinrots lieber ein Ziegelrot. Ihre Blautöne wirken am besten, wenn Sie durch Grüntöne eine wärmere Nuance erhalten – durch Petrolblau beispielsweise.

Am aufregendsten werden Sie wirken, wenn Sie sich eine Herbstlandschaft vorstellen und gemischte Goldtöne wie Moosgrün, Senf, Terracotta und warme Brauntöne kombinieren.

Schwarz ist nicht zu empfehlen, es sei denn, Sie halten es von Ihrem Gesicht fern und tragen es in einem Rock oder einer Hose. Es paßt jedoch nicht zu all den wunderschönen Goldtönen in Ihrer Garderobe. Warum sollten Sie es also überhaupt kaufen?

DAS ERGÄNZENDE MAKE-UP

Lippenstifte und Rouge in Terracotta-Tönen oder Zimt passen zu Ihrer gesamten Garderobe. Wenn Sie Rot tragen, sollten Sie es durch ein sattes Ziegelrot ergänzen, doch meiden Sie blaue Rottöne wie die Pest. Ihre Augen wirken am schönsten, wenn sie mit einem kaffeebraunen oder moosgrünen Eyeliner umrahmt sind; bei blauen Augen wählen Sie Petrolblau. Wenn Sie Lidschatten auftragen, geben Sie zuerst etwas apricotfarbenes Puder oder helles Gold auf die Lider und verstärken diesen Untergrund mit Bronze, Kupfer oder Braun.

DIE GARDEROBE DES KÜHLEN FRAUENTYPS

Gesamteindruck:
Rosig – weder hell, noch dunkel
Haar:
Aschbraun, aschblond oder grau
Augen:
Blau oder braun (bei Frauen, deren früher dunkles Haar jetzt grau ist)
Hautton:
Rosa, rosabraun, beige, mittleres Oliv
Berühmte Beispiele für diesen Typ:
Barbara Bush, Germaine Greer, Joan Baez (oben)
Jahreszeiten nach CMB:
Kühler Sommer- oder kühler Wintertyp

ALLGEMEINE RICHTLINIEN

Halten Sie sich von den meisten Braun-, Beige-, Khaki- und Cremetönen fern. Ihre kühle Farbgebung wirkt am besten mit Farben, deren Grundton blau oder pink ist. Großartige neutrale Farben für die Grundgarderobe sind Marine und Anthrazit, doch sollten Sie deren meist strenge Wirkung, wenn sie zusammen mit Weiß getragen werden, abschwächen und sie mit Mauve, Pastellblau, Pink oder Gedecktem Lila kombinieren.

Pastelltöne sind für Blusen, Kleider oder Jacken wunderbar geeignet. Bei einem ganzen Outfit sind Pastelltöne für Sie jedoch nicht kräftig genug und stellen daher keine gute Wahl für ein Kostüm dar. Versuchen Sie es einmal mit einem marineblauen Swinger oder einer «Cardigan»-Jacke über einem aquamarinblauen Etuikleid.

Ihr Rot weist eine bläuliche Schattierung auf. Weinrot steht Ihnen, aber Sie sollten kritisch sein und eventuell mehrere Töne miteinander vergleichen, da die Farbe leicht alt macht.

Sehr klare oder leuchtende Farben können grell wirken. Wählen Sie statt dessen lieber satte, subtile Farben.

DAS ERGÄNZENDE MAKE-UP

Heller Lippenstift läßt Sie älter wirken; wählen Sie daher einen Ton, der zur Intensität Ihrer Augen paßt. Kühle Frauen mit braunen Augen können satte blaurote und Pflaumentöne für Lippenstift und Rouge wählen, während blauäugige Frauen dieses Typs mit weicheren, rosafarbenen Pinktönen sicher besser bedient sind.

Tragen Sie auf die Lider weiche Pinktöne auf und begrenzen Sie den Auftrag mit grauem, marineblauem oder pflaumenblauem Lidschatten. Dieselben Farben als Eyeliner umrahmen Ihre Augen am besten.

DIE GARDEROBE DES KLAREN FRAUENTYPS

Gesamteindruck:
Kontrastreich
Haar:
Schwarz, braun oder kräftiges Grau
Augen:
Stahlblau, grün, klares Haselnußbraun oder dunkles Braun
Hautton:
Porzellan, Elfenbein, dunkles Aschbraun, klares Gelbbeige
Berühmte Beispiele für diesen Typ:
Prinzessin Caroline (oben), Oprah Winfrey, Anja Kruse
Jahreszeiten nach CMB:
Klarer Frühlings- oder klarer Wintertyp

ALLGEMEINE RICHTLINIEN

Mischen Sie helle und dunkle Farben, oder tragen Sie eine auffallende Farbe für sich allein. Schwarz, Anthrazit, Königsblau und Rot sind Grundfarben, die Sie mit vielen anderen Tönen mischen können, um Ihre beste Wirkung zu erzielen. Gedämpfte, einfarbige Mischungen, die an anderen Frauen elegant wirken, sehen an Ihnen langweilig aus, auch wenn das Kleidungsstück teuer war.

Ihre auffallende Farbgebung kann erdrückend wirken, speziell dann, wenn Sie Ihre Farben auf kräftige neutrale Töne wie Schwarz und Marineblau begrenzen. Hellen Sie ihre Wirkung auf, indem Sie in Gesichtsnähe mehr Farbe tragen. Ein leuchtend gelbes Halstuch oder eine Jacke in dieser Farbe nimmt beispielsweise einem schwarzen Kleid die «Härte». Helles Zyklam läßt Marineblau weiblicher wirken, ist aber immer noch für das Geschäftsleben geeignet.

Steingrau und warmes Grau können Ihre Sommergarderobe aufhellen, doch Sie sollten nie helle Farben dazu tragen; wählen Sie statt dessen Ihre Primärfarben.

DAS ERGÄNZENDE MAKE-UP

Ihre Farbgebung ist auffallend, was sich in Ihrem Make-up widerspiegeln sollte. Scharlachrot, Erdbeerrosa oder Helles Zyklam werden zum größten Teil Ihrer Garderobe passen. Vergleichen Sie für Ihr Rouge Pflaumenblau (kühler Ton) mit Lachs (warmer Ton), um zu sehen, welcher Ton Sie am natürlichsten aussehen läßt. Ihre Augen sollten im Mittelpunkt stehen und immer noch akzentuiert werden. Die eingesetzten Lidschatten und Eyeliner sollten zur Intensität Ihrer Augenfarbe passen: gedämpftere Töne, wenn Sie blaue Augen haben (beispielsweise ein gedämpftes Pink zu Anthrazit oder Marine) und kräftigere Töne, wenn Sie haselnußbraune oder brauen Augen haben (versuchen Sie es zum Beispiel mit Apricot zu Pflaumenblau oder Efeu).

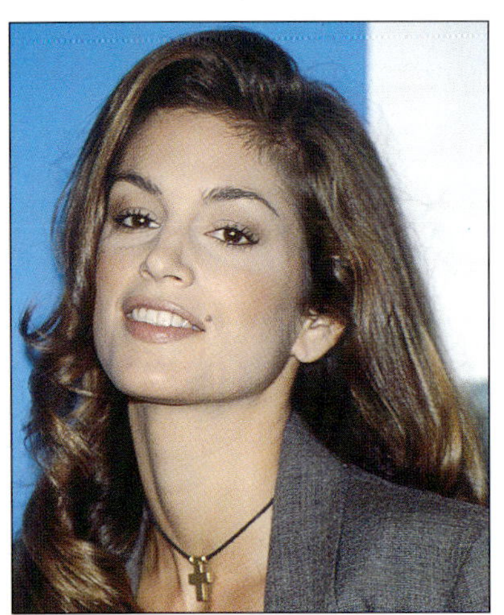

DIE GARDEROBE DES GEDECKTEN FRAUENTYPS

Gesamteindruck:
Dezent, wenig Kontrast
Haar:
Mittelgrau, mittelbraun oder «mausbraun», aschblond
Augen:
Blaugrün, braun, graublau
Hautton:
Elfenbein, rosa- oder gelbbeige, helles Oliv
Berühmte Beispiele für diesen Typ:
Hillary Clinton, Prinzessin Anne, Cindy Crawford (oben)
Jahreszeiten nach CMB:
Gedeckter Sommer- oder gedeckter Herbsttyp

ALLGEMEINE RICHTLINIEN
Diese Frauen sind nicht offensichtlich dunkel oder hell, sondern stehen irgendwo dazwischen. Leuchtende Farben sind zu hart für sie, was jedoch nicht bedeutet, daß sie keine tolle Wirkung hätten.

Wenn diese Beschreibung auf Sie zutrifft, müssen Ihre Farben satt und gedeckt (am besten abschattiert) sein. Monochrome Kleidungsstücke, die denselben Ton, aber in helleren und dunkleren Werten aufweisen, wirken an Ihnen am schönsten. Sie könnten beispielsweise Elfenbein, Steingrau, warmes Grau und Bronze miteinander mischen, während Schwarz und Weiß zu stark für Sie sind und Ihre gedämpfte, subtile Farbgebung erdrücken würden.

Ihre Pinktöne können aus dem Bereich der rosa- oder erdbeerfarbenen Töne stammen, wenn Ihre Haut kühl getönt (das heißt rosig) ist, oder aus dem Bereich der gedämpften Lachstöne, wenn Ihre Haut besser durch warme Farben ergänzt wird (das heißt, eher golden oder cremefarben ist).

DAS ERGÄNZENDE MAKE-UP
Sie brauchen Make-up, um lebendig auszusehen. Sie wirken allzusehr «zurechtgemacht», wenn Sie mit starken Farben experimentieren. Daher muß Ihr Make-up weich und gedämpft sein. Lippenstifte und Lidschatten sollten weder zu hell noch zu dunkel sein. Für den Alltag sind Terracotta-Töne (bei warmem Hautton) oder Pflaumenrosa (bei kühlem Hautton) die attraktivsten Farben für Lippenstift und Rouge.

Tauschen Sie farbenfrohe Lidschatten lieber gegen neutrale Töne ein, damit Ihre natürliche Augenfarbe zur Wirkung kommen kann. Versuchen Sie es mit weichem Kakaobraun, Grau oder Schieferblau und verwenden Sie einen nichtfarbigen Highlighter, etwa blasse Melone.

FARBE WIRKUNGSVOLL EINSETZEN

Wenn Sie erst einmal wissen, mit welchen Farben Sie am besten aussehen, werden Sie natürlich erfahren wollen, wie Sie Ihre Palette strategisch einsetzen und wie Sie mit verschiedenen Tönen an verschiedenen Tagen unterschiedliche Wirkungen erzielen können. Was Sie für eine schwierige Präsentation vor dem Vorstand brauchen, ist nicht geeignet für eine interne Besprechung, bei der Sie herausfinden wollen, welche Probleme Ihre Mitarbeiter haben. Hier folgen daher einige Ratschläge, wie Sie Farbe zu Ihrem Vorteil einsetzen können.

AUTORITÄT VERMITTELN

Würden Sie sofort Vertrauen fassen zu einem Richter in orangefarbener Robe oder zu einer Polizistin in Rosa-Uniform?

Nein – wir alle wurden durch Erziehung so geprägt, daß bestimmte Farben und ein bestimmtes Image in unseren Augen Autorität verbreiten, während andere genau das Gegenteil bewirken können. Wenn Sie Zweifel haben, sollten Sie «nüchtern und klassisch» denken, was Farben zur Vermittlung von Autorität betrifft, speziell in männerdominierten Berufszweigen wie Finanzwesen und Jurisprudenz. Die Farbskala jeder Frau enthält neutrale Farben wie Marine, Oliv, Grau und warmes Grau. Betonen Sie ein neutrales Kostüm mit einer farbigen Bluse. Ihr Weiß vermittelt die meiste Autorität, kann jedoch langweilig wirken, wenn Sie dazu risikolose Neutralfarben tragen. Statt dessen können Sie sich für einen Ihrer Pastelltöne oder für Primärfarben entscheiden. Vermeiden Sie aber alles Langweilige oder auf der andern Seite alles, was wie aufgeblasen wirkt.

In Situationen, in denen es besonders darauf ankommt, Stärke zum Ausdruck zu bringen, sollten Sie eine einfarbige Jacke oder ein einfarbiges Kostüm in sattem Rot, Dunkelblau oder Königslila tragen. Diese drei Farben wurden von Frauen in den letzten Jahren so sehr beansprucht, daß man sie heute fast als neue neutrale Töne bewertet, die Selbstbewußtsein ausdrücken. Andere Farben wie Pink, Gelb, Grün, Braun, Orange mögen Ihnen vielleicht besonders schmeicheln, aber sie werden nicht die Botschaft vermitteln: «Falls noch irgend jemand Zweifel hat, *ich* führe hier den Laden!»

MIT FARBE HINWEISE GEBEN

Untersuchungen über die menschliche Reaktion auf Farbreize haben ergeben, daß mittlere Töne, speziell warme Grau- und Brauntöne wie Graubeige, warmes Grau und Camel am beruhigendsten sind und am

Oben links: Falsch: Traditionelle Geschäftsfarben wie Marine und Weiß können Sie blaß und müde wirken lassen und Sie erdrücken, wenn sie nicht zu Ihrer Farbgebung passen.
Oben rechts: Richtig: Autorität vermitteln Sie ebenso, wenn Sie eine neutrale Farbe aus Ihrer persönlichen Palette wählen, die nicht zu hell sein sollte. Der Kontrast zum Pullover bewirkt dann den erwünschten Effekt.
Links: Je weniger kontrastreich, um so «kollegialer» die Wirkung auf Mitarbeiter. Vermeiden Sie daher ein zu strenges Aussehen, wenn Sie Teamarbeit schätzen.

wenigsten bedrohlich empfunden werden; sie eignen sich daher am besten, wenn Menschen sich öffnen und ihre persönliche Ansicht mitteilen sollen.

Wenn Sie die Ideen und Probleme Ihrer Mitarbeiterinnen und Mitarbeiter bei einer Besprechung erfahren möchten, dürfen Sie nicht Ihre leuchtendsten Farben oder sehr starke Kontraste tragen. Für diese Situation sollten Sie daher eine unauffällige Farbe wählen, an die sich die anderen vielleicht nicht einmal mehr erinnern, wenn man sie zu einem späteren Zeitpunkt danach fragt: warmes Grau, Mittelgrau, Bronze, Camel, Graubeige und Steingrau. In diesen empfehlenswerten Farben wirken Sie besonders zugänglich.

FEMININ, ABER DENNOCH PROFESSIONELL

Geschäftsfrauen unterscheiden sich – genau wie Geschäftsmänner – nach ihrem Äußeren, ihrem Format und ihrer Persönlichkeit. Manche Frauen wirken von Natur aus «weiblicher» und romantischer und sind unglücklich, wenn sie neutrale Farben, wie sie aus der Männerwelt vertraut sind, tragen sollen, auch wenn viele andere berufstätige Frauen dies durchaus akzeptieren.

Einige sehr «feminine» Frauen untergraben jedoch ihre Karrierechancen, weil sie ihre natürlichen Vorlieben zu sehr betonen und Farben und Stilrichtungen tragen, die im beruflichen Umfeld einfach unpassend sind. In verschiedenen Ländern und auch Berufsgruppen werden bestimmte Grenzen gesetzt, was für die Kleidung einer Frau akzeptabel ist. In Berufen und Gewerbezweigen, die noch immer vorwiegend von Männern beherrscht werden, sollten Frauen sich davor in acht nehmen, ihren femininen Bedürfnissen nachzugeben und Kostüme oder Kleider in Farben zu kaufen, die sich zu sehr abheben, die also zu hell oder dann zu fade sind, was für einige Pastelltöne zutrifft. Besonders im Sommer werden viele Frauen das Opfer der Vielfalt von modischen Kostümen in herrlichen pastellartigen «Sorbet»-Farben. Widerstehen Sie der Verlokkung und wählen Sie lieber mittlere Farbtöne und leichte Stoffe, so daß Sie sowohl elegant als auch passend gekleidet wirken.

Wenn Sie nicht sicher sind, ob eine Farbe passend ist, sollten Sie sich die Frage stellen, ob ein männlicher Kollege akzeptiert werden würde, wenn er etwas sehr Ungewöhnliches, beispielsweise einen hellen Anzug trägt, während seine anderen Kollegen nüchterner gekleidet sind. Sicherlich sind Männer, was die Farbe betrifft, mehr Beschränkungen unterworfen, wenn es um eine seriöse und wirklich professionelle Wirkung geht. Doch wenn Sie ernsthaft Karriere machen wollen, können Sie es sich nicht leisten, diese Begrenzungen einfach zu ignorieren.

Ein kleiner Trost: Kostüme in blassen oder leuchtenden Farben würden Ihre Ausgaben bei der Reinigung in die Höhe schießen lassen, wenn Sie sie auch im Berufsleben trügen, und die oft benötigte chemische Behandlung wäre den Stoffen sicherlich nicht zuträglich. Ein helles Kostüm wirkt zudem auffälliger, und andere würden es bald einmal registrieren, wenn Sie es regelmäßig tragen, während ein neutrales Outfit immer wieder mit anderem Zubehör ergänzt werden kann. Bescheidenheit zahlt sich in diesem Fall tatsächlich aus.

Kapitel 5

Mit dem Körper arbeiten

Betrachten Sie Ihre jetzige Garderobe: Welche Kleidungsstücke tragen Sie am liebsten? Wenn Sie wie die meisten Frauen eine Mischung aus erfolgreichen Sachen und Katastrophenstücken in Ihrem Schrank hängen haben, tragen Sie wahrscheinlich 20 Prozent Ihrer Garderobe zu 80 Prozent der Zeit. Würden Sie nicht morgens viel lieber aufstehen, wenn Sie sich einfach ein Stück greifen könnten, von dem Sie wissen, daß es paßt und daß Sie sich den ganzen Tag darin wohl fühlen und großartig aussehen werden? Nun, dies ist kein unmöglicher Traum, aber Sie müssen etwas dafür tun – es geht nicht nur darum, Stücke zu tragen, die zu Ihrer Farbgebung passen, Sie müssen auch lernen, welcher Stil Ihren Körper ergänzt.

ERKENNEN SIE IHRE KÖRPERFORM

Bei einer Übung in vielen meiner Seminare bitte ich die Teilnehmerinnen, ihre Körperform mit einer Linie zu zeichnen. Schwer seufzend, die Stifte über leere Papierbögen haltend, machen sie sich an die Arbeit. Innerhalb weniger Minuten beginnen sie zu kichern, besonders dann, wenn sie auf das Blatt der Nachbarin schielen. Dann zeichne ich einen Umriß von mir selbst. So sieht er aus :

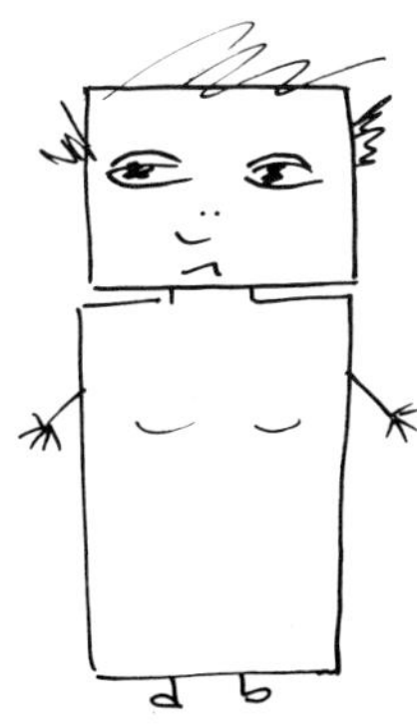

Alle Frauen können auf der Stelle ihre körperlichen Fehler auflisten: «Erstens bin ich übergewichtig. Meine Oberschenkel sind riesig, mein Hals ist zu kurz und ärmellose Sachen kann ich schon gar nicht tragen.» Und so weiter...

Nur wenige Frauen haben einen perfekten Körper, und die meisten sind sich ihrer Fehler bewußt, der tatsächlich vorhandenen ebenso wie der nur in ihrer Phantasie bestehenden. Zweifellos haben auch Sie das Gefühl, irgendwo zu kurz gekommen zu sein – doch das sollte Sie keinesfalls daran hindern, ein unbeschwertes Leben zu führen und Karriere zu machen. Akzeptieren Sie Ihren Körper einfach so, wie er ist, und lernen Sie, welche Stilrichtungen Ihnen am besten stehen und welches Ihre besten Alternativen für den Beruf sind.

In meinem früheren Buch, *Kleider – Farbe – Stil,* habe ich ausführlich erklärt, welche sieben grundlegenden Körperformen wir bei CMB unterscheiden, damit Frauen *ihre* Grundform verstehen können. Wenn Frauen an ihren Körper denken, kommen ihnen meistens nur Polster und Dellen in den Sinn und der Körperteil, an dem sie am breitesten sind. Dies ist verständlich, aber demoralisierend und unangebracht. Statt dessen sollten Sie überlegen, welche der folgenden Körperformen am ehesten mit Ihrer übereinstimmt:

- Eine eckige Form – wie ein Rechteck ohne Taille. Hüften und Po sind recht flach.
- Eine kurvige Form mit ausgeprägter Taille. Hüften und Po sind rundlich.
- Eine Kombination aus Ecken und Kurven: gerade Schultern, ausgeformter Taille und kurviger Po.
- Ein voller, runder Körper, oft kombiniert mit einer kurzen Taille und langen Beinen.

Wenn Sie Ihre Körperform taxieren, sollten Sie dies sowohl von vorne als auch von der Seite tun. Von der Seite wirken Sie möglicherweise recht voll und rund, haben jedoch von vorne betrachtet eine ziemlich flache oder gerade Silhouette. Wenn Sie einen großen Busen und starke Hüften haben, bedeutet dies nicht unbedingt, daß Ihr Körper kurvig ist. Ihr Po ist möglicherweise flach, und obwohl Ihre Hüften breit sind, wirken sie besser in einem geraden Kleid oder in einer geraden Jacke ohne Abnäher. Sie sollten überprüfen, wie stark die einzelnen Zonen umrissen sind, wie ausgeformt die Taille und wie stark ausgeprägt Ihr Kreuz ist, ob Hüften und Po flach (egal ob der Umfang 90 oder 140 cm beträgt) oder ob sie eher rundlich und kurvig sind.

Wenn Sie Ihre Grundform festgelegt haben, studieren Sie anhand der folgenden Abschnitte Ihre Optionen.

KLEIDUNGSMÖGLICHKEITEN FÜR DIE ECKIGE FRAU

Betrachten wir einmal eine Frau mit geradem, eckigem Körper. Sie will ihren Look verändern und sich ein Kleid kaufen, das sie unter ihren Jacken tragen kann. Nach einiger Überlegung kauft sie ein Seidenkleid mit geraffter Taille. Doch unabhängig davon, wieviel Geld sie für dieses Kleid ausgegeben hat, wird es billig und unpassend an ihr wirken, weil ein weicher Stoff ihre gerade Körperform nicht ergänzt. In einem dicht gewebten Material, beispielsweise einer Mischung aus Seiden und Leinen oder einem feinen Wollcrêpe, würde sie viel interessanter aussehen. Außerdem wird das Hervorheben einer Taille, die eigentlich gar nicht vorhanden ist, ihrer Figur nicht gerecht. Wählen Sie besser ein Kleid im Hemdblusenstil oder ein Mantelkleid, das die Taille nicht betont.

Wenn Sie zu dem Schluß gekommen sind, daß Ihre Körperform in den Grundzügen eckig ist, hier einige Tips zur bestmöglichen Präsentation:

Silhouetten

- Einfach und unstrukturiert
- gerade Linien
- quadratische Schultern (unabhängig von Polstern)
- Betonung der Taille (nur wenn vorhanden)
- taillierte und sich verjüngende Schnittführung

Stoffe

- Feste Baumwoll- und Leinenstoffe
- Wolle, die die Form hält (z.B. Gabardine, Köper, Tweed)
- dichtgewebte Strickstoffe und Jerseys
- steife Seide (z.B. Rohseide), Mischungen mit Leinen
- Mischungen aus Naturstoffen und Kunstfasern mit Körper, die nicht zu stark Falten werfen

Details

- Deutliche Revers (z.B. spitz oder eingekerbt); asymmetrisch
- Verschlüsse, die Kante auf Kante aneinander stoßen
- Jacken ohne Revers
- möglichst keine Abnäher oder Biesen an der Taille
- steife oder dann eingebügelte Falten
- gerade Röcke mit Wickel-optik, Röcke mit Schlitz, eingebügelte Falten

Muster

- Streifen in allen Breiten
- feine bis mittlere Pünktchenmuster
- Karomuster oder geometrische Webmuster
- unauffällige Paisley-Muster
- abstrakte, von der Form her eher geometrische Muster.

Eckige Figur

KLEIDUNGSWAHL FÜR KURVIGE FRAUEN

Wenn Sie Kleidungsstile wählen, die Ihre Statur ergänzen, machen Sie das Beste aus sich, fühlen sich wohl und wirken sogar schlanker. Stellen Sie sich eine Frau mit sehr weiblichem, kurvigem Körper vor: ein voller Busen, eine schöne Taille und volle Hüften. Auf der Suche nach einem Kostüm für das Geschäftsleben kauft sie sich ein sehr schickes Chanel-Kostüm mit kurzer Jacke in einem steifen Wollgabardine. Das Kostüm hat die richtige Größe, und sie hat eine Farbe gewählt, die ihr großartig steht. Dennoch sieht sie in diesem Aufzug nicht gut aus, weil Stil und Stoff nicht zu ihrem Körpertyp passen. Feste Stoffe, gerade Linien bei Jacken und Röcken und kastenförmige Schnitte lassen eine Frau mit weicher, kurviger Form stämmig und formlos wirken. Ihre schöne Brustlinie, die schlanke Taille und die weiblichen Hüften gehen bei einem solchen Kleidungsstil unter.

Frauen mit kurvigen Formen, die optimal aussehen wollen, sollten unter folgenden Vorschlägen ihre Auswahl treffen:

Silhouetten
- An der Taille betont
- abgerundete und fließende Schnittführung
- weiche, unstrukturierte Formen
- Raglan-Ärmel oder weich angesetzte Schultern; nicht sehr quadratisch
- leicht schwingende Röcke

Stoffe
- Jersey (Baumwolle, Wolle, Seide, Mischungen)
- seidener Crêpe de Chine
- steingewaschene Seide
- Wollcrêpe
- feiner Flanell
- Bouclé
- Lambswool
- Chambray
- weiche Brokatstoffe

Details
- Drapierte Kragen (z. B. Schalkragen)
- Jacken ohne Revers
- weiche Halsabschlüsse
- Taillensattel; Entwürfe mit Gürteln
- weiche Kräuselungen, Kellerfalten an der Taille
- Röcke mit Keileinsätzen, Glockenröcke, Röcke im Sarong- und Dirndlstil

Muster
- Paisley-Muster
- weiche, abstrakte Muster
- Pünktchenmuster
- bunte Webmuster (nicht quadratisch)
- abstrakte Blumenmuster (natürliche wirken im allgemeinen unprofessionell).

Kurvige Figur

KLEIDUNGSWAHL FÜR FRAUEN MIT ABGERUNDETER, GERADER FIGUR

Die Körperform vieler Frauen besteht aus eckigen und kurvigen Elementen. Bei CMB bezeichnen wir sie als *abgerundeten, geraden* Typ. Diese Frauen haben sehr gerade Schultern, aber eine ausgeprägte Taille und einen kurvigen Po. Sie sollten bei Silhouetten und Details einige Ratschläge für die *eckige* Frau befolgen, aber die weicheren Stoffe wählen, die der *kurvigen* Frau empfohlen werden. Sie brauchen keine so ausgeprägt weiche Wirkung wie die *kurvige* Frau, aber auch nicht die festen Stoffe, die am *eckigen* Typ so wunderbar wirken. Wenn Sie zu den Frauen mit *abgerundeter, gerader* Figur gehören, brauchen Sie speziell an Taille und Po locker sitzende Kleidung wie die *kurvigen* Frauen.

KLEIDUNGSWAHL FÜR FRAUEN MIT VOLLER FIGUR UND RUNDEM KÖRPER

Frauen mit dieser Figur können in Freizeit und Beruf wunderbar aussehen. Sie müssen nur sehr darauf achten, wie sie ihren Look zusammenstellen. Wenn Sie diese Körperform haben, sind Sie wahrscheinlich an der Taille am breitesten (oft wird dieses Problem durch eine kurze Taille verschärft, aber dafür haben Sie tolle, lange Beine!). Sie brauchen einfache Modestile, die von der Schulter locker in einer geraden Linie herabfallen. Befolgen Sie daher die Ratschläge, die für die eckige Frau aufgeführt wurden, aber wählen Sie Stoffe, die mitschwingen.

Abgerundete, gerade Figur

Volle Figur

TRICKS ZUM AUSGLEICHEN

Jetzt wollen wir etwas näher auf oft auftretende Figurprobleme eingehen. Der Schlüssel zu einem großartigen Look besteht – unabhängig von der Körperform – darin, mit sich selbst im Einklang zu sein und auf ein ausgewogenes Aussehen abzuzielen. Wenn die Säume weit nach oben rutschen oder dramatisch bis zu den Knöcheln herabfallen, ist dieser ausgewogene Look ohne perfekte Körperproportionen schwer zu erreichen. Doch betrachten Sie dies als interessante Herausforderung.

Hier einige der am häufigsten auftretenden Problemstellungen mit Vorschlägen, wie Sie die Illusion einer wohlausgewogenen Figur schaffen:

BIRNENFORMEN

Wenn Sie schmale Schultern haben, sollten Sie nie eng anliegende, taillierte Jacken kaufen. Ihr Ziel ist es, an der Schulter breiter zu erscheinen, und dies erreichen Sie, indem Sie lockere Jacken und Oberteile tragen und Ihren Look oberhalb der Taille schichten. Wenn Sie also bei Röcken und Hosen Größe 42 tragen und bei Oberteilen Größe 38, sollten Sie eine Jacke in Größe 40 wählen. Lassen Sie, falls nötig, die Ärmel kürzen und möglichst den Kragen ändern, damit er eng anliegt. Reduzieren Sie das Volumen an der unteren Körperhälfte, ohne auf bequemen Sitz zu verzichten: Vermeiden Sie weite Röcke oder solche, für die der Stoff diagonal geschnitten wurde.

Tragen Sie an der oberen Körperhälfte leuchtendere Farben, Muster und Details. Setzen Sie Schals oder Schultertücher ein oder tragen Sie eine Weste unter Ihrer Jacke, um das nötige Volumen hinzuzufügen.

KURZE TAILLEN

Frauen mit Figurproblemen können sehr schlank sein und dennoch dick aussehen, wenn Sie den falschen Jacken- oder Kleiderstil wählen.

Längere Jacken (von unterhalb der Hüfte bis knapp über das Knie) sind vorteilhafter, weil sie die Aufmerksamkeit von dem Bereich weglenken, wo Sie etwas zu kurz geraten sind. Tragen Sie kurze oder lange Röcke zu den Jacken. Da Sie wahrscheinlich mit langen Beinen gesegnet sind, können Sie die interessanteren, längeren Längen erfolgreich tragen. Vermeiden Sie voluminöse Röcke. Ein langer, schlanker Schnitt wirkt professioneller.

Ein Trick, der meine Zuhörerinnen immer wieder begeistert, besteht darin, einen kurzen Torso durch einen Gürtel in derselben Farbe wie Oberteil oder Bluse zu verlängern. Dies ist besonders wirkungsvoll, wenn Sie Schwarz, Marineblau oder neutrale Farben tragen, doch rate ich von weißen Gürteln zu weißen Blusen ab. Dieser einfach umzusetzende Tip hat seine Grenzen.

Bei Kleidern sollten Sie sich für das einfache Mantelkleid, ein Hemdblusenkleid oder ein Kleid mit niedrig angesetzter Taille entscheiden, um wirklich schick auszusehen.

LANGE TAILLEN

Vielleicht läßt sich Ihr Problem so zusammenfassen: «viel Körper, aber keine Beine». Um ein Gleichgewicht zu schaffen, sollte ihre untere Körperhälfte länger erscheinen, während der lange Torso optisch verkürzt werden muß. Eine kurze Jacke ist wie gemacht für Sie. Lange Jackenstile drücken Sie noch mehr in den Boden, es sei denn, Sie tragen einen kurzen Rock dazu, der unten gerade noch hervorschaut. Lenken Sie die Aufmerksamkeit auf die Taille – die bei Frauen dieses Typs oft beneidenswert schlank ist – und den Bereich darüber. Röcke und Hosen sollten nur ganz wenige Details aufweisen.

Betonen Sie die Taille, indem Sie Gürtel einsetzen, die den Bereich optisch «aufbrechen», aber vermeiden Sie Gürtel in derselben Farbe wie das Oberteil, da diese Sie im Taillenbereich nur noch länger wirken lassen. Wenn Sie statt dessen Ihre Gürtel farblich den Röcken und Hosen anpassen, verlängern Sie die untere Körperhälfte.

Zeigen Sie ruhig etwas Bein. Selbst wenn längere Röcke modern sind, sollten die Ihren nie über die Wadenmitte hinunterreichen. Ihre beste Rocklänge endet am Knie oder knapp darüber, wenn Sie schöne Beine haben.

Beim Einkauf sollten Sie auf taillierte Kleider im Empire-Stil oder Hemdblusenkleider achten, die Sie mit einem interessanten Gürtel betonen können.

Weitere Einzelheiten zur erfolgreichen Handhabung Ihrer speziellen Figurprobleme finden Sie in *Kleider – Farben – Stil.*

STARKE ODER ZIERLICHE FRAUEN

Frauen, die keine *durchschnittliche* Figur haben, können vor besonderen Herausforderungen stehen, wenn sie Kleidung für den Beruf suchen. Die Vereinigten Staaten sind ein Paradies für «Übergrößen». Dort gibt es Läden in allen Preislagen, die Kleidung für Frauen in allen Formen und Größen anbieten. In andern Ländern werden die Maße der «Durchschnittsfrau» von der Modeindustrie des jeweiligen Landes diktiert. Diese Normfrau und alle Glücklichen, die ein paar Größen darunter oder darüber tragen, haben die größte Auswahl. In Deutschland ist das Angebot für große Frauen recht gut, während zierliche und durchschnittlich große Frauen mit Übergewicht auf Schwierigkeiten stoßen. In Frankreich erwartet man von jeder Frau, daß sie einen zierlichen Knochenbau hat und durchschnittlich groß oder klein ist; an alle anderen denkt in der Modebranche kaum jemand. In Großbritannien, wo fast 50 Prozent der Bevölkerung Größe 42 und mehr tragen und weniger als 1 m 60 groß sind, präsentiert die Industrie paradoxerweise eine «Durchschnittsfrau», die Größe 38 trägt und 5 cm größer ist. Sehr viele britische Frauen haben also Schwierigkeiten, richtig passende Kleidungsstücke für sich zu finden.

Hier ein paar zusätzliche Tips für alle, die keine «Durchschnittsfrauen» sind und dennoch erfolgreich aussehen müssen und auch können.

FRAUEN MIT STÄRKERER FIGUR

Sie können es sich nicht leisten, sich mit behelfsmäßiger Kleidung zufriedenzugeben. Bei den vorherrschenden Vorurteilen gegen Übergewichtige müssen Sie alles tun, um gesund, energiegeladen und professionell auszusehen.

Wenn Sie Farben aus Ihrer saisonalen Palette wählen, haben Sie schon einen wichtigen Schritt getan. Lesen Sie das letzte Kapitel noch einmal durch und überprüfen Sie, ob Ihre eigene Garderobe die vorteilhaftesten Töne enthält und die Aufmerksamkeit auf Ihr Gesicht lenken. Wählen Sie ruhig auffallende Farben für Blusen, Jacken und Tücher, und entscheiden Sie sich bei Röcken und Hosen für neutrale und dunklere Töne.

Einfache Kleidungsstile sind für Sie am wirkungsvollsten. Vermeiden Sie erkennbare Muster bei zweiteiligen Kombinationen (Jacken, Röcke oder Hosen); wählen Sie statt dessen einfarbige Stoffe von Qualität in Ihren besten Farben. Attraktive Muster sollten Sie für Ihre Blusen oder Tücher reservieren. Setzen Sie auffallende Accessoires wie Broschen, Ohrringe oder ein bedrucktes Tuch ein, das Sie über einer Schulter drapieren.

Der Schnitt Ihrer Kleidung sollte locker und elegant sein. Räumen Sie Blusen, Jacken und Röcken weg, die Ihnen zu eng sind, bis Sie wieder Ihre frühere Größe erreicht haben. Wenn Sie mit Ihrer jetzigen Größe, unabhängig von den Dimensionen, zufrieden sind, sollten Sie dies kundtun, indem Sie attraktive Outfits tragen, die Ihr Selbstbewußtsein zum Ausdruck bringen. Ringen Sie sich dazu durch, nicht mehr passende Kleidungsstücke in einem der vielen Second-Hand-Shops zu verkaufen, die überall wie Pilze aus dem Boden schießen. Wenn in Ihrer Nähe ein solcher Laden nicht vorhanden ist, können Sie die Sachen einer Freundin mit kleinerer Größe schenken oder in die Altkleidersammlung geben.

Befolgen Sie die Richtlinien für richtige Paßform in Kapitel 7. Sie treffen nicht nur auf die Frau mit durchschnittlichem Körperbau, sondern auch auf Sie zu. Farbe, Qualität und Paßform Ihrer Kleidung ist wichtiger als der Stil. Daher sollten Sie sich weniger Gedanken darüber machen, ob Sie immer nach der neuesten Mode gekleidet sind, sondern sich ganz auf passende, elegante und zeitlose Kleidung konzentrieren.

Wenn Sie Probleme mit Ihrer Figur haben und möglicherweise bereits an eine Schlankheitskur und ein Gymnastikprogramm denken, sollten Sie inzwischen Ihrer Pflege besondere Aufmerksamkeit schenken. Gönnen Sie sich eine neue Frisur oder Haarfarbe (die jedoch nur die natürliche Haarfarbe vorteilhaft zur Geltung bringen sollte) und tragen Sie jeden Tag ein perfektes Make-up. Die folgenden Richtlinien werden Ihnen ebenfalls helfen.

Versuchen Sie es hiermit

- Leichte Jacken und Oberteile, die unterhalb Ihrer breitesten Körperzone enden
- Unstrukturierte Jacken, etwa solche im «Cardigan»-Stil
- Tunika-Oberteile, locker sitzende Westen oder schicke Überblusen in kräftigen, nicht anliegenden Stoffen anstelle von Jacken
- Dunkle, einfarbige Töne für die untere Körperhälfte. Die leuchtendsten persönlichen Farben in Gesichtsnähe
- Senkrechte Muster, z.B. Nadelstreifen
- Auffallende Muster bei Blusen und Tüchern
- Locker sitzende Kleidung
- Lang herabhängende Ketten und länglicher Schmuck, der vertikale Linien schafft
- Auffallende Accessoires, die am besten zu Ihrer Größe passen
- Dunkler getönte Strumpfwaren
- Kräftige Schuhe mit einem bescheidenen Blockabsatz, z.B. klassische Trotteurs

Was Sie vermeiden sollten

- Betonte Taillen, beispielsweise bei auf Figur geschnittenen Jacken und Kleidern
- Muster im Bereich der unteren Körperhälfte
- Massige Struktur. «Dicke Stoffe» wie Mohair, locker gestrickte Stoffe oder schwere Tweed-Stoffe lassen Sie dicker erscheinen.

- Helle Farben, abgesehen von Blusen
- Waagrechte Muster oder Details, die die Breite betonen
- Kleine, stilisierte Muster
- Alles, was zu eng anliegt
- Kurze Ketten betonen die Breite Ihres Halses, was Sie vielleicht vermeiden möchten.
- Winzige Accessoires, die Ihren Körper massiger erscheinen lassen
- Helle oder bräunliche Strumpfwaren
- Flache Schuhe oder Pfennigabsätze.

ZIERLICHE FRAUEN

Frauen mit zierlicher Figur fällt es mitunter schwer, sich die gewünschte Geltung zu verschaffen. Auch wenn sie aktiv und energiegeladen sind, können sie den entgegengesetzten Eindruck erwecken, wenn sie sich so kleiden, daß ihr Geschlecht und ihre geringe Körpergröße betont wird.

Durch gutgewählte Farbe können Sie präsent und stark wirken. Wählen Sie, unabhängig von Ihrer Persönlichkeit, die dunkelsten und auffallendsten Farben Ihrer Palette, um wirkungsvoller und positiver auszusehen. Süßliche Pastelltöne vermitteln Verletzbarkeit und werden dafür sorgen, daß man Sie jedesmal übersieht, wenn Sie sie tragen. Neutrale Farben in kleinen, aber «geschäftsmäßigen» Mustern wie Nadelstreifen oder Pepita sind Blumen- oder anderen feminine Drucke vorzuziehen. Wenn Sie eine Farbe einsetzen oder monochrome Mischungen einer Farbe (beispielsweise Abtönungen von Blau), können Sie anderen größer erscheinen, als Sie wirklich sind.

Zeigen Sie Ihre Beine! Lange Röcke, egal wie schick, aktuell und bequem sie auch sind, überwältigen Sie einfach. Hosenanzüge wirken an zierlichen Frauen oft gut, da sie ein pseudomännliches Selbstbewußtsein projizieren, ohne Männer jedoch wirklich zu bedrohen. Wie sollte Ihnen dies bei einer Größe von 1 m 60 auch gelingen?

Vermeiden Sie zierliche Accessoires und Details wie Spitzen- oder Bubikragen, antike, herabhängende Ohrringe oder winzige, unbedeutende Broschen. Sie müssen sehr darauf achten, daß Sie von Ihren Accessoires nicht in den Hintergrund gedrängt werden. Diese sollten zwar Ihrem Maßstab entsprechen, aber dennoch nicht unscheinbar sein.

Ein bescheidener Absatz bringt Ihre natürliche Größe zur Geltung, aber versuchen Sie nicht, ein paar Zentimeter hinzuzumogeln, indem Sie Pfennigabsätze tragen. Das wird Ihnen bestimmt mißlingen. Kleine Frauen, die auf lächerlich hohen Absätzen dahergestolpert kommen, bieten einen komischen Anblick. Auf diese Weise können Sie nicht selbstsicher auftreten. Sie riskieren zudem, sich völlig lächerlich zu machen.

Versuchen Sie es hiermit

- Auf Figur geschnittene Jacken, wenn dies zu Ihnen paßt
- Feingewebte, «dichte» Stoffe
- Wenn Sie dünn sind, können Sie locker sitzende Teile übereinanderschichten, z.B. eine Bluse, eine Weste und dann eine Jacke.
- Wenig dominierende Muster
- Bewährte Farben bei Jacken, Kostümen und Kleidern – Ihr Rot-, Blau-, Violetton usw.

Was Sie vermeiden sollten

- Lockere, übergroße Jacken, die Sie erdrücken
- Viel Masse und Struktur
- Zu große Schulterpolster
- Sehr auffallende oder kontrastierende Muster
- Sehr helle oder sehr dunkle Farben von Kopf bis Fuß.

GUT PROPORTIONIERTE KLEIDUNG

1. Kurze Jacken erzeugen zusammen mit Hosen die Illusion langer Beine. Gut für zierliche, durchschnittlich große Frauen und Frauen mit langer Taille. Ein flacher Po und schlanke Oberschenkel sind dafür Voraussetzung.
2. Kostümteile in gleichen Proportionen halbieren den Körper. Für zierliche Frauen nur dann geeignet, wenn beide Hälften dieselbe Farbe haben. Vermeiden Sie diesen Stil bei grobem Knochenbau.

1

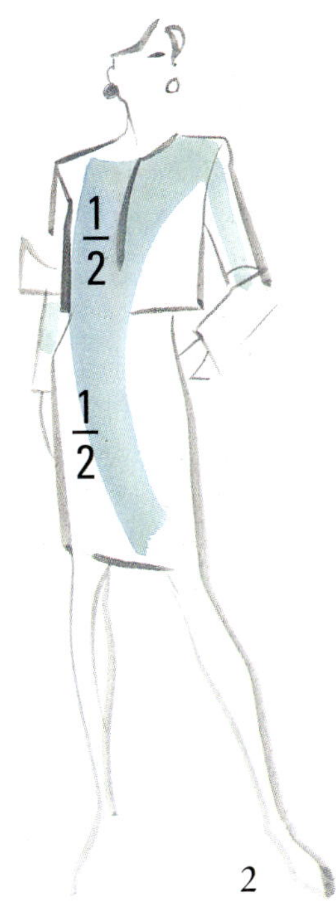

2

3. Längere Jacken verlängern den Torso. Gut für die durchschnittlich große bis große Frau und für Frauen mit voller bzw. kurzer Taille.
4. Lange Jacken mit langen Röcken sind den Frauen vorbehalten, die über 1 m 68 groß sind und lange Beine haben. Zierliche Frauen sollten diesen Stil stets vermeiden.
5. Zierliche bis durchschnittlich große Frauen wirken am besten in einem Kostüm mit langem Rock (außer bei kurzer Taille).
6. Längere Jacken sind für alle Größen am bequemsten. Bei zierlichen bis durchschnittlich großen Frauen sollte die Jakke fast bis an den Rocksaum reichen. Gut auch für kleinere Frauen mit voller Figur. Einreihige Jacken machen besonders schlank.

Kapitel 6

Eine Garderobe, die Sie zur Wirkung bringt

Haben Sie sich bereits die Zeit genommen, Ihre jetzige Ausrüstung (Jacken, Röcke, Blusen und Hosen) entsprechend der Farbverträglichkeit zu gruppieren, um etwas Stil und größere Vielfalt hinein zu bringen? Falls Sie dies noch nicht getan haben, wollen wir heute damit beginnen.

Bisher haben wir über die Farben und Kleidungsstile gesprochen, die Ihnen am meisten schmeicheln. Jetzt müssen wir eine Reihe von Kleidungsstücken für Ihre Grundgarderobe finden, die Ihnen in verschiedenen Zusammenstellungen im Berufsleben die größte Vielfalt gewähren. Dabei sollten Sie immer an Ihre saisonale Palette denken und an die Stoffe, Strukturen und Stile, die Ihrem Körpertyp entsprechen. Mit ein wenig Glück sind einige dieser Stücke, vielleicht auch alle, bereits in Ihrer gegenwärtigen Garderobe vorhanden – in diesem Fall können Sie diesen Teil überspringen und sich an meine Ratschläge halten, wie Sie aus Ihrer Grundgarderobe eine noch vielseitigere machen können (siehe S.76).

AUFBAU EINER BERUFSGARDEROBE

Wir wollen uns mit verschiedenen Bestandteilen der Garderobe befassen und überlegen, wie man sie kombinieren könnte, damit Sie jeden Tag toll aussehen und den größten Gewinn aus den Ausgaben für Ihre Kleidung herausholen. Die folgenden Abschnitte zeigen Möglichkeiten für die vier verschiedenen Körpertypen, die im letzten Kapitel vorgestellt wurden. Die Grundgarderobe für Ihre Körperform besteht aus zehn Teilen, die auf Ihre Figur abgestimmt sind und sich leicht miteinander kombinieren lassen. Damit können Sie mindestens 15 Outfits zusammenstellen, so daß Sie drei Wochen lang jeden Tag etwas anderes tragen können. Wählen Sie eine Farbkombination aus Ihrer Palette in Kapitel 4 und überprüfen Sie, welche Kleidungsstücke bereits in Ihrer jetzigen Garderobe vorhanden sind und in dieses Schema passen. Dann sollten Sie eine Einkaufsliste erstellen, auf der die fehlenden Stücke nach ihrer Bedeutung aufgeführt sind, und für diese wichtigsten Investitionen sparen.

BERUFSKLEIDUNG FÜR FRAUEN MIT ECKIGER FIGUR

Dieses Farbschema paßt zu einer Frau mit der Farbgebung des warmen Herbsttyps.

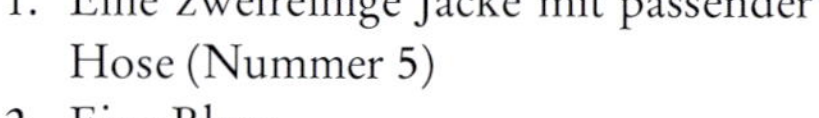

1. Eine zweireihige Jacke mit passender Hose (Nummer 5)
2. Eine Bluse
3. Eine einreihige Jacke, die zu einem passenden Rock getragen wird (Nummer 4)
4. Ein kurzer Faltenrock
5. Eine Hose
6. Ein feingerippter Rollkragenpullover
7. Eine kurze Jacke
8. Ein schmal geschnittener Rock (lang mit Schlitz oder Falte)
9. Ein Kleid
10. Ein T-Shirt mit Muster

SO KÖNNEN SIE DIE TEILE UNTEREINANDER KOMBINIEREN

3 + 4 (fügen Sie eine reizvolle Kette oder ein Tuch hinzu); 3 + 5 + 6 (tragen Sie eine Brosche dazu); 1 + 2 + 4; 1 + 5 + 10; 1 + 6 + 8; 3 + 4 + 10; 6 + 7 + 8; 1 + 5 + 6; 7 + 9; 9, kombinieren Sie mit einem Tuch; 7 + 2 + 5; 6 + 4 + 7; 3 + 8; 3 + 9; 7 + 2 + 5.

3
1
7
9
2
6
10
4
5
8

BERUFSKLEIDUNG FÜR FRAUEN MIT KURVIGER FIGUR

Dieses Farbschema eignet sich für eine Frau mit gedeckter Farbgebung.

1. Eine weich geschnittene Jacke mit passendem Rock (Nummer 8)
2. Eine Bluse
3. Eine Jacke
4. Ein weichgeschnittener, kurzer Rock
5. Eine weite Hose
6. Ein Jersey-Oberteil
7. Eine taillierte Jacke
8. Ein langer, ausgestellter Rock
9. Ein weichgeschnittenes Kleid
10. Ein T-Shirt aus Seide

SO KÖNNEN SIE DIE TEILE UNTEREINANDER KOMBINIEREN

3 + 4 + 10; 2 + 7 + 5;
1 + 2 + 8; 3 + 8 + 10;
1 + 2 + 5; 7 + 10 + 4;
3 + 6 + 5 (tragen Sie eine Kette dazu);
7 + 2 + 8; 7 + 9; 6 + 1 + 5;
7 + 8 + 10; 7 + 10 + 5;
6 + 1 + 8; 3 + 9; 3 + 2 + 5.

1
3
7
9
2
10
6
4
5
8

BERUFSKLEIDUNG FÜR FRAUEN MIT ABGERUNDETER, GERADER FIGUR

Dieses Farbschema paßt zu einer Frau mit dunkler oder klarer Farbgebung.

1. Eine weichgeschnittene Jacke mit passendem Rock (Nummer 8)
2. Eine Bluse
3. Eine kragenlose Jacke
4. Ein Faltenrock
5. Eine Hose
6. Ein langärmliger Body
7. Eine zweireihige Jacke
8. Ein langer Rock
9. Ein Kleid
10. Ein Jersey-Oberteil

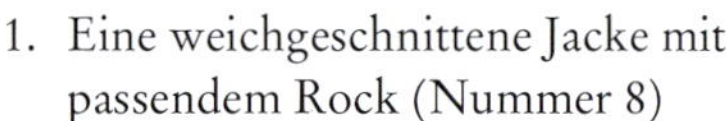

SO KÖNNEN SIE DIE TEILE UNTEREINANDER KOMBINIEREN

3 + 6 + 4; 1 + 2 + 5;

7 + 10 + 4; 1 + 2 + 4;

3 + 9 (tragen Sie eine Kette dazu);

1 + 6 + 5; 7 + 10 + 8;

2 + 3 + 8; 3 + 6 + 5; 7 + 9;

9 + 1; 2 + 5 + 1; 8 + 2 + 3;

1 + 6 + 8; 7 + 6 + 5.

1
3
6
9
7
10
2
4
5
8

BERUFSKLEIDUNG FÜR FRAUEN MIT VOLLER FIGUR

Dieses Farbschema ist geeignet für eine Frau mit kühler Farbgebung.

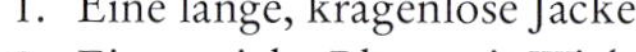

1. Eine lange, kragenlose Jacke
2. Eine weiche Bluse mit Wickeloptik
3. Ein langer Faltenrock mit Taillengummi
4. Ein Hosenrock bis zur Mitte der Wade
5. Eine Cardigan-Jacke
6. Eine lange, weite Hose
7. Ein langärmliges T-Shirt aus Seide
8. Ein gerader Rock mit Taillengummi (sollte knapp unterhalb des Knies enden)
9. Eine langärmlige, gemusterte Seidenbluse
10. Ein Swinger

SO KÖNNEN SIE DIE TEILE UNTEREINANDER KOMBINIEREN

1 + 2 + 3; 1 + 9 + 4; 5 + 2 + 8;

1 + 7 + 6; 10 + 5; 9 + 4;

1 + 7 + 9 + 6; 9 + 8;

5 + 9 + 3; 5 + 9 + 4;

1 + 2 + 8; 4 + 1 + 7; 10 + 1;

6 + 9 + 5; 1 + 2 + 6.

1
5
7
2
10
8
9
3
6
4

VIELSEITIGE INVESTITIONEN

Nur wenige können es sich leisten, Ihren Kleiderschrank völlig leerzuräumen und ganz von neuem zu beginnen. Daher wollen wir uns ansehen, was Sie bereits in Ihrer Sammlung haben und ob möglicherweise vorhandene Kostüme und Outfits unseren Ansprüchen genügen.

DAS DUNKLE, NEUTRALE KOSTÜM

Jede Frau braucht ein Kostüm, in dem man sie wirklich ernst nimmt. Es wird immer einmal vorkommen, daß es Ihnen an Selbstvertrauen mangelt oder daß Sie einem Publikum, das Ihren Beitrag vielleicht noch nicht zu schätzen weiß, Professionalität vermitteln müssen. Und dann wird es Zeiten geben, in denen die anderen wissen sollten, wer der Boss ist, nämlich *SIE!*

Daher geht es bei diesem Kostüm allein darum, Würde auszustrahlen. Wählen Sie die nüchternste, dunkelste neutrale Farbe, die Sie tragen können, ohne zu langweilig, streng oder erschöpft auszusehen. Anthrazit, Marine, Oliv, ein sattes Weinrot, Pflaumenblau oder Mahagoni sind gute Möglichkeiten.

Dieses Kostüm wirkt am stärksten und dennoch konservativ genug, wenn Jacke und Rock dieselbe Farbe haben. Wenn Sie den Look etwas weicher gestalten wollen, können Sie einen kontrastierenden, im Ton dazu passenden oder gemusterten Rock wählen.

Um auf Nummer Sicher zu gehen und größtmögliche Autorität zu vermitteln, tragen Sie eine Bluse in Ihrem Weißton dazu (gedämpftes Weiß, Reinweiß oder Elfenbein). Eine pastellfarbene Bluse mit einem Hauch Farbe wirkt jedoch weiblicher und wahrscheinlich schmeichelnder. Wenn Sie nicht gerade eine Führungsaufgabe zu übernehmen haben, können Sie den Look mit farbenfroheren Blusen und Drucken aufhellen.

Wählen Sie einen Jackenschnitt, zu dem viele verschiedene Halsausschnitte passen. Eine Jacke ohne Revers ist gut geeignet zu Blusen mit hohem Kragen und könnte entweder einen einfachen runden oder einen V-Ausschnitt haben, so daß Sie zur Abwechslung auch einmal bedruckte Tücher hineinstecken können.

Dieses «Power»-Kostüm wirkt am stärksten, wenn Sie eine geschmackvolle Brosche und schicke Ohrringe dazu tragen.

DAS HELLE, NEUTRALE KOSTÜM

Für das Frühjahr und den Sommer brauchen Sie Kostüme, die so vielseitig wie ihr marineblaues, olivfarbenes, weinrotes und anthrazitfarbenes sind, aber heller und zugänglicher und dabei gleichzeitig professionell wirken. Es werden heutzutage immer mehr großartige Vielzweckfarben angeboten, beispielsweise Elfenbein, Graubeige, Steingrau, warmes Grau, Camel und Kakaobraun.

Jede Frau kann unabhängig von ihrer Farbgebung ein Graubeige oder Steingrau tragen, wenn sie diesen Ton mit einer tollen Farbe aus ihrer Palette kombiniert. Der dunkle und klare Frauentyp beispielsweise kann Steingrau mit Schwarz, Rot, Violett oder Königsblau tragen. Der helle und kühle Frauentyp könnte es mit Pink, gedecktem Lila oder Flieder versuchen. Frauen des warmen und gedeckten Typs können Rostrot, Moosgrün oder Türkis zu Graubeige tragen.

Je heller der Anzug ist, desto besser muß seine Qualität sein. Bei Marine, Schwarz und Grau können Sie mogeln, aber bei hellen Farben ist dies nicht gut möglich. Seien wir ehrlich: Wie groß ist die Wahrscheinlichkeit, daß das Kostüm über Stunden sauber bleibt? Wenn Sie mit einem öffentlichen Verkehrsmittel zur Arbeit fahren, dürfte Elfenbein eine schlechte Wahl sein, egal wie toll die Farbe an Ihnen aussieht.

Wo wir gerade von Elfenbein sprechen – es besteht ein riesiger Unterschied zwischen Elfenbein und Weiß. Elfenbein wirkt elegant, was bei Weiß selten der Fall ist, selbst wenn Sie in einem warmen, sonnigen Klima arbeiten. Eine elfenbeinfarbene Jacke ist besonders nützlich, da sie zu allem paßt – sowohl zu einfarbigen Kleidungsstücken als auch zu vielen Webmustern.

DAS FARBIGE KOSTÜM

In den letzten zehn Jahren haben sich bestimmte Farben für berufstätige Frauen so stark verbreitet, daß sie als neutrale Alternativen akzeptiert werden. Jede berufstätige Frau sollte ein rotes Kostüm haben (oder zumindest eine rote Jacke, die zu verschiedenen Röcken getragen werden kann). Die Farbe Rot sagt Kollegen, Managern und Kunden, daß Sie wissen, wer Sie sind, und bereit sind, Ihren Standpunkt zu verteidigen. Tragen Sie Rot zu Ihrer nächsten großen Besprechung oder Sitzung und achten Sie darauf, wieviel mehr Leute auf Sie zukommen und sich vorstellen werden. In einem grauen Kostüm können Sie gesellschaftliche Veranstaltungen besuchen und sich im Hintergrund halten, wenn dies Ihre Absicht ist. Wenn Sie Rot tragen, glauben die anderen, daß Sie etwas zu sagen haben – seien Sie also darauf vorbereitet, um Ihre Meinung gebeten zu werden!

Eine weitere neue neutrale Farbe, die prima aussieht, ist Violett, das es in vielen dunklen, satten Tönen, aber auch in weicheren, helleren Versionen gibt. Wählen Sie einen Ton, der weder zu zart ist (wie etwa blasser Flieder) noch zu aufgeladen wirkt (meistens haben solche Stücke zudem wirklich auffällige Knöpfe). Ich wiederhole: Jede Frau kann Violett tragen. Wenn Sie ein dunkler und klarer Typ sind, kombinieren Sie es mit Rot, Schwarz oder Mango. Frauen des hellen, gedeckten und kühlen Typs wählen monochrome Farben, indem Sie Violett mit einem gedämpften Violett- oder Rosaton tragen. Wenn Sie eine warme Farbgebung haben, sollten Sie es mit Senffarbe oder Goldgelb versuchen, was an Ihnen eine tolle Wirkung haben wird.

Die rote oder violettfarbene Jacke Ihres Zweiteilers wird zu vielen anderen Grundfarben (hell und dunkel) in Ihrer Garderobe passen. Und beide Farben wirken wunderbar mit schwarzen oder grauen Hosen zusammen, wie besonders selbstbewußte Frauen bereits wissen.

DER ZWEITEILER MIT HOSE ODER HOSENROCK

Für Frauen, die wissen, daß Hosen oder Hosenröcke ihnen besonders gut stehen (und sie auch tragen wollen), ist die Zeit gekommen, sich in diesen bequemen Alternativen zum Zweiteiler mit Rock der Arbeitswelt zu stellen.

Wie beim hellen Kostüm können Sie bei der Qualität nicht mogeln, wenn Sie Hosen oder Hosenröcke tragen. Verspielen Sie also nicht Ihre Chancen, indem Sie diesen bisweilen etwas riskanten Look durch irgendeine alte Hose, die Sie zu einer ausgetragenen Jacke tragen, zunichte machen.

In Kapitel 7 finden Sie Richtlinien für die Wahl der besten Hosen- und Hosenrockstile.

DAS ENSEMBLE FÜR DEN TAG UND FÜR DEN ABEND

Es wird Tage geben, an denen der berufliche Alltag nicht endet, wenn das Büro geschlossen wird, sondern sich beim Abendessen mit Kolleginnen und Kollegen oder mit Kundinnen und Kunden fortsetzt. Anders als Männer nehmen Frauen nicht nur so aus Spaß an derartigen gesellschaftlichen Anlässen teil; vielmehr wollen sie dabei positive Resultate erzielen. Schließlich können Männer in demselben schicken, neutralen Anzug, den sie den ganzen Tag über getragen haben, völlig akzeptabel aussehen, während Frauen sich mehr Mühe geben müssen, wenn sie vermeiden wollen im «übriggebliebenen Büro-Look» zu erscheinen, wie wir bei COLOR ME BEAUTIFUL sagen... einfaches Kostüm, Baumwollbluse, verblichenes Make-up, Accessoires, die für den Tag gedacht sind usw.

Wenn für den Abend ein gesellschaftlicher Anlaß ansteht, sollten Sie morgens etwas anziehen, das sich nachmittags um fünf «verwandeln» läßt. Nehmen Sie einen hübschen, knitterfreien Rock aus Georgette in einer längeren Form mit, so daß Ihre Kostümjacke völlig anders wirkt. Tragen Sie dazu eine leicht glänzende Bluse, die im Licht schimmert.

Links: Beginnen Sie den Tag mit Elementen aus Ihrer Grundgarderobe, die nur ein wenig verändert werden müssen, damit sie sich auch für den abendlichen Look bestens eignen.
Rechts: Für ein Arbeitsessen läßt sich das Jacket gegen einen abendlichen Kurzmantel austauschen; die entsprechenden Accesoires und das offen getragene Haar – entsprechend gestylt und gelegt – verleihen Ihnen außerhalb des Büros eine «glänzende» Wirkung. Denken Sie daran, Ihr Make-up durch tiefere oder leuchtendere Töne am Abend lebhafter zu gestalten.

Tauschen Sie Ihren einfachen Ledergürtel gegen einen Gürtel mit Perlen-, Modeschmuckbesatz oder Goldrand aus. Tragen Sie zusätzlich eine Gold- und/oder Perlenkette. Ersetzen Sie Ihre Ohrclips durch ein Paar Ohrringe, die lang herabhängen. Frischen Sie Ihr Make-up auf – und zwar vollständig. Es reicht nicht, nur Puder und Lippenstift zu erneuern. Schließlich tragen Sie noch einen angenehmen Duft auf – er wird Ihnen ein gutes Gefühl geben und Sie in die richtige Stimmung für einen gesellschaftlichen Anlaß bringen, auch wenn es dabei ausschließlich um Geschäftliches geht.

KLEIDERALTERNATIVEN

Wenn Sie noch nicht entdeckt haben, wie angenehm und bequem es ist, unkomplizierte Kleider anstelle von Röcken und Blusen unter Jacken oder auch für sich allein zu tragen, sollten Sie es unbedingt einmal probieren. Für Frauen jeder Größe und Figur gibt es eine großartige Auswahl in den Grundfarben oder mit Mustern.

Kleider sollten Tagen vorbehalten sein, an denen Sie nicht repräsentieren müssen. Für Mitarbeiterbesprechungen, für die Arbeit in der Abteilung und für Brainstorming-Sitzungen sind sie wunderbar geeignet.

Je einfacher der Schnitt des Kleides ist, desto besser können Sie seine Wirkung verändern, indem Sie einen Gürtel oder ein Tuch hinzufügen, eine Brosche oder lange Halsketten tragen und es mit verschiedenen Jackenlängen und -stilen kombinieren.

Wählen Sie den Stoff sorgfältig aus. Viele Materialien sind zu leicht und enganliegend für das Büro (dies trifft besonders auf einige Strickstoffe, Jerseys und Seidenstoffe zu). Damit Sie für den Beruf schick und passend gekleidet sind, sollte ein Kleid ganz gefüttert sein. Ratschläge, wie Sie eine schöne Paßform erzielen, finden Sie in Kapitel 7.

MÄNTEL UND REGENMÄNTEL

Für die Anschaffung eines Mantels werden Sie Ihr großes Sparschwein opfern müssen, so daß andere Käufe möglicherweise monatelang zurückgestellt werden. Daher sollten Sie gut überlegen, für welchen Stil Sie sich entscheiden, bevor Sie den Laden überhaupt betreten.

Wenn die Rocklängen sich ständig ändern, kann die Wahl eines Mantels, der zu allem paßt, echte Probleme verursachen – aber Sie *müssen* ihn zu allem tragen können. Entscheiden Sie daher, welche Länge Ihnen am besten steht und kaufen Sie einen Mantel, der zu dieser bestimmten Länge paßt. Nichts wirkt schäbiger als ein Mantel, der kürzer als ein Rock oder Kleid ist, während ein langer Mantel über einem kurzen Rock durchaus akzeptabel ist.

Wenn die Frage der Länge geklärt ist, sollten Sie das gewünschte Stoffgewicht in Betracht ziehen. Wenn Sie mit öffentlichen Verkehrsmitteln fahren, brauchen Sie einen wärmeren Mantel – etwa aus Wolle oder einer Wolle-Kaschmir-Mischung – als bei Fahrten mit dem eigenen Wagen. Wenn Sie oft zu Fuß gehen, sollte der Mantel leicht, aber gleichzeitig warm sein und Sie auch vor einem Regenschauer schützen. Bestimmte Mikrofasern werden diesen Bedürfnissen am ehesten gerecht.

Was die Farbe betrifft, können Sie ruhig etwas Kühnheit an den Tag legen! Sie müssen sich nicht an eine sichere neutrale Farbe wie Schwarz, Gelbbraun oder Marine halten. Muntern Sie sich und alle, denen Sie begegnen, mit einem hübschen Ton auf, der die langweilige Landschaft im Winter aufhellt, aber achten Sie auf Schick und entscheiden Sie sich für mittlere bis dunkle Farben statt für helle, die regelmäßig gereinigt werden müssen.

Ein Mackintosh oder Regenmantel kann vielseitiger sein als ein Wollmantel, speziell dann, wenn Sie in einem feuchten Klima leben. Heute findet man in den Geschäften wirklich schicke, wasserdichte Designs, die gute Dienste leisten und Sie auch im schlimmsten Wetter schützen und trocken halten.

Tragen Sie bei der Mantelprobe immer eine Kostümjacke – und auch dann sollte noch genug Platz für weitere Kleidungsschichten vorhanden sein. Wenn Sie beispielsweise Geld in einen schicken Regenmantel investieren, sollten Sie zusätzlich, selbst unter der Kostümjacke, noch einen Pullover tragen können, um dem Winter zu widerstehen.

Über die Jahre hinweg sollten Sie sich Mäntel in verschiedener Länge, unterschiedlichem Stoffgewicht und mehreren Farben zulegen, die Sie vor Regen schützen und gleichzeitig stilvoll sind. Überprüfen Sie Ihre Mäntel regelmäßig, damit sie immer in bestem Zustand sind. Ersetzen Sie verlorengegangene Knöpfe, achten Sie darauf, daß der Saum nirgendwo herabhängt und reparieren Sie fransende Stellen, auch im Innern, beispielsweise im Achselbereich, der besonders stark angespannt wird, wenn der Mantel etwas knapp sitzt.

Wenn Ihr Mantel noch tragbar ist, aber etwas langweilig wirkt, sollten Sie folgende Ideen in Betracht ziehen, um ihm und sich einen neuen Look zu verpassen:

- Tauschen Sie die alten Knöpfe gegen neue von guter Qualität aus, eventuell vergoldete, solche aus Horn oder in einer kontrastierenden Farbe.
- Tragen Sie einen farbenfrohen Schal oder ein Schultertuch aus Ihrer Sammlung, damit der Mantel jeden Tag anders aussieht.
- Wenn der Mantel einen Gürtel hat, sollten Sie einen Ledergürtel anstelle des mitgelieferten Exemplars (wenn er aus synthetischem Material besteht) wählen.
- Tragen Sie eine große, attraktive Brosche.
- Lenken Sie von dem Mantel ab, indem Sie einen schicken Filzhut, eine Baskenmütze oder einen Schlapphut tragen.

DER «SOMMERWAHNSINN»

Sobald die Sonne lachend den Beginn des Sommer ankündigt, geschieht etwas höchst Merkwürdiges. Völlig vernünftige Frauen können jede professionelle Vernunft verlieren und ihr Image völlig umkrempeln. Diese Veränderung ist in nördlichen Breiten mit ihren kurzen Sommern oft ausgeprägter. In anderen Regionen, wo das Wetter das ganze Jahr über

Links: In solcher Kleidung machen Sie sich alle Karriereaussichten unwiderruflich zunichte – biedere Sommerkleider und nackte Arme lassen Ihre Unprofessionalität auf den ersten Blick erkennen. So sollten Sie selbst an heißen Sommertagen nicht im Büro erscheinen.
Rechts: So sind Sie luftig gekleidet und wahren dennoch Ihr profesionelles Aussehen. Kurzärmelige, lose Jacken in Kombination mit leichten Röcken in Berufsfarben vermitteln Ihnen im Sommer das richtige Image.

mäßig warm bis warm ist, scheint dieser Wahnsinn nicht so verbreitet wie beispielsweise in Großbritannien, Deutschland und skandinavischen Ländern.

Ein warmer Tag scheint zu signalisieren, daß man die wesentlichen Teile der weiblichen «Geschäftsrüstung» ablegen kann. Strumpfhosen werden ausgezogen, und statt dessen trägt man Sandalen, offene oder – noch schlimmer – *weiße* Schuhe! Diesen ersten Anzeichen des «Sommerwahnsinns» folgen weitere: nackte Arme, tiefausgeschnittene Blusen und Sommerkleider unter Jacken, die dann irgendwann im Verlauf des Tages abgelegt werden. Das gibt ihrer Trägerin nicht nur ein unprofessionelles, sondern auch ein verletzliches Aussehen. Die schicke, maßgeschneiderte Kleidung, die während der übrigen Zeit des Jahres äußerst gewissenhaft getragen wird, bleibt im Kleiderschrank hängen, während sich einige Frauen im Übermut für leicht knitterndes Leinen, durchsichtige Blusen, kürzere Röcke, Achselhemden und T-Shirts entscheiden. Was sie ihrem

Image in diesen zwei oder drei kurzen Sommermonaten an Schaden zufügen, können sie dann im ganzen verbleibenden Jahr nicht mehr gutmachen.

Die Kollegen am Arbeitsplatz wissen nicht, was sie sagen, wie sie reagieren oder wohin sie schauen sollen, wenn dieser Sommervirus grassiert... Mein Geschäft boomt erfahrungsgemäß um diese Zeit besonders, denn ich erhalte Dutzende von Anrufen von Personalabteilungen, die mich bitten, eine Beraterin vorbeizuschicken, um mit den Frauen über Image-Fragen zu reden und ihnen doch bitte Sommerkleider und Sandalen im Büro auszureden. Diese Hilferufe kommen sowohl von großen multinationalen Unternehmen als auch von kleineren Firmen.

Ich rate den Frauen dann auch, in jeder Hinsicht kühlen Kopf zu bewahren, auch wenn die Quecksilbersäulen in die Höhe schießen, und die Artikel in Frauenzeitschriften zu vergessen, in denen vom Spaß in luftiger Arbeitskleidung phantasiert wird. Frauen, die sich dies auf einer Redaktion ausdenken, arbeiten in einem sehr zwanglosen Umfeld, wo sie ohne weiteres Oberteile mit Nackenband, Denim-Miniröcke und Lycra-Kleider tragen können. Doch das gilt nicht für *Sie*; *Sie* arbeiten an einem Ort, wo Ihr Image das ganze Jahr hindurch stabil bleiben muß. Denn wenn *Sie* es nicht tun, wer sollte Sie dann ernst nehmen?

In geographischen Breiten, wo es einen großen Teil des Jahres hindurch sonnig und warm ist, bemerkt die Umgebung wahrscheinlich kaum eine Veränderung an der Bekleidung von professionell auftretenden Frauen. Deren Kleidung ist zweifellos vom Stoff und von der Farbe her leichter, doch da ihr Büro von einer Klimaanlage gekühlt wird, darf erwartet werden, daß die Mitarbeiterinnen immer Strumpfhosen tragen. In Ländern hingegen, in denen die Wärme nur einige Monate andauert, kann es ohne Kühlung unerträglich heiß werden, was dann zu den oben beschriebenen Auswüchsen führt. Bedenken Sie: Berufsmänner reagieren auf das Ansteigen der Temperaturen auch nicht mit Shorts und T-Shirts. Sollten Frauen dies also tun?

DIE BESTEN METHODEN, UM KÜHL ZU BLEIBEN UND «COOL» AUSZUSEHEN

Denken Sie daran, daß Sie im Sommer dieselben professionellen Standards wie im restlichen Jahr aufrechterhalten müssen. Dies läßt sich leicht erreichen, indem Sie dieselben Kleidungsstücke, jedoch in leichteren Stoffen, kaufen. Viele Frauen glauben allen Ernstes, sie könnten es sich leisten, im Sommer jene Kleidungsstücke zu tragen, die eigentlich für die Freizeit gedacht sind. Ich kann dem gar nicht oft genug widersprechen.

Ein leichtes Kostüm, ein Kleid und eine Jacke oder eine Bluse und eine Jacke mit dazupassendem Rock oder geeigneter Hose sind eher ratsam. Kleider, die von sich aus eine gewisse Wirkung haben, beispielsweise ein Mantel- oder Hemdblusenkleid aus mittelschwerem Stoff – aber nicht aus einem enganliegenden oder dünnen Material – können Sie auch für sich tragen, wenn Sie an Ihrem Schreibtisch arbeiten. Doch denken Sie daran, daß Sie bei einer Besprechung unbedingt eine Jacke tragen müssen, die Sie nur ablegen dürfen, wenn Vorgesetzte dies auch tun, oder wenn man sich allgemein darauf geeinigt hat, daß Jacken ausgezogen werden dürfen.

Wählen Sie Stoffe mit einem hohen Anteil an Naturfasern, aber mit einer möglichst geringen Mischung aus Kunstfasern (wie Mikrofasern, Rayon, Polyester oder Nylon), die dafür sorgen, daß ein Kleidungsstück nicht knittert und sich leicht in der Maschine oder von Hand waschen läßt. Blusen und Kleider aus Naturstoffen wie Baumwolle, Leinen, Seide und Cool-Wool können in warmen Temperaturen meistens nur einmal getragen werden. Überprüfen Sie auch anhand des Etiketts, ob sich das Stück ausschließlich chemisch reinigen läßt, denn dies ist nicht nur teuer, sondern erweist sich auch als besonders unpraktisch für Frauen, die viel geschäftlich reisen.

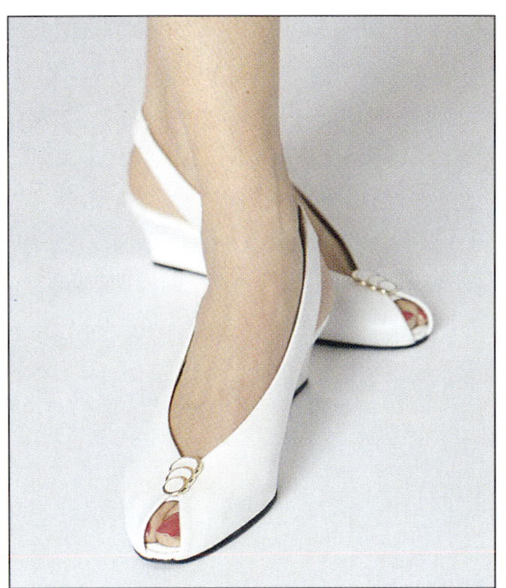

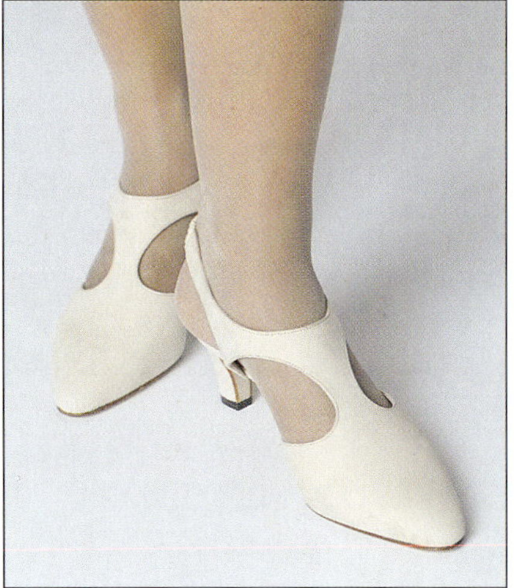

Links: Noch einmal: Weiße Schuhe haben in der Geschäftswelt nichts verloren. Zeigen Sie auch nie Ihre Zehen, egal wie gepflegt diese sind. Schuhe mit Fersenriemen sind akzeptabel, doch vorne dürfen sie nie offen sein.
Rechts: Farben wie Elfenbein, Steingrau oder Graubeige sind für Sommerschuhe gut geeignet. Zu dunklen Röcken und Kleider sollten Sie jedoch immer einen dunkleren Schuh tragen. Um eine leichte Strumpfhose kommen Sie nicht herum, auch wenn das Quecksilber im Thermometer hochklettert.

Tragen Sie im Beruf immer Strumpfhosen mit niedriger den-Stärke. 5, 7 oder 10 den sind für Strumpfhosen sehr bequem, was natürlich noch mehr für Strümpfe oder halterlose Strümpfe zutrifft, da diese luftiger sind. Heute kann man eine Vielfalt an gedämpften, neutralen Tönen erwerben, und es ist leicht, die zur Kleidung passenden Farben zu finden – Steingrau, Hellbeige, gedämpftes Elfenbein, Schiefergrau usw.

Wählen Sie Blusen, die mindestens einen kurzen oder angeschnittenen Ärmel haben. Tragen Sie nie ärmellose Blusen im Büro, es sei denn, Sie behalten die ganze Zeit über die Jacke an. Egal, wie schlank und gebräunt Ihre Arme sind – nackte Achselhöhlen tragen wenig dazu bei, Professionalität zu vermitteln. Schließlich können sich Männer dies auch nicht leisten. Warum also sollten wir Frauen uns das herausnehmen?

Für Schuhe und Accessoires sollten Sie einen Stil und eine Qualität wählen, die mit dem Schuhwerk, das Sie den Rest des Jahres über tragen, vergleichbar ist, aber die Farben können heller sein. Steingrau, warmes Grau und Hellgrau bieten eine willkommene Abwechslung zu Marine, Schwarz und Braun, die oft im Winter eingesetzt werden. Außerdem passen farbige Schuhe besser zu den Outfits, die im Sommer akzeptabler sind als im Winter, beispielsweise Blau, Rot oder Violett. Die einzige unverzeihliche Farbe ist *Weiß*. Egal, wie teuer die Schuhe sind oder von welcher Marke – weiße Schuhe sind geschmacklos und werden nie eine Vorstellung von Erfolg vermitteln.

Kapitel 7

Der richtige Stil, die richtige Paßform

Ihre Berufsgarderobe muß in einer ganz anderen Gemütsverfassung geplant und gekauft werden als Ihre Kleidung für das Wochenende oder für Partys. Was Sie bei der Wahl Ihrer Freizeitkleidung als guten Stil oder gute Paßform empfinden, ist für das Büro wahrscheinlich überhaupt nicht geeignet.

In Kapitel 5 und 6 haben wir uns bereits mit Stilfragen beschäftigt, und hier folgen noch einige Ratschläge. Doch zuerst möchte ich mich auf die Paßform konzentrieren, denn sie ist von allergrößter Bedeutung. Die Paßform Ihrer Kleidung kann etwas aus Ihnen machen oder – ganz im Gegenteil – Ihre Wirkung völlig ruinieren. Wenn Kleidungsstücke zu groß oder weit sind, wird man das Gefühl haben, daß Sie sie entweder ausgeliehen oder zu starke Diät hinter sich haben. Wenn Ihre Kleidung zu eng anliegt, wird alle Aufmerksamkeit auf Ihren Körper gelenkt, entweder weil Sie zu übergewichtig wirken oder weil der knappe Sitz Ihrer Kleidung provozierend wirkt. Wahrscheinlich werden Sie das Interesse männlicher Kollegen wecken, aber diese werden nicht Ihre beruflichen Fähigkeiten wahrnehmen, weil Sie mehrdeutige Signale aussenden!

Die Paßform ist also äußerst wichtig. Vergessen Sie Ihre Kleidergröße. Die Größe ist unwichtig, und die Hersteller sind so unbeständig, daß es klüger ist, beim Einkauf auf den richtigen Look zu achten. Denken Sie daran, daß andere keine Röntgenaugen haben und das Größenetikett in Ihrer Kleidung nicht lesen können! Wenn allein schon der Gedanke daran Sie stört, schneiden Sie es einfach nach dem Kauf heraus.

Eine Paßform, in der Sie sich bequem bewegen können, auch wenn Sie hin und wieder einmal ein paar Pfund mehr wiegen, sollte die Grundidee hinter Ihrer gesamten Garderobe sein. Locker sitzende Kleidungsstücke, die jedoch nicht sackartig an Ihnen herunterhängen, sind eleganter und machen schlanker als engsitzende. Außerdem sind sie in den zehn bis zwölf Stunden, die Sie in ihnen verbringen, sehr viel bequemer.

Jetzt wollen wir uns mit den einzelnen Kleidungsstücken, ihrem Stil und ihrer Paßform befassen, mit den Punkten also, an die Sie beim Einkauf denken sollten.

RÖCKE

Sie sollten bei Modestil und Größe auf Bequemlichkeit und guten Sitz achten. Sicherlich kennen Sie jene geradegeschnittenen Röcke, die bei der Anprobe großartig aussehen, aber im Sitzen ständig heruntergezogen werden müssen. Ein Rock darf im Sitzen wohl etwas nach oben rutschen, wenn er nicht schon von Anfang an zu kurz ist, aber Sie sollten nicht ständig darauf achten müssen. Ist dies doch der Fall, haben Sie wahrscheinlich einen zu kurzen oder zu engen Rock gekauft.

Seien Sie ehrlich zu sich selbst, wenn Sie sich in Röcken von der Seite her betrachten. Wenn Bauch und Po kurvig sind, sollten Sie nie einen Rock ohne Abnäher tragen, denn darin würden Sie unattraktiv wirken und dicklich aussehen, selbst wenn dies vielleicht gar nicht zutrifft. Wenn sich Ihre Figur im Verlauf eines Monats durch Wasseransammlungen im Körper verändert, sollten Sie an diesen Tagen einkaufen gehen, damit Sie

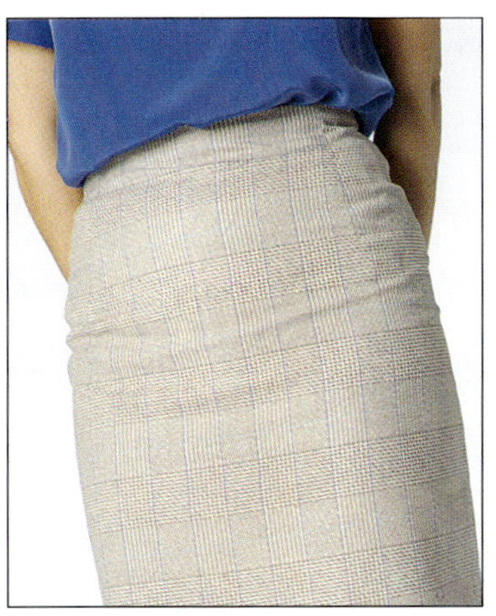

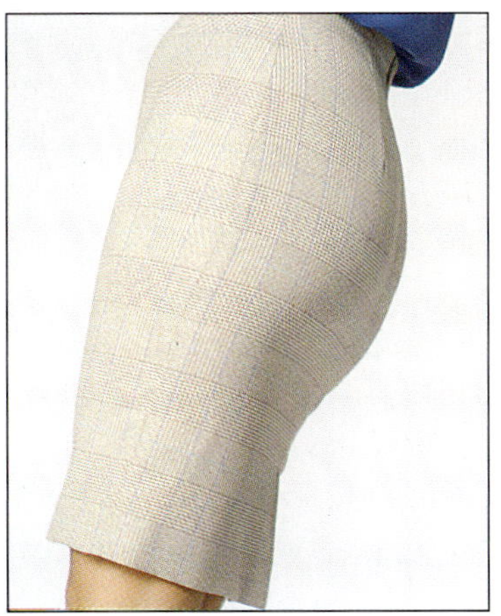

Links oben: Röcke, die spannen, sehen schrecklich aus und sind unbequem.
Links unten: Enge Röcke am Arbeitsplatz fordern Probleme geradezu heraus.
Rechts oben: Bei Röcken sollten Sie eine elegante Paßform anstreben. Auf diese Weise wirken Sie schlanker und auch professioneller.

eine Paßform erwerben, die auch dann tragbar ist, wenn Sie mehr Platz brauchen.

Wenn Sie waagrechte Linien («Dehnungsstreifen») an der Vorderseite Ihrer Röcke feststellen, ist die Paßform nicht in Ordnung. Rockbünde, die sich im Sitzen umschlagen, sehen schrecklich aus. Falls Sie solche Röcke noch besitzen, verstecken Sie den Bund unter einem Gürtel und wählen beim nächsten Einkauf einen Rock mit einem anderen Taillenabschluß, beispielsweise einen weicher gerafften Rock mit besserer Paßform. Wenn das Problem durch die Tatsache verursacht wird, daß Sie eine kurze Taille haben, wählen Sie einen Rock ganz ohne oder mit sehr schmalem Rockbund.

Die Länge ist eine Frage des Geschmacks, der Mode und der Proportionen. Glücklicherweise sind die Schwankungen in der Mode heute weniger häufig, und Frauen können ihre eigene Wahl treffen. Denken Sie daher zuallererst daran, was Ihnen schmeichelt. Wenn Ihre Beine nicht so attraktiv sind, sollten Sie die Aufmerksamkeit von ihnen ablenken, indem Sie einen längeren Rock mit unauffälligem Saumabschluß tragen, der in der Farbe zur Strumpfhose paßt. Wenn Sie klein sind und zudem unattraktive Beine haben, wissen Sie, daß Sie mehr Bein zeigen müssen, damit Ihre Proportionen im Gleichgewicht sind. Versuchen Sie es mit einem Rock, der knapp unter dem Knie endet, an der Stelle, wo Ihr Bein eine natürliche Einbuchtung aufweist, und tragen Sie dazu eine Strumpfhose in tieferem Ton (aber nicht blickdicht). Tulpen- oder Glockenröcke sind vorteilhafter und machen eher schlank als gerade, kastenförmige Röcke. Solche in A-Form lassen alle Frauen kleiner und breiter wirken.

Große Frauen sehen in längeren Röcken großartig aus, doch sie müssen auf das Volumen achten. Breite, voluminöse Röcke wirken nicht professionell, egal wie schmeichelnd oder modisch sie auch sind. Wenn Sie lange Röcke mögen, sollten Sie auf das richtige Gleichgewicht achten, das heißt die Aufmerksamkeit sollte nicht völlig auf den Bereich unterhalb der Taille gelenkt werden.

Wenn Sie einen längeren Rock für Ihre Berufsgarderobe kaufen wollen, sollten Sie bei der Anprobe im Geschäft ein paar Minuten in dem neuen Rock herumlaufen, um zu sehen, was passiert, wenn Sie sich bewegen, und festzustellen, ob er für das tägliche Hindernisrennen im Beruf geeignet ist. Manche Stilrichtungen gestatten sehr wenig Bewegungsfreiheit, und es wird hinderlich sein, wenn Sie den ganzen Tag nur kleine Schritte machen können. Andere lange Röcke können sich um die Beine wickeln oder nach oben rutschen.

Sehr weite, lange Röcke sollten gesellschaftlichen Anlässen vorbehalten sein, denn sie wirken für das Büro zu leger. Es ist fast unmöglich, in einem weiten, schwingenden Rock achtunggebietend zu wirken. Wenn Sie lange, leichte Röcke wegen ihrer Bequemlichkeit und ihres Stils lieben, sollten Sie es einmal mit schräg geschnittenen Röcken versuchen, die Ihnen die nötige Bewegungsfreiheit geben, ohne zu voluminös zu sein.

JACKEN

Sie können Ihren Look sehr leicht durch das Tragen einer billigen oder schlecht sitzenden Jacke ruinieren.

Ziehen Sie zum Einkauf eine Bluse an, die Sie normalerweise unter einer Jacke tragen würden. Wenn sich dies nicht einrichten läßt, wählen Sie eine passende Bluse im Geschäft aus, bevor Sie das Kostüm anprobieren. Beginnen Sie mit dem Schulterbereich und fragen Sie sich, ob der Umriß oder die Silhouette Ihnen steht. Herabhängende Schultern ohne feste Form vermitteln keine Stärke und können für das Geschäftsleben zu salopp wirken. Wenn Ihnen die Jacke abgesehen von der Schulterpartie gefällt, können Sie den Look möglicherweise mit einem Paar Schulterpolstern retten. Noch besser ist es, wenn Sie ein Paar auswechselbare Polster mitbringen, die Sie schnell einsetzen können, um zu sehen, ob die Wirkung verbessert wird.

Die Schulterpartie sollte natürlich und niemals streng wirken. Modelle mit übertrieben großen Polstern gehören Gott sei Dank der Vergangenheit an. Wenn Sie gerne Schulterpolster tragen, um Ihre Hüften auszugleichen

Links: Tragen Sie keine steifen, schlecht sitzenden Jacken.
Rechts: Leichte, locker sitzende Jacken wirken an vielen Frauen viel besser. Bei geschlossenen Knöpfen sollten sie ebenfalls locker sitzen und schön fallen.

(sie lassen diese fast immer etwas schmaler wirken), sollten Sie es auf jeden Fall mit solchen versuchen, die nicht zu groß sind. Eine Jacke in der nächsten Größe anzuprobieren, ist eine weitere Möglichkeit, ein besseres Gleichgewicht zu breiten Hüften zu schaffen. Dieser Trick funktioniert allerdings nur bei weniger strukturierten Stilen, nicht aber, wenn die Jacke tailliert ist.

Bei einer Präsentation muß die Jacke zugeknöpft sein. Achten Sie also darauf, daß Revers, Knöpfe und Schlitze nicht spannen. Die Jacke sollte glatt und bequem wirken, wenn sie zugeknöpft ist.

Oft sehe ich Frauen in wunderbaren Jacken, die dennoch «erdrückt» wirken, weil die Ärmel zu lang sind. Umgekehrt sehen sie läppisch aus, wenn die Ärmel zu kurz sind. Ich selbst muß Ärmel immer um einige Zentimeter kürzen lassen und weiß daher, daß zwei Zentimeter zuviel oder zuwenig Ihr Image ruinieren können. Wenn Sie lange Arme haben, sollten Sie nie eine Jacke kaufen, ohne vorher zu überprüfen, ob zum Verlängern genug Stoff vorhanden ist. Frauen mit kurzen Gliedmaßen

Links oben: Zu lange Ärmel lassen Sie in der Jacke schrumpfen.
Links unten: Zu kurze Ärmel sehen nie elegant aus, auch nicht in einer teuren Jacke.
Rechts oben: Die korrekt sitzende Jacke endet genau am Handgelenk.

sollten die Ärmel immer kürzen lassen (bevor Sie die Jacke zum erstenmal tragen). Falls Sie nicht gerade selbst eine sehr geschickte Schneiderin sind, sollten Sie diese Änderung in dem Geschäft vornehmen lassen, wo Sie die Jacke kaufen, speziell dann, wenn die Ärmel ganz gefüttert sind. Sie können sich auch dehnbare Ärmelhalter (erhältlich beim Herrenausstatter) besorgen, die Sie oberhalb der Ellbogen tragen und mit den zusätzlichen Zentimetern Ärmelstoff verdecken.

Die richtige Jackenlänge hängt von Ihren Proportionen ab. Die glücklichen Frauen mit einem ausgewogenen Körper können jede Länge wählen. Die Illustrationen auf den Seiten 73/74 geben eine Vorstellung davon, was Ihnen am besten steht. Wenn Ihr Rumpf gestreckt ist, sollten Sie lange Jacken nur zu einem kurzen Rock tragen. Der attraktivste Schnitt für Sie ist kurz und sollte nie bis über die Hüftknochen reichen. Frauen mit kurzer Taille sehen am besten in längeren Jacken aus.

Ihr Brustumfang ist ein wichtiger Faktor, wenn Sie eine gutsitzende Jacke wählen. Wenn Sie vollbusig sind, sollte das Material leicht, nicht steif sein und locker über den Busen fallen, ohne hervorzustehen oder sich zu dehnen. Wenn Ihre Brust von durchschnittlicher Größe ist, sollten Sie sie nicht durch zu locker sitzende Jacken optisch verringern. Für Frauen mit kleinem Busen ist eine lockere Paßform von Vorteil, wobei zusätzliche Details wie Taschen und auffällige Revers an den nötigen Stellen Volumen hinzufügen können.

BLUSEN

Heute gibt es endlos viele Möglichkeiten für Blusen, die Sie unter Kostümen tragen können, doch denken Sie unbedingt an die beiden Merkworte «einfach» und «elegant». Bei Farbe und Stoff können Sie sich ganz nach Ihren Vorlieben richten, doch Halsausschnitt und Details sollten unauffällig sein. Bedenken Sie, daß Sie die Bluse mit mehreren Jacken aus Ihrer Garderobe variieren wollen. Sie sollten ein kunstvolles Design lieber für sich allein tragen und nicht unter einer Jacke verstecken; daher sind die meisten als Berufskleidung nicht geeignet. Wenn Sie beim Blusenkauf Zweifel haben, sollten Sie in einem Ihrer Kostüme in das Geschäft zurückkehren und die Bluse erneut anprobieren, um zu sehen, ob sie dazu paßt.

Bei den Stoffen sollten Sie darauf achten, daß sie nicht zu dünn sind oder sich zu stark anschmiegen wie beispielsweise Bodies aus Lycra. Ich besitze selbst mehrere, aber ich trage sie nur an Tagen, wenn ich nie meine Jacke ausziehen muß (da ich oft friere, habe ich gar kein Problem damit).

Links: Kaufen oder tragen Sie nie eine Bluse, die über dem Busen spannt.
Rechts: Eine lockere Paßform bei Blusen macht schlank und verleiht Ihnen Eleganz.

Achten Sie auch auf den Halsausschnitt. Ein häufig wiederholter Lehrsatz bei CMB lautet: «Je mehr Haut Sie zeigen, desto weniger Autorität haben Sie.» Dies gilt sowohl für Ausschnitte als auch für die Rocklänge.

HOSEN

Ich kann mir vorstellen, daß Sie jetzt einen Seufzer ausstoßen und denken: «An meinem Arbeitsplatz könnte ich nie Hosen anziehen.» Tatsächlich halten viele Unternehmen Frauen davon ab, Hosen zu tragen, oder verbieten es sogar. Geschäftsleitungen, die sich leider immer noch allzu häufig nur aus Männern zusammensetzen, haben Probleme mit Frauen, die Hosen tragen, weil sie einfach nicht wissen, wie sie damit umgehen sollen. Doch es ist nur eine Frage der Zeit, bis Hosen auch für Frauen akzeptiert werden. Skandinavische und deutsche Frauen können über dieses Hemmnis nur lachen...

Leider nehmen sich Frauen in einem etwas salopperen Arbeitsumfeld manchmal zu große Freiheiten heraus und tragen irgendeine alte Hose zu einer Bluse oder einem Pullover. Wenn Unternehmensleiter unsere Organisation bei diesem strittigen Problem um Rat fragen, versuche ich sie davon zu überzeugen, daß man die Frauen nicht grundsätzlich davon abhalten sollte, Hosen zu tragen, sondern *Hosenanzüge* gestatten sollte. Zusätzlich sollten die Frauen Richtlinien erhalten, wie man sie trägt.

Oben links: Hosen sitzen immer schlecht, wenn sie zu eng sind. Prüfen Sie sie daher kritisch von allen Seiten, und machen Sie keine Kompromisse.
Oben rechts: Hosen sollten immer bis zum Knie unterfüttert sein, damit sie schöner fallen. Bei hellen Hosen ist darauf zu achten, daß Taschen und Unterwäsche nicht durchscheinen
Unten links: Vorne sollten Hosen schön fallen. Daher wirken Abnäher oder Bundfalten am besten.
Unten rechts: Sie sollten die Hände in die Taschen stecken können, ohne daß die Nähte spannen.

Wenn Sie Hosen für Ihren Arbeitsplatz in Betracht ziehen, müssen Sie sehr ehrlich zu sich sein bei der Beurteilung, wie Sie darin von vorn, von der Seite und von hinten aussehen. Wenn Sie nicht aus allen Blickwinkeln wirklich überzeugend wirken, sollten Sie Hosen im Beruf nicht tragen. Wenn sie Ihnen jedoch stehen und Sie die Bequemlichkeit eines Hosenanzugs schätzen, ziehen Sie einen solchen Zweiteiler unbedingt in Betracht.

Am wirkungsvollsten sind Anzüge in eleganten, neutralen Farben (also nicht gelb, pink oder gemustert) und in Stoffen von Qualität. Je kräftiger der Stoff vom Gewicht und der Struktur her ist, desto besser.

Die Accessoires zu einem Hosenanzug sollten Sie genauso sorgfältig auswählen wie das Zubehör zu einem Kostüm, das heißt Sie sollten ihn immer mit einem Gürtel und den passenden Schuhen tragen. Schicke Hosenstiefel oder flache Schuhe wirken legerer, während höhere Absätze einen Hosenanzug eleganter wirken lassen.

SCHÖNE STRICKWAREN

Strickwaren können Bestandteil der Garderobe jeder berufstätigen Frau sein. Sie lassen sich leicht tragen, sind bequem und knittern nicht. Viele Frauen, die reisen, zählen sie zu ihren Lieblingsstücken.

Achten Sie darauf, daß Ihre Strickwaren nicht zu freizügig wirken *(links)*. Da sie am Körper haften, können sie Ihre kurvigen Partien stärker betonen als andere Stoffe. Tragen Sie Strickwaren in Schichten, um Ensembles zu kreieren, die sowohl bequem als auch attraktiv sind *(rechts)*. Sie sollten gut passen, aber bequem sein, ohne Ihre Körperformen zu sehr zu betonen.

HOSENRÖCKE UND BERMUDAS

Immer häufiger wurden in den letzten Jahren von den Modeexperten City-Bermudas für den Sommer als attraktive Alternative für die berufstätige Frau angeboten. Das einzige Problem bei diesen «Anzügen» besteht darin, daß dieser Look zu leger für den Beruf ist, es sei denn, die Jacke ist recht lang und wird den ganzen Tag über getragen. Nur wenige Frauen sehen – unabhängig von ihrer Figur – in Bermudas elegant aus, auch wenn es sich bei dem Stoff um teuerste Seide oder Leinen handelt. Bermudas knittern ausnahmslos und bieten dann keinen schönen Anblick. Lassen Sie sich nicht von den Modezeitschriften in Versuchung führen, wenn Bermudas für das Berufsleben vorgeführt werden.

Hosenröcke sind ein weiteres Thema, zu dem die meisten Männer eine vorgefaßte, im allgemeinen negative Meinung haben. Oft bieten Geschäfte wirklich tolle einfarbige oder gemusterte Hosenröcke zusammen mit schicken Jacken an, so daß es sich im Grunde um einen Zweiteiler handelt. Wichtig ist, daß der Hosenrock nicht zu viel Volumen hat und daß der Stoff von sehr guter Qualität ist.

Festere Frauen finden Hosenröcke attraktiver und bequemer als Hosen und Röcke, besonders dann, wenn sie stärkere Oberschenkel haben. Wenn der «Hosenrock-Look» nur für den Schreibtisch gedacht ist, können Sie ihn ganz begrenzt einsetzen. Er reicht aber nicht aus, um konsequent das erstrebte Erfolgsimage zu verbreiten.

KLEIDER

In den letzten paar Jahren sind Kleider zu einer willkommenen Alternative zu Rock und Bluse unter einer Jacke geworden. Einfache Etuikleider in schönen Farben und Stoffen unter unstrukturierten Jacken im Cardigan-Stil lassen sich gut tragen und sind bequem. Vor einem solch einfachen Hintergrund können Sie eine auffallende Kette oder mehrere Perlen- und Goldketten mit passenden Ohrringen zum Einsatz bringen und großartig aussehen. Ein solches «Kleider-Kostüm» läßt sich nach einem Tag im Büro äußerst erfolgreich für den abendlichen Auftritt verwandeln.

Wie bei allen anderen Stücken in Ihrem Kleiderschrank ist die Paßform Ihrer Kleider sehr wichtig. Ein Kleid sieht nur elegant und geschäftsmäßig aus, wenn es locker sitzt und nicht eng am Körper anliegt. Aus diesem Grund sollten Sie kräftige Stoffe wählen, etwa Wolle, Woll- und Baumwollmischungen, dichtgewebte Strickstoffe, Chaly usw., wenn Sie die Kleider auch ohne Jacke tragen wollen.

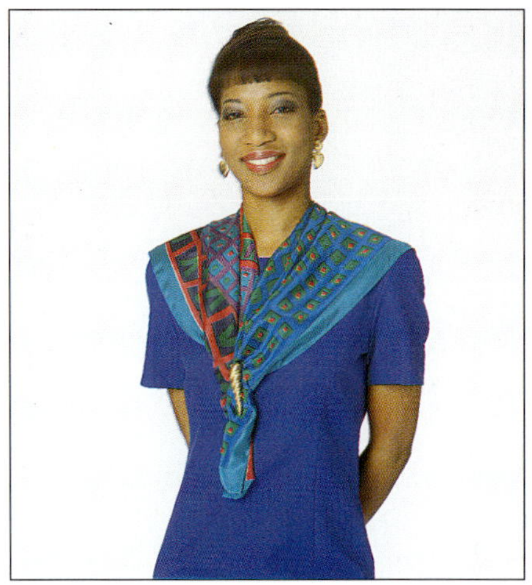

Links: Ein einfaches Kleid in einer auffallenden Farbe mit kurzen oder langen Ärmeln kann eines der vielseitigsten Elemente Ihrer Garderobe sein. Aber tragen Sie bei Besprechungen und Präsentationen immer eine Jacke.
Rechts: Legen Sie die Jacke ab, und verwandeln Sie das einfache Etuikleid mit einem auffallenden Tuch und Accessoires zu einem attraktiven Abendkleid.

Der beste Stil für ein Kleid, das Sie ohne Jacke tragen wollen, ist das Mantelkleid, das so geschnitten ist, daß es auch ganz allein für sich wirken kann. Ein einfaches Hemdblusenkleid kann ebenfalls allein eingesetzt werden, wenn Sie gutes Zubehör dazu auswählen. Mit einem Schultertuch (das als Jackenersatz dient) sieht es sogar noch vollständiger aus.

Leichtere Kleider aus Seide, Viskose, Rayon oder Jersey sollten Sie immer mit einer Jacke kombinieren. Andernfalls befindet sich einfach zu wenig Stoff zwischen Ihnen und Ihrem Körper, was Männer in Ihrer Nähe ablenken kann. Eine Strickjacke wirkt im Gegensatz zu einer Jacke aus Strickstoff zu einem Kleid im Beruf nicht schick genug.

UNTERWÄSCHE

Die heute erhältliche Unterwäsche bietet eine wunderbare Grundlage für jede Figur. Angefangen bei stützenden Strumpfhosen bis hin zu leichten und bequemen «Hüfthaltern» besteht kein Grund, warum eine Frau, die ein paar Probleme mit der Figur hat, in ihrer Kleidung nicht wunderbar wirken sollte. Doch wenn Ihr Büstenhalter nicht paßt und Ihre Schlüpfer zu eng sind, werden Sie schrecklich aussehen – egal wie schlank Sie sind und wie teuer Ihre Kleidung ist!

Achten Sie darauf, daß Ihr Aussehen nicht durch den Sitz Ihrer Unterwäsche sabotiert wird. Gehen Sie nie aus dem Haus, ohne überprüft zu haben, welchen Anblick Sie von hinten bieten.

Kennen Sie die richtigen Maße für Ihren Büstenhalter? Nicht selten stellen Frauen fest, daß sie bisher einen BH in der falschen Größe getragen haben, wenn sie im Geschäft Maß nehmen lassen. Der Unterschied in Paßform und Bequemlichkeit ist ganz erstaunlich, wenn man die richtige Größe wählt. Wenn Sie also bisher noch nicht die letzten Zweifel hinsichtlich der richtigen Größe Ihres BHs abgelegt haben, sollten Sie in der Abteilung für Damenunterwäsche oder in einem Fachgeschäft feststellen lassen, welches nun *tatsächlich* die richtige Größe für Sie ist.

Ein verführerisch wirkender Schlüpfer – dieses seidene, kleine Etwas, das so sexy wirkt – zeichnet sich meistens unter Röcken und Hosen am stärksten ab. Für den Alltag brauchen Sie Schlüpfer, die am Bein und an der Taille bequem sitzen und *Ihren Po ganz bedecken.* Je glatter der Sitz ist, um so besser. Wenn Sie also demnächst Schlüpfer kaufen, sollten Sie auch daran denken, daß sie möglicherweise im Wäschetrockner etwas schrumpfen.

Zudem sollten Sie sich einmal von hinten in einem Dreifachspiegel betrachten. Wenn Ihre Gesäßbacken nicht mehr so fest sind wie früher, sollten Sie in einen «Hüfthalter» investieren, zumindest solange, bis Sie sie durch ein wenig Gymnastik wieder in Form gebracht haben. Nichts wirkt so unprofessionell und untergräbt Ihre Autorität am Arbeitsplatz mehr wie ein Paar wackelnde Gesäßbacken unter einem Rock.

Noch ein Rat zum Schluß: Wenn Ihre Röcke und Kleider nicht gefüttert sind, tragen Sie mit Vorteil einen Unterrock, damit die Kleidung ihre Form behält und Röcke nicht an Ihren Beinen kleben oder beim Laufen hinaufrutschen. Wenn Sie Röcke von unterschiedlicher Länge tragen, sollten Sie sich einen Unterrock für die kurzen und einen zweiten für die längeren Längen zulegen.

Kapitel 8

So vermitteln Sie den Eindruck von Macht

Jede kleine Einzelheit ist wichtig, wenn Sie ein Outfit zusammenstellen, das Macht zum Ausdruck bringen soll, aber viele Frauen lassen hier falsche Sparsamkeit walten, indem sie nicht in Accessoires von Qualität investieren, die zu ihren Kostümen passen. Bedenken Sie, daß ein billiges oder abgetragenes Paar Schuhe sofort jedes Outfit abwertet. Ähnlich verringern alte Ohrringe, etwa die allgegenwärtigen Perlenstecker, die viele Frauen zu allem tragen, die Wirkung eines schicken, neuen Kostüms.

Ich bin mir durchaus bewußt, daß die Zeit für berufstätige Frauen kostbar ist und daß ein Einkauf ermüdend sein kann, aber wenn Sie sich die nötige Zeit zum Kauf eines neuen Kostüms nehmen, lohnt es sich dann nicht, noch ein paar Minuten mehr aufzuwenden, um den Look zu vervollständigen? Wenn Sie ein neues Kostüm kaufen, sollten Sie natürlich dabei vor Augen haben, welche Accessoires sie bereits besitzen und welche dazu passen würden. Doch verlassen Sie sich nicht darauf, daß die sicheren, unauffälligen Schuhe vom letzten Winter zum neuen Kostüm in diesem Winter passen. Jedes wichtige Outfit sollte durchdacht sein.

DIE RICHTIGEN ACCESSOIRES

Stellen Sie sich vor, Sie hätten sich gerade ein neues Kostüm gekauft. Farbe und Stil sind toll, und Sie fühlen sich in dem neuen Kleidungsstück wohl. Als erstes sollten Sie sich fragen: Welche Blusen kann ich dazu tragen? Welche einfarbigen und gemusterten Teile aus meiner vorhandenen Garderobe und welche Farben passen am besten dazu? Zuhause machen Sie mit Vorteil eine Kostümprobe. Tatsächlich sollten Sie ein neues Outfit nie zur Arbeit tragen, ohne sich vorher auf diese Weise vorbereitet zu haben. Probieren Sie das Kostüm mit verschiedenen Oberteilen an, um sicherzugehen, daß Halsausschnitte und Stoffe zueinander passen. Wenn Sie Zweifel haben, sollten Sie bestimmte Teile nicht miteinander kombinieren. Wenn keine Ihrer Blusen dem Kostüm gerecht wird, sollten Sie sich für den Kauf von zwei oder drei neuen entscheiden.

Wie sieht es mit Tüchern aus? Kann man zu dem Jackenkragen ein Tuch tragen? Dies geht ja bekanntlich am besten, wenn gar kein Kragen oder Revers da ist. Als nächstes kommt der Gürtel an die Reihe: Wenn Sie die Jacke ausziehen, brauchen Sie einen Gürtel, der den Rock oben abschließt, selbst wenn dieser keine Schlaufen besitzt. Sie wissen, wie unvollständig ein Mann in einer Hose ohne Gürtel wirkt. Dasselbe trifft auf Frauen zu – egal ob Sie eine Hose oder einen Rock tragen. Besitzen Sie einen Ledergürtel von guter Qualität in einer passenden Farbe und Breite für das Kostüm? Sie sollten das Gefühl haben, daß er Teil des Kostüms ist und sich nicht wie ein nachträglich realisierter Einfall deutlich vom Rest abhebt.

Welche Strumpfhosenfarbe, welche den-Stärke sieht am elegantesten zu diesem neuen Kostüm aus? Irgendein altes Paar aus Ihrer vorhandenen Sammlung könnte die Wirkung völlig ruinieren. Probieren Sie verschiedene Töne und Strukturen aus, die matt und leicht glänzend sein sollten. Wie wirken sie zusammen mit dem Kostüm? Probieren Sie die besten Alternativen aus. Wenn kein Paar wirklich dazu paßt, sollten Sie sich eine neue Strumpfhose anschaffen.

Jetzt kommen Ihre Schuhe an die Reihe: Stimmt die Farbe? Wie sieht es mit dem Absatz aus – ist er schick, bequem und für den Beruf geeignet? Ist die Schuhqualität auf der Höhe des Kostüms? Im Zweifelsfall sollten Sie immer ein besseres Paar Schuhe tragen.

Sollten Sie noch eine Brosche oder eine kurze Halskette zu Ihren Ohrringen hinzufügen? Diese Accessoires können das Kostüm sogar noch teurer wirken lassen. Dazu müssen sie nicht unbedingt aus echtem Gold bestehen! Gehen Sie das ganze Jahr über bei jedem Outfit, das Sie im Beruf tragen, auf diese Weise vor.

Mühselig? Nein, das ist es bestimmt nicht! Wenn Sie zwei oder drei gute Paar Schuhe besitzen, die vom Stil her aktuell und passend sind, können Sie sie zu allem tragen. Dasselbe trifft auf Ihre Sammlung von Gürteln, Broschen und Tüchern zu.

Es folgen noch ein paar Richtlinien für die Wahl der richtigen Accessoires, um sicherzugehen, daß all Ihre Outfits wunderbar wirken. Sie helfen Ihnen, Ihren bereits vorhandenen Schmuck auf die bestmögliche Art einzusetzen und Fehleinkäufe aus der Vergangenheit auszumerzen.

SCHMUCK

Im Geschäftsleben sollten Sie vorzugsweise Gold, Silber oder Perlen bzw. Kombinationen davon tragen. Auf diese Weise machen Sie einen seriöseren und professionelleren Eindruck. Diamanté und farbige Steine wirken tagsüber unpassend (auch wenn sie hin und wieder in Mode sind).

Holz, Acryl, Sisal, Schleifen, Gummi und so weiter haben in der Geschäftswelt nichts zu suchen (außer in der Modebranche).

CMB rät Frauen mit sehr warmer Farbgebung – goldblondes, rotes, erdbeerblondes oder kastanienbraunes Haar und möglicherweise Sommersprossen –, nur Goldschmuck zu tragen. Frauen mit eindeutig kühler Wirkung, speziell dann, wenn sie graues Haar haben, wirken mit Silberschmuck viel attraktiver und harmonischer. Andere Frauen können Gold und Silber tragen, und zwar unabhängig voneinander oder zur Abwechslung auch einmal kombiniert.

Manche Frauen beklagen sich, daß sie nur echtes Gold (14, 18 oder 22 Karat) oder Sterlingsilber tragen können, da Modeschmuck bei ihnen Ausschläge verursacht. Tatsächlich sollten Sie echten Schmuck tragen, wenn Sie ihn sich leisten können. Frauen mit kleinerem Etat, aber auch jene, die die Vielfalt und Aktualität des heute angebotenen Modeschmucks mögen, können einiges tun, damit sie Metalle besser vertragen.

Einige Frauen reagieren mit Hautallergien auf unechtes Gold, Silber oder anderes Metall; der Grund dafür ist ein besonders saures Körpermilieu. Wenn Sie unter diesem Problem leiden, sollten Sie stark säurehaltige Nahrungsmittel wie Zitrusfrüchte, Tomaten oder Wein (speziell Rotwein) meiden und statt dessen mehr Alkalisches zu sich nehmen, um einen Ausgleich zu schaffen. Mein Arzt, der nach einer indischen Heilmethode (Ayurveda) behandelt, empfiehlt, zu drei bis vier Mahlzeiten pro Woche Birnen (und nur Birnen) zu essen, die sehr alkalihaltig sind, um einen hohen Säuregehalt im Körper auszugleichen. Es hat bei mir funktioniert und auch Hunderten meiner Kundinnen, die Modeschmuck lieben, geholfen. Versuchen Sie es ruhig einmal. Wenn Sie damit ebenfalls Erfolg haben, sollten Sie sich nicht von Ihrer Begeisterung mitreißen lassen und Modeschmuck mit Motiven, die zum Lachen reizen, wirklich nur in der Freizeit tragen.

Ohrringe

Ein weiterer CMB-Ratschlag lautet: «Ohrringe sind von der Bedeutung her für eine Frau so wichtig wie die Krawatte für den Mann.» Tragen Sie Ihre Ohrringe jeden Tag, bei allen Geschäftsanlässen und nicht nur bei gesellschaftlichen Auftritten.

Die Wahl hängt von Ihrer Persönlichkeit, Ihrer Gesichtsform, der Knochenstruktur, Ihrer Farbgebung und dem Look ab, den Sie erzielen wollen. Kopieren Sie nie den Stil einer Freundin oder Kollegin, egal wie gut sie damit aussieht, denn solche Ohrringe können an *Ihnen* schrecklich wirken! Sie sollten sich mit dem gewählten Stil auch wohl fühlen und darauf schauen, daß er zu Ihnen paßt.

Weiter sollten Sie darauf achten, daß die Form Ihr Gesicht ergänzt. Wenn Sie ein schmales Kinn haben, steht Ihnen ein voller, runder Ohrring gut. Frauen mit breitem oder eckigem Kinn wirken am besten mit flacheren und längeren Stücken. Die Ohrringe dürfen ruhig auffallen, sollten aber Ihr Gesicht nicht in den Hintergrund rücken lassen. Ihre Augen sollten ja im Mittelpunkt der Aufmerksamkeit stehen, nicht Ihre Ohrläppchen. Wenn Sie zierlich sind und einen grazilen Körperbau haben, passen feine Ohrringe besser zu Ihnen, während Frauen mit einer gröberen Knochenstruktur stärkere Größen und Formen brauchen.

Ketten

Eine kurze Halskette, eine etwas längere Kette oder eine Perlenschnur kann einen Halsausschnitt wirkungsvoller ergänzen als ein überladen wirkendes Tuch oder ein Kragen. Der richtige Stil hängt hauptsächlich von der Länge und Breite Ihres Halses sowie von der ganzen Knochenstruktur ab.

Frauen mit durchschnittlicher Halslänge können mit dicken, kurzen Ketten, die besonders wirkungsvoll bei kragenlosen Jacken sind, wundervoll aussehen. Wenn Sie einen kurzen Hals haben, sollten Sie diesen Stil lieber meiden, da er dieses Merkmal noch unterstreicht, so daß Sie überladen aussehen und sich wahrscheinlich auch nicht wohlfühlen. Wählen Sie statt dessen eine lange, ein- oder mehrreihige Gold- oder Perlenkette, die den Hals optisch nach unten zieht und ihn so länger wirken läßt. Große und stärkere Frauen wirken am besten mit langen Perlenschnüren und können die Anzahl der Ketten erweitern oder verringern, wie es ihrer Persönlichkeit und der Akzeptanz von solchem Schmuck in ihrem Berufszweig entspricht. Kleine Frauen mit zierlichem Knochenbau sollten Ketten tragen, die etwa zehn oder zwölf Zentimeter über das Schlüsselbein hinausreichen. Längere Ketten wirken dagegen oft zu dominant. Eine einfache lange Perlenschnur oder eine einreihige, lange Goldkette mit Anhänger sind weitere Möglichkeiten für sie.

Ein dicker Hals wirkt schlanker mit langen Ketten und Perlenschnüren, die ihn zu verlängern scheinen. Dünne Hälse dagegen sehen mit kürzeren Ketten besser aus (auch mit engen Ketten, die nicht zu klobig sind), da diese an den gewünschten Stellen Volumen hinzufügen.

Broschen und Anstecknadeln

Dies sind Accessoires, mit denen Sie Ihre Persönlichkeit und Stellung betonen können. Aus diesem Grund sollten sie auf jeden Fall Ihre Individualität widerspiegeln. Achten Sie darauf, daß die Qualität Ihren übrigen Outfits entspricht und daß die Schmuckstücke weder zu zierlich noch zu auffallend sind. Im Zweifelsfall sollten Sie sich für ein schlichtes Stück mit einem abstrakten Motiv entscheiden, für eine einfache Anstecknadel oder eine Goldbrosche mit Perlen.

Vermeiden Sie auf jeden Fall Ohrringe und Broschen, die stark miteinander übereinstimmen, da dies den Eindruck erweckt, daß Sie nicht selbstbewußt genug sind, um eine eigene Wahl zu treffen. Wenn Sie im Set angebotene Ohrringe mit entsprechender Brosche wirklich besonders mögen, sollten Sie sie unbedingt kaufen, aber die Stücke hin und wieder getrennt tragen.

Armreifen

Dieses Accessoire sollten Sie zurückhaltend einsetzen. Frauen, die im Berufsleben auffallende Manschetten und Armreifen getragen haben, kennen die damit verbundenen Probleme. Die guten Stücke stoßen beim Schreiben klirrend aneinander oder schlagen auf und lenken nur ab. Wenn Sie dennoch neben Ihrer Uhr noch weiteren Schmuck tragen wollen, sollten Sie es mit einem einzelnen Element oder mit ein paar einfachen Reifen am linken Arm versuchen. Achten Sie zudem darauf, daß das Metall nicht das Glas Ihrer Armbanduhr zerkratzt.

UHREN

Das wichtigste Accessoire muß Ihre Uhr sein. Nicht nur Frauen achten auf die Armbanduhren ihrer Arbeitskolleginnen, sondern auch Männer – vielleicht sogar noch stärker.

Heute werden elegante, einfache und verläßliche Uhren in allen Preislagen angeboten. Es gibt keinen Grund, warum nicht auch die Ihre schick und erfolgreich wirken sollte, selbst wenn Sie erst ein Anfangsgehalt beziehen. Frauen ohne Uhr erwecken den Eindruck, nicht die geringste Ahnung von Zeitmanagement zu haben und auch nicht daran zu glauben, daß Sie jemals über die interne Arbeit im unteren Management hinausgelangen könnten. Wie wollen Sie ohne Uhr außerhalb des Büros je pünktlich sein!

Wählen Sie eine Uhr, die von den Proportionen her Ihrem Handgelenk entspricht. Wenn die Uhr zu klein ist, wirkt sie unbedeutend und läßt Ihre Hände dicklich wirken. Ist sie zu schwer und/oder groß, könnte man glauben, Ihre Armbanduhr trüge den ganzen Arm.

Das Zifferblatt sollte einfach gestaltet sein, aber Markierungen aufweisen, die Sie tatsächlich lesen können. Digitaluhren mögen zwar effizient und «hightech» sein, aber sie sind nicht so elegant oder attraktiv wie einfache, traditionellere Entwürfe. Vermeiden Sie Uhren mit Stoppvorrichtungen, Signalgeber oder mehreren Ziffernblättern.

Je weiter Sie die Karriereleiter erklimmen, desto wichtiger wird Ihre Uhr. Sobald Sie es sich daher leisten können, sollten Sie sich ein wirklich gutes Stück zu legen, das allen zeigt, daß Sie erfolgreich sind. Doch übertreiben Sie nicht beim Styling. Wählen Sie eine schlanke, klassische Form, die von der Größe her zu Ihnen paßt. Zierliche Frauen sollten sich vor Armbanduhren in Männerformat hüten.

SCHREIBGERÄTE

Frauen, die im Beruf auf sich halten, benutzten immer gutes Schreibgerät, vorzugsweise einen Füller, speziell um Briefe zu unterzeichnen. Wenn Sie einen Bericht lieber mit einem einfachen Stift skizzieren, sollten Sie die Kugelschreiber in Ihrem Büro verwenden, aber ein schickeres Schreibgerät für Besprechungen wählen oder für Anlässe, bei denen Sie sich Notizen machen oder Papiere vor anderen unterzeichnen müssen.

Sie brauchen nicht unbedingt einen goldenen Füller, um erfolgreich zu wirken. Wählen Sie Farbe, Gewicht und Design passend zu Ihrem übrigen Look und danach aus, ob er gut in der Hand liegt.

GÜRTEL

Heute gibt es eine reiche Auswahl an wunderbaren Farben und Strukturen, unter denen Sie beim Gürtelkauf wählen können, und viele Stücke wirken viel teurer, als sie tatsächlich sind. Wenn Sie entschieden haben, welche Breite für Sie bequem ist und Ihrem Körpertyp entspricht, sollten Sie die besten neutralen Farben wählen, die zu den meisten Ihrer Outfits passen. Sie liegen immer richtig, wenn der Gürtel zu Ihren Schuhen paßt. Wenn Sie also mehrheitlich schwarze Schuhe tragen, sollten Sie sich einen wunderschönen schwarzen Ledergürtel leisten (und einen weiteren aus Wildleder für den Winter). Oder kaufen Sie einen Gürtel, der von beiden Seiten getragen werden kann und zwei gute neutrale Farben aufweist oder auch eine neutrale Farbe und eine Modefarbe auf der anderen Seite, die sich mit Ihren bisherigen Ausstattungen kombinieren lassen.

Durchbrechen Sie jedoch von Zeit zu Zeit das Prinzip, Gürtel und Schuhe aufeinander abzustimmen. Wenn Sie beispielsweise ein einfaches Kleid tragen, betonen Sie es mit einer Farbe, beispielsweise Rot, die zur Farbe Ihrer Schuhe paßt. Rot kann zu marineblauen, steingrauen oder schwarzen Schuhe getragen werden. Wenn Ihre Schuhe überwiegend warme Töne aufweisen, beispielsweise Brauntöne, sollten Sie es mit einem olivfarbenen oder rostroten Gürtel zu Kleidern oder Röcken versuchen. Selbstverständlich sollte die Farbe Ihres Gürtels eine Verbindung zu Ihrem Outfit haben und beispielsweise in dem Webmuster Ihres Rocks vorkommen oder mit der Farbe Ihrer Bluse oder Ihres Tuchs harmonieren.

Links: Die meisten Röcke wirken ohne Gürtel irgendwie unfertig, selbst wenn sie keine Schlaufen haben.
Rechts: Verschönern Sie Ihre Röcke und Hosen mit einem attraktiven Ledergürtel.

Tragen Sie Gürtel mit auffallenden Schnallen und ähnlichen Merkmalen nur, wenn Sie eine schlanke Taille haben. In anderen Fällen wählt man am besten ein einfaches Design in einer Farbe, die zum Rock oder Kleid paßt.

Gürtel, die aus demselben Stoff wie Kleid, Rock oder Hose bestehen, beeindrucken nicht so stark wie Ledergürtel. Sie sind selten von guter Qualität oder schlecht verarbeitet und haben oft billige, glänzende, goldene Gürtelschnallen. Entledigen Sie sich solcher Gürtel gleich, wenn Sie mit einem neuen Stück nach Hause kommen, damit Sie gar nicht erst in Versuchung geraten, sie gegen alle Ratschläge zu tragen.

STRUMPFWAREN

Zählen Sie zu den Frauen, die für den größten Teil ihrer Garderobe nur eine einzige Farbe trägt? Falls dies zutrifft, verstellen Sie sich selbst die Möglichkeit, Ihre Kultiviertheit zum Ausdruck zu bringen. In den meisten Ländern gibt es in Groß- und Kleinstädten Strumpfwaren in einer Vielfalt von Strukturen, Farben und Paßformen, so daß jede Frau in der Lage sein sollte, eine gute Marke zu finden, die Ihren beruflichen Look abrundet.

Einige in Supermärkten erhältliche Marken oder Strumpfwaren in einer Größe, die allen passen soll, können schrecklich aussehen, so daß manche Beine fast wie künstliche Gliedmaßen wirken. Zudem können

Sie sehr unbequem sein. Meine Kundinnen beklagen sich darüber, daß man beim Kauf teurer Strumpfwaren das Gefühl hat, das Geld zum Fenster hinauszuwerfen, da ihre Strumpfhosen schon nach einmaligem Tragen Laufmaschen bekommen (oder schon beim Auspacken!). Doch wenn Ihre Nägel und Hände glatt sind und Sie Ihre Strumpfhosen vorsichtig waschen, haben diese eine Lebensdauer von mehreren Monaten. Das Wichtigste ist, Qualität zu kaufen, die richtige Paßform zu wählen und die beste strapazierfähige Fasermischung (beispielsweise durch eine Beimischung von Lycra) zu wählen.

Haltbare Strumpfhosen zu kaufen, ist *eine* Sache, gut aussehende die andere. Hier einige Richtlinien zu deren Stärke, die Ihnen helfen werden, Bequemlichkeit mit dem besten Look zu verbinden:

- 5, 7, 10, 12 den: leichte Strumpfwaren für den Sommer, für heiße Klimata und Büroräume;
- 15 bis 30 den: mittleres Gewicht für Büros mit Klimaanlage;
- 30 bis 60 den: für den Winter; blickdichte Strümpfe gibt es nur bis 60 den.

Bei der Wahl der Farbe sollten Sie nicht auf einen Kontrast zu Ihrem Outfit abzielen (indem Sie beispielsweise weiße oder farbige Strumpfhosen tragen), sondern einen zu Rock, Kleid oder Hose und Schuhen passenden Ton finden. Wenn Sie einen marineblauen Rock und marineblaue Schuhe tragen, würden beigefarbene Beine zu sehr auffallen und Ihr ganzes Erscheinungsbild in Frage stellen. Die beste Wahl wäre in diesem Fall ein reines Marineblau oder ein Graublau. Wenn Ihre Röcke und Schuhe einen warmen Ton haben, wirken natürlich getönte Strumpfhosen oder Beige am schönsten. Versuchen Sie nie, den Eindruck zu erwecken, daß Sie sonnengebräunte Beine haben, indem Sie Strumpfwaren in einem entsprechenden Farbton tragen. Das funktioniert nie und läßt jeden Geschäftslook billig wirken. Gemusterte Strumpfwaren haben, abgesehen von ganz feinen Mustern, die fast nicht zu erkennen sind, in der Berufswelt nichts zu suchen.

Ein letzter Hinweis für Frauen mit Problembeinen. Bei kräftigen, unförmigen Beinen oder auffälligen Venen oder Narben sind dunklere Töne am besten geeignet. Bei sehr schlanken Beinen schaffen hellere Farben mehr «Gewicht» und «Form».

SCHUHE

Viele berufstätige Frauen haben bei Schuhen eine Wegwerfmentalität entwickelt, das heißt sie kaufen ein oder zwei Paar Schuhe, tragen Sie in ein paar Monaten aus, besorgen sich schnell Ersatz und werfen die alten dann weg. Im allgemeinen handelt es sich um Billigschuhe, die bereits beim dritten Tragen etwas ausgeleiert wirken, selbst wenn sie gut poliert sind. Sie bewahren nicht ihre gute Form wie die teureren Modelle, was zum Teil darauf zurückzuführen ist, daß sie nicht gefüttert sind und oft aus Synthetikmaterial bestehen.

In diesem Buch betone ich immer wieder die Bedeutung von Qualität. Denn sie strahlt nicht nur Erfolg aus, sondern zeigt auch, wie sehr Sie sich selbst und Ihren Beruf schätzen. Zudem erhalten Sie einen besseren Gegenwert für Ihr Geld. Meine Kolleginnen mit einem Wegwerfdenken geben wahrscheinlich jedes Jahr mehr Geld für Schuhe aus als andere, die auf bessere Qualität achten. Zudem erleben sie nicht, wieviel Spaß es machen kann, prima auszusehen und sich dabei noch wohlzufühlen.

Sie sollten etwa fünf Paar Schuhe von guter Qualität besitzen, die Sie zu Ihrer Berufskleidung tragen. Sie müssen keineswegs alle denselben Stil haben oder langweilig aussehen. Zwei Paar Schuhe dürfen ruhig etwas Abwechslung bieten, doch die übrigen sollten gut zu allen Kostümen passen. Kaufen Sie nur Schuhe aus Kalbs- oder Wildleder für den Beruf. Im Sommer sollten Sie sich nicht hinreißen lassen, vorne offene Schuhe oder Sandalen, glänzendes oder lackiertes Schuhwerk zu tragen. Diese Stilrichtungen und Materialien schwächen ihr professionelles Image ab.

Wählen Sie eine gute Marke, deren Größe und Stil für Sie bequem sind. Sicherlich haben auch Sie schon einmal mit einer unbekannten Marke und Qualität experimentiert und den Kauf wohl jedesmal beim Tragen der Schuhe bereut. Vielleicht konnten Sie sie überhaupt nicht tragen. Sie können problemlos viel Geld für schlechte Qualität ausgeben, aber Sie können nie wenig ausgeben und viel erwarten (es sei denn, Sie kennen sich in den wunderbaren Ledergeschäften von Mailand gut aus).

Auch wenn Sie heute 250 Mark oder Franken für ein Paar Schuhe ausgeben, müssen Sie sie vor dem Tragen von einem Schuster überprüfen lassen. Oft sind Absätze und Sohlen so dünn, daß Sie bei sofortigem Tragen riskieren, den oberen Teil der Schuhe zu beschädigen. Lassen Sie die Absätze durch gute Leder- oder Gummiabsätze ersetzen, so daß sie länger halten. Dasselbe trifft für den Zehenbereich der Sohlen oder für die ganze Sohle zu. Wildleder- oder Stoffschuhe (die ich nicht unbedingt empfehle) werden vor dem erstmaligen Tragen mit einem Spray behandelt, so daß sie Wasser besser abweisen. Nichts ist so schrecklich, wie beim erstmaligen Tragen neuer Schuhe vom Regen überrascht zu werden; sie tragen dadurch hartnäckigste Wasserflecken davon.

Bewahren Sie alle Schuhe, die Sie nicht tragen, im Schrank auf, und verwenden Sie Schuhspanner, damit sie die Form bewahren. Wenn Schuhe zwei bis drei Tage vor dem nächsten Einsatz ruhen können, erholt sich das Leder wieder, so daß Ihr Schuhwerk viel länger hält.

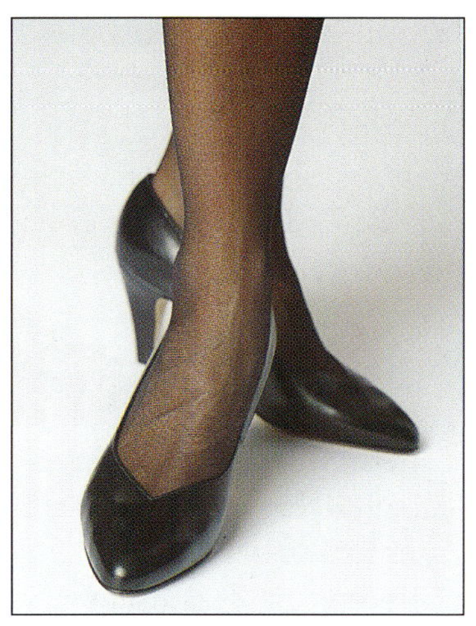

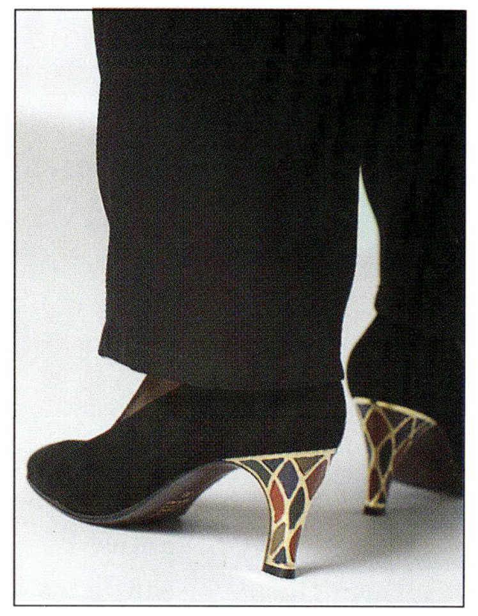

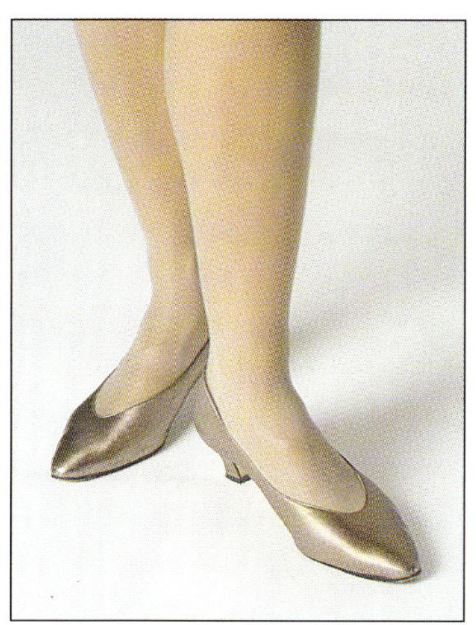

Oben links: Ein mittelhoher Absatz ist im Beruf oberste Grenze.
Oben rechts: Farbige Details am Schuhwerk lenken nur ab und wirken unprofessionell.
Mitte links: Die im Sommer so beliebten Metallic-Schuhe sind in vielen Berufszweigen verpönt.
Mitte rechts: Schuhe mit Blockabsätzen und Hosenstiefel passen eher zu Hosen als zu Röcken.
Unten links: Details sollten bei den Schuhen Ihrer Berufsgarderobe unwichtig sein.

Stiefel sollten nur aus praktischen Erwägungen getragen werden – etwa im Winter, um Ihre Füße vor Kälte und Schneenässe zu schützen, oder wenn es in Strömen gießt. Bei unfreundlichem Wetter halten Sie am besten immer ein normales Paar Schuhe im Büro bereit. Wenn Stiefel groß in Mode sind, sollten Sie dennoch der Vorstellung widerstehen, sie am Arbeitsplatz zu tragen, es sei denn, es geht in Ihrem beruflichen Umfeld besonders ungezwungen zu und her.

Wenn Sie jeden Tag ein gutes Stück des Weges zu Ihrem Büro zu Fuß zurücklegen, sollten Sie auf jeden Fall vernünftig sein und Ihre schicken Schuhe gegen etwas kräftigeres und bequemeres Schuhwerk eintauschen. Vergessen Sie jedoch nicht, im Büro passendere Schuhe anzuziehen.

AKTENTASCHEN, KOFFER UND HANDTASCHEN

Berufsfrauen schleppen meistens mehr mit sich herum als Männer. Wir bewahren unsere geschäftlichen Unterlagen in einer Aktentasche oder -mappe auf, während unsere persönlichen Dinge – Make-up, Haarbürste, Schlüssel usw. – in einer Handtasche Platz finden. Wo liegt also das Problem? Es besteht einfach darin, daß wir mit zwei Taschen zurechtkommen müssen, was bei einem beruflichen Auftritt unbeholfen wirken und ablenken kann, wofür es überhaupt keinen vernünftigen Grund gibt.

Idealerweise sollte alles in einen einzigen Behälter untergebracht werden können. Wenn Sie zu den Frauen gehören, die Ihre Tasche gleichzeitig als mobilen Aktenschrank und als persönliche Reisetasche verwenden, sollten Sie sich etwas zu beschränken versuchen. Sie können auch ohne all den überflüssigen Ballast überleben. Ihre wichtigen Pflege-Utensilien – eine Haarbürste oder ein Kamm, Puder und Lippenstift – sollten in einem Kosmetiktäschchen aufbewahrt werden, das Sie in Ihrer Aktentasche oder Ihrem Aktenkoffer zusammen mit Kalender, Geldbeutel, Scheckbuch, Schlüsseln und Schreibgerät verstauen. Für Frauen, die mit öffentlichen Verkehrsmitteln fahren oder die ständig Taxen benutzen und schnell an ihren Geldbeutel gelangen müssen, ist eine *kleine* Schultertasche für den Geldbeutel akzeptabel und praktisch.

Wenn Sie eine Aktentasche oder einen Aktenkoffer kaufen, sollten Sie die beste Qualität aussuchen, die Sie sich überhaupt leisten können, vorzugsweise in Leder. Die Hersteller sind sich der beträchtlichen – und immer noch wachsenden – Armee von Karrierefrauen durchaus bewußt und bringen neue Entwürfe speziell für uns heraus. Schauen Sie sich also in den Geschäften um, bis Sie eine Tasche finden, die Ihren speziellen Bedürfnissen genügt.

Wenn Sie nicht gerade große Mengen an Dokumenten mit sich herumtragen müssen, sollten Sie sich für eines der schlanken Modelle mit dehnbarem Boden entscheiden. Denken Sie daran, daß selbst leere Ledertaschen ein gewisses Gewicht haben. Achten Sie darauf, daß Sie die Ihre auch vollgeladen noch ohne besondere Anstrengung tragen können. Überprüfen Sie auch das Design des Griffs. Dieser sollte sich gut greifen lassen, nicht zu dick, aber gleichzeitig haltbar genug sein und Sie nicht schon nach einem Jahr starken Gebrauchs im Stich lassen. Läßt sich der Griff sogar versenken, so daß Sie die Tasche – falls nötig – auch unter dem Arm tragen können? Dies ist ein besonders nützliches Detail, auch wenn es nicht unbedingt erforderlich ist.

Die Farbauswahl ist immer noch recht begrenzt, und man könnte zu den jetzt vorhandenen ruhig noch ein paar neutrale Farben hinzufügen. Schwarz oder ein warmes Rotbraun wirken jedoch zu den meisten Business-Outfits schick. Wenn Marineblau Ihre wichtigste Grundfarbe ist, sollten Sie auch eine Tasche in diesem Ton finden.

Wenn Sie die Aktentaschen und -koffer aus festem Leder nicht mögen und lieber eine Schultertasche tragen, können Sie sich bei attraktiven Taschen umsehen, die oft als «Einkaufstaschen» bezeichnet werden, jedoch aus Leder bestehen. Deren Preise bewegen sich meistens von etwa 250 DM oder Franken aufwärts und sind für alles andere als zum Einkaufen gedacht! Sie sind im Stil sehr variantenreich, und Sie können die Papiere für die meisten Besprechungen darin unterbringen (die Tasche sollte groß genug sein, um einen normalen Aktenordner und einen Stapel Unterlagen aufzunehmen). Meistens sind auch nützliche Reißverschlußtaschen im Innern vorhanden, in denen Sie Ihre persönlichen Dinge verstauen können. Wenn sich der Tragriemen verstellen läßt, um so besser. Es kann sehr strapazierend sein, ständig eine schwere Schultertasche zu tragen, nicht nur für Sie, sondern auch für Ihre Jacke. Bisweilen werden Sie die Tasche wahrscheinlich lieber unter dem Arm tragen.

Männer bewerten einander anhand ihrer Aktentaschen oder -koffer, was auch immer stärker auf Frauen zutrifft. Achten Sie darauf, daß Ihr bevorzugter Stil funktional und möglichst eindrucksvoll ist.

TÜCHER UND SCHALS

Wenn Sie erst noch entdecken müssen, welche Möglichkeiten Tücher bieten, um farbenfroher und interessanter zu wirken, sollten Sie einmal nach London kommen und Liberty's besuchen, ein wahres Paradies für Tücher – und deren Käuferinnen! Wenn Sie sich von all den aufregenden Farben erholt haben, werden auch die Muster Sie faszinieren – es gibt Ethno- und weiche Muster, Blumenmuster oder lebhafte Mischungen aus Struktur, Farbe und abstrakten Formen. Wetten, daß Sie nicht in der Lage sein werden, ganz auf einen Kauf zu verzichten?

1. Falten Sie ein Tuch mittlerer Größe (ein Quadrat von 90 cm ist ideal) halb zu einem Dreieck um. Ziehen Sie das Dreieck, dessen Spitze nach unten hängt, unterhalb des Halses in die Mitte. Kreuzen Sie die Enden hinter dem Hals und führen Sie sie über dem Dreieck wieder nach vorn.
2. Rücken Sie das Tuch so zurecht, daß es zu Hals und Kragen paßt, bevor Sie…
3. … einen Doppelknoten machen oder das Ganze mit einer kleinen Brosche sichern.

Tücher können den einfachsten Kleidungsstücken ein anderes Aussehen geben. Wählen Sie Farben aus Ihrer Palette, um Ihre Garderobe zu ergänzen. Bevorzugen Sie Muster, die zu Ihrem Maßstab passen und Ihrer Persönlichkeit entsprechen.

Auch hier gilt das Prinzip, jene Tücher und Schals zu wählen, die *Sie* ergänzen, was Farbgebung, Maßstab und Persönlichkeit betrifft. Wenn Sie bestimmte Tücher ins Auge gefaßt haben, sollten Sie sich überlegen, wie Sie diese mit einem einfachen Kleid oder mit einer Jacke kombinieren können. Natürlich ist es ratsam, das bewußte Kleid oder Kostüm bei der Auswahl von Tüchern gleich anzuziehen, besonders wenn Sie eine größere Investition planen.

Wenn Sie Tücher als «fummelig» empfinden und es nicht mögen, wie sie sich um ihren Hals anfühlen, können Sie einen größeren Schal in Betracht ziehen, den Sie zu Ihrer Jacke tragen können. Jede Art von Schal kann mit einer Anstecknadel gesichert werden, um ein Abrutschen von der Schulter zu verhindern. Seidentücher bereiten der uneingeweihten Trägerin die meisten Schwierigkeiten, da sie sich stärker verschieben als Wolltücher.

Die Illustrationen auf dieser Seite zeigen grundlegende, durchaus modische Möglichkeiten, Tücher selbstbewußt zu tragen. Es gibt keinen schöneren Weg, ein neues Kostüm oder einen Mantel zu ergänzen oder älteren Exemplaren ein neues und aufregendes Aussehen zu verleihen.

GEBEN SIE IHREM MAKE-UP DEN LETZTEN SCHLIFF

Durch Untersuchungen in den Vereinigten Staaten und in Europa wurde nachgewiesen, daß Frauen, die im Beruf Make-up tragen, nicht nur gute Chancen haben, die anderen auf der Karriereleiter zu überholen, sondern auch mehr Geld verdienen und schneller befördert werden. Mitte der achtziger Jahre wurden Untersuchungen mit einer ähnlichen Thematik von Clairol in Amerika und den Drs. Jouhar und Graham in Großbritannien durchgeführt. Man wollte feststellen, ob das Make-up einer Frau und ihre Frisur – ihr gepflegtes Äußeres also – Personalchefs und Arbeitgeber bei der Anstellung beeinflußten. Man schickte vorgefertigte Fotos und Lebensläufe an eine Reihe großer Personalbüros. Auf einigen Bildern trugen die Kandidatinnen Make-up, auf einigen waren sie ungeschminkt. Im Ergebnis erhielten die Frauen mit Make-up nicht nur eher Angebote, sondern deren Gehälter lagen auch um 20 Prozent höher!

Immer wenn ich diese Testresultate zitiere, zucken einige meiner Kundinnen zusammen. Sie ärgern sich darüber, daß sie nicht nur in bezug auf ihre früheren Verdienste und Fähigkeiten unfair behandelt, sondern im Gegensatz zu Männern im Beruf auch noch nach rein persönlichen

Oben links: Berufstätige Frauen ohne Make-up wirken dilettantisch.
Oben: Machen Sie keine halben Sachen. Etwas Lippenstift, Rouge und Mascara verflüchtigt sich schon im Laufe des Vormittags, so daß Sie bald blaß, müde oder krank wirken.
Links: Es kostet Sie nur zehn Minuten am Morgen, um ein professionelles Make-up herzuzaubern, das den ganzen Tag lang hält (bis auf gelegentliches Auffrischen des Puders und Lippenstifts). So vermitteln Sie die richtige Botschaft: Hier kommt eine professionell auftretende Frau mit Schliff, die alles unter Kontrolle hat.

Faktoren beurteilt werden. Doch die Tatsache, daß gerade *Sie* dieses Buch lesen, läßt mich darauf schließen, daß Sie die große Rolle des persönlichen Images im Beruf bereits erkannt haben. Das Make-up ist einfach nur ein zusätzliches Element bei der Anstellung von Frauen. Denken Sie an Bartträger: Sie müssen sich auf der Arbeitsuche ebenfalls mit ärgerlichen Vorurteilen auseinandersetzen.

Wenn Sie sich wirklich nicht gerne schminken, verwenden Sie doch ein Minimum an Make-up. Unsere Untersuchungen haben gezeigt, daß Frauen, die sich zu stark schminken, leuchtende Farben dafür verwenden und diese zu dick auftragen, ein noch schlechteres Image erzielen als Frauen, die von vornherein darauf verzichten. Doch die Frau, die frisch und natürlich wirkt und der ein raffiniertes Make-up den letzten Schliff verleiht, überquert die Ziellinie unangefochten als Siegerin.

VERRÄT IHR MAKE-UP IHR ALTER?

Wenn Sie sich nie besonders für Lidschatten und Lippenstift interessiert haben, haben Sie wahrscheinlich im frühen Erwachsenenalter gelernt, wie man ein Make-up aufträgt. Die damals erlernten Techniken werden im allgemeinen von Frauen, die heute dreißig, vierzig, fünfzig Jahre und älter sind, noch immer angewendet.

Anhand der Art und Weise, wie Sie heute Ihr Make-up tragen, können andere leicht abschätzen, wann Sie jung waren. Dick aufgetragener, schwarzer Eyeliner weist darauf hin, daß Sie wahrscheinlich zu Beginn der siebziger Jahre die Schule beendet haben. Blauer Lidschatten datiert Sie auf das Ende der fünfziger Jahre. Blasse, pinkfarbene, matte Lippenstifte und dick aufgetragene Wimperntusche zeigen, daß Sie Ihre Techniken in den sechziger Jahren erlernt haben. Keine Grundierung zu tragen, sondern das ganze Gesicht glänzen zu lassen, ist ein Hinweis darauf, daß Sie zu Beginn der achtziger Jahre von der Schule abgegangen sind. Verraten Sie, ohne es zu wollen, Ihr tatsächliches Alter, weil Sie es einfach nicht gelernt haben, wie man ein Make-up mit den Farben und Techniken von heute aufträgt?

Es stimmt schon – ein Ausflug in die Kosmetikabteilung eines guten Kaufhauses kann einschüchtern, denn die Angestellten dort wirken zu perfekt, ja fast schon unwirklich. Wahrscheinlich haben sie über eine Stunde gebraucht, um sich zurechtzumachen, haben gegen ein Dutzend unterschiedliche Produkte auf das Gesicht aufgetragen und brauchen abends viel Energie und Ausdauer, um das Ganze wieder zu entfernen.

Wenn Sie Schritt für Schritt lernen wollen, wie das richtige Make-up für Sie aussieht, sollten Sie eine Kosmetikerin aufsuchen, die es nicht stört, wenn Sie Ihre eigenen Produkte mitbringen. Sie wird Ihnen zeigen, wie Sie Ihr Gesicht zurechtmachen können, und Ihnen andere Produkte vorschlagen, die Ihren individuellen Look noch verbessern können. Viele können Sie so schminken, daß Sie wunderbar aussehen. Die wahre Kunst dabei ist, Ihnen beizubringen, wie Sie es *für sich selbst* machen können. Für ein perfektes Make-up im Beruf benötigen Sie eine einfache Methode und ein paar Grundtechniken, die nicht mehr als zehn Minuten Ihrer morgendlichen Zeit in Anspruch nehmen.

FARBEN, DIE IHNEN STEHEN

Wählen Sie entsprechend Ihrer Farbgebung Make-up-Töne, die Sie gesund und gut gepflegt wirken lassen. Dazu sollten sie Ihren natürlichen Hautton, die Augen- und Haarfarbe ergänzen. Machen Sie sich weniger Gedanken über den zur Kleidung passenden Lidschatten, sondern konzentrieren Sie sich stärker darauf, natürlich zu wirken. Ein paar gutgewählte Farben werden zum größten Teil Ihrer Garderobe passen. Dank Ihrem Make-up werden Sie im Beruf mehr erreichen können, wenn Sie Ihre Gesichtszüge bewußter für die Kommunikation nutzen.

Sie wollen einen klaren, gesunden Teint, kein künstlich getöntes Gesicht, das dunkler, heller, rosiger oder pfirsichfarbener wirkt, als es tatsächlich ist. Unabhängig von Ihrem Alter oder der Beschaffenheit Ihres natürlichen Teints können Sie Gesundheit und Vitalität ausstrahlen, indem Sie einfach die richtige Grundierung wählen, falls nötig auch wohldosiert ein wenig Abdeckcreme einsetzen, das Ganze mit einem durchscheinenden Puder fixieren und einen Hauch Rouge auftragen.

Ziehen Sie die Aufmerksamkeit auf Ihre Augen – nicht durch leuchtende Lidschattenfarben, Eyeliner oder Mascara, sondern durch subtile Begrenzung, indem Sie sie mit satten, fast neutralen Tönen «umrahmen» und die Farben Ihrer Iris hervorheben.

Ihr Mund sollte selbstbewußt und kraftvoll wirken. Tagsüber sollten Sie den Auftrag des Lippenstiftes in regelmäßigen Abständen auffrischen. Die meisten Frauen sind sehr eigen, was die von ihnen bevorzugten Farben angeht. Obwohl roter Lippenstift durchaus angebracht ist, wenn Ihr Outfit Rot enthält, sollte diese Farbe Frauen vorbehalten sein, die wirklich besonders selbstbewußt sind. Viele Geschäftsfrauen, mit denen ich gearbeitet haben, schrecken bei dem Gedanken, roten Lippenstift zu tragen, zurück. Wenn Sie nicht daran gewöhnt sind, regelmäßig Lippenstift zu benutzen, sollten Sie mit einem natürlicheren Ton beginnen, der die Farben Ihrer Palette ergänzt.

Wenn Ihre Farbgebung im wesentlichen «warm» ist, paßt ein Lachsrosa, Terracotta oder ein warmes Pink zu den meisten Kleidungsstücken. Wenn Sie eine «kühle» Farbgebung haben, sollten Sie es mit einem Weinrot, dunklem Rosa oder gedämpftem Mauve versuchen. Sehr helle, blasse, gefrostete oder Perlmuttlippenstifte passen nicht zum Berufsleben. Wählen Sie Farben von mittlerer Tiefe, die nicht zu dunkel und matt sind.

MAKE-UP-TIPS FÜR BERUFSTÄTIGE FRAUEN

- Wählen Sie eine Grundierung, die der Farbe Ihres Hauttons am Kinn entspricht.
- Verwenden Sie für dunkle Bereiche (um die Augen herum, an den Nasenflügeln, am Kinn) eine Grundierung oder Abdeckcreme, die heller als Ihre normale Farbe ist, damit Sie frischer wirken und einen gleichmäßigeren Teint erzielen.
- Wenn Puderrouge sich bei Ihnen nicht hält, tragen Sie ein Cremerouge auf, *bevor* Sie Ihr Gesicht überpudern, und fügen Sie dann noch ein wenig Puderrouge darüber auf.

- Um Ihre Grundierung zu fixieren, tragen Sie lockeres, durchscheinendes Puder mit einer Puderquaste oder einem Wattebäuschchen auf. Es wird innerhalb weniger Minuten absorbiert.
- Eine leichte Augengrundierung *(Eye base)*, die Sie vor dem Lidschatten über das gesamte Lid auftragen, sorgt dafür, daß Ihr Lidschatten zwölf Stunden oder länger hält, ohne daß sich Fältchen bilden.
- Wählen Sie weiche, neutrale Farben für Ihren Lidschatten. Tragen Sie Apricot oder ein weiches Pink als Grundlage auf und verwenden Sie ein dunkles Braun oder Grau, um die Augen zu betonen und ihnen Tiefe zu verleihen.
- Verwenden Sie einen Lidschatten in weichem Steingrau oder Braun, der heller als die Farbe Ihrer Augenbrauen ist, um ungleichmäßige Stellen auszugleichen (dies wirkt natürlicher als ein Augenbrauenstift).
- Verwenden Sie ein wenig farbloses Mascara oder Haar-Gel auf einem Kamm, um die Augenbrauen nach oben und in Form zu kämmen.
- Eine weiche Linie am äußeren Drittel von Ober- und Unterlid, die mit einem dunklen Kajal-Stift aufgetragen wird, läßt Ihre Wimpern dichter wirken.
- Füllen Sie Ihre Lippen mit einem natürlichen Lippenkonturenstift aus, bevor Sie Ihren Lippenstift auftragen – auf diese Weise hält dieser viel länger.
- Frischen Sie Puder und Lippenstift tagsüber mehrmals auf.
- Versuchen Sie, Ihr Gesicht nicht zu stark zu berühren.

LÄCHELN SIE RUHIG!

Neben Ihren Augen steht Ihr Mund bei der Kommunikation im Mittelpunkt. Wie natürlich setzen Sie Ihren Mund ein und drücken sich mit ihm aus, wenn Sie reden und lächeln?

Viele Menschen entwickeln unnatürliche, kontrollierte Mundbewegungen, um schlechte Zähne zu verbergen. Doch solches «Gekasper» vermittelt nur andere negative Signale in bezug auf Ihre Persönlichkeit und Ihr Selbstvertrauen, die Ihrem Image vielleicht viel mehr schaden können, als angeschlagene, verfärbte oder fehlende Zähne. Wenn Ihre Zähne und Ihr Zahnfleisch nicht gesund oder attraktiv sind, gibt es mehrere Möglichkeiten, diesen Mangel zu beheben.

HELLEN SIE IHR LÄCHELN MIT WEISSEREN ZÄHNEN AUF

Bei den meisten Erwachsenen kommt es zu einer Zahnverfärbung als Teil des Alterungsprozesses, aber Tee, Kaffee, Alkohol und Nikotin ver-

Vor der kosmetischen Zahnbehandlung... und danach

schlimmern die Sache zusätzlich. Spezielle Zahnpasten können Verfärbungen entfernen und verhindern, daß neue entstehen, wenn die Zahncreme regelmäßig verwendet wird. Um wirklich glänzend helle Zähne zu bekommen, gibt es das *kosmetische Bleichen.* Dabei nimmt der Zahnarzt einen Zahnabdruck ab und stellt eine spezielle Vorrichtung her, die eine geringe Menge eines ungiftigen Bleichmittels enthält. Diese Apparatur muß täglich eine Stunde lang getragen werden, und es dauert etwa drei bis sechs Wochen, bis der gewünschte weiße Farbton erreicht ist.

DAS AUFFÜLLEN UNATTRAKTIVER LÜCKEN UND SPRÜNGE

Lücken oder lädierte Zähne können Sie älter und ungesunder wirken lassen, doch dies läßt sich innerhalb von wenigen Wochen mit Hilfe eines Zahnarztes korrigieren.

Eine *dünne Porzellanschicht* verdeckt unansehnliche, verfärbte oder angeschlagene Zähne oder verbessert die Ausrichtung schiefer Zähne. Diese Schichten sind sehr stark und wirken durchaus natürlich.

Kleinere Lücken oder Abspaltungen können *ausgebessert und konturiert* werden. Dazu wird der Zahn mit einem kittartigen Material versehen, das entsprechend geformt und schließlich mit ultraviolettem Licht fixiert wird.

Um fehlende Zähne zu ersetzen oder Zähne abzudecken, die aufgrund von zu vielen Füllungen zerbröckeln oder so sehr abgebrochen sind, daß sie nicht mehr ausgebessert werden können, sollte man *Kronen* und *Brücken* in Betracht ziehen. Bei einer Krone handelt es sich um einen einzelnen Porzellanzahn, der auf einen vorhandenen, beschädigten oder unansehnlichen Zahn gestülpt wird. Dazu wird der vorhandene Zahn abgeschliffen. Eine Brücke ersetzt fehlende Zähne: Die Zähne zu beiden Seiten der Lücke werden abgeschliffen und mit einer Haltevorrichtung zementiert, damit der falsche Zahn (es können auch mehrere sein) festgehalten wird. Obwohl die Herstellung einer Brücke komplizierter ist, sollte man sie einem Gebiß immer vorziehen.

Fehlende Zähne können auch durch ein Implantat ersetzt werden. Der Vorteil solcher Implantate besteht darin, daß die benachbarten Zähne dabei nicht in Mitleidenschaft gezogen werden.

Wenn Sie auch nur die geringsten Probleme mit Ihren Zähnen haben, sollten Sie Ihren Zahnarzt auf die Möglichkeiten kosmetischer Behandlungen ansprechen. Wenn er der Meinung ist, daß Sie sich das Problem nur einbilden, müssen Sie sich nicht damit zufriedengeben. Vielleicht ist er für derartige Arbeiten nicht qualifiziert genug und möchte dies nicht zugeben.

Möglicherweise kann er Ihnen einen Kollegen empfehlen, der die nötigen Eingriffe durchführt. Suchen Sie sich einen ausgebildeten und anerkannten kosmetischen Zahnarzt, der Ihnen gerne Referenzen gibt und Ihnen Fotos von Patienten vor und nach der Behandlung zeigt. Im Idealfall hat er einen Teil seiner Ausbildung in Amerika erhalten, woher die neuesten Techniken und Behandlungsmethoden stammen.

IHR HAAR

Sie wissen, wie wohl Sie sich fühlen, wenn Ihr Haar gut aussieht, und wie unwohl, wenn es nicht in bester Form ist, egal wie gutgekleidet Sie sind. Doch als vielbeschäftigte Frau brauchen Sie eine Frisur, die Sie leicht selbst pflegen können. Die Zeiten, als die Frauen noch regelmäßig zum Friseur gingen, um sich das Haar waschen und legen zu lassen, sind lange vorbei. Berufsleute haben keine Zeit, im Friseursalon herumzusitzen, und außerdem können sich die allermeisten nicht mehr als den regelmäßigen Schnitt und die dazugehörige Behandlung alle vier bis sechs Wochen leisten.

Wie gut ergänzen also Farbe, Schnitt und Stil *Ihres* Haars Ihr Image im Beruf? Seien Sie ehrlich zu sich selbst. Überlegen Sie, wie Ihr Haar die meiste Zeit über aussieht. Wenn Sie viel Geld für Ihre Kleidung ausgeben, Ihr Gesicht jedoch nicht mit einer attraktiven Frisur umrahmen, werden Sie Ihren Möglichkeiten nicht gerecht. Betrachten Sie noch einmal das Model auf Seite 120. Bevor ihr Haar einen neuen Schnitt erhielt, wirkte die Frau wenig selbstbewußt und etwas schüchtern, weil es ihr Gesicht versteckte. Die richtige Frisur bringt ihre Gesichtszüge optimal zur Geltung und verleiht ihrem Auftritt Stärke. Dabei müssen mehrere Faktoren in Betracht gezogen werden.

DIE GESICHTSFORM

Sie streben einen Stil an, der die Form und Merkmale Ihres Gesichts ergänzt. Nehmen Sie Ihr Haar zurück und schauen Sie in den Spiegel. Wie würden Sie Ihre Gesichtsform beschreiben? Tritt irgendein Teil Ihres Gesichts besonders hervor – das Kinn, die Wangenknochen oder die Stirn?

Wenn Sie kein symmetrisches und ovales Gesicht haben, dem so gut wie alle Frisuren stehen, müssen Sie die stärksten Bereiche Ihres Gesichts weicher gestalten und die Aufmerksamkeit auf andere Stellen lenken, um Harmonie zu erzeugen.

- Das letzte, was eine Frau mit breitem Kinn braucht, ist ein streng geschnittener «Bubikopf», der auf Kinnhöhe abschließt. Sie muß vielmehr oben auf der oberen Kopfhälfte Volumen hinzufügen, etwa mit einem weichen, schräggeschittenen Pony oder stufenartig geschnittenem Haar. Das Kinn wird mit Haar, das hinten etwas länger ist, aber das Gesicht nicht besonders stark umrahmt, weicher gestaltet.
- Bei einem sehr runden Gesicht sollten im Wangenbereich nicht zu viele Locken vorhanden sein. Glattes, zurückgenommenes Haar oder eine Langhaarfrisur verringern die unerwünschte Fülle.
- Ein längliches Gesicht wirkt noch länger mit langem, geradem Haar. Frisuren, die an den Seiten voller sind, sind in diesem Fall vorzuziehen.

Falls Ihr Friseur Ihnen nicht raten kann, wie Sie Ihre Gesichtsform durch den richtigen Schnitt und Stil ergänzen können, ist es an der Zeit, sich einen neuen zu suchen.

DIE FARBE

Für viele Frauen ist die Verbesserung der natürlichen Haarfarbe durch eine Farbspülung oder Koloration ein Gewinn. Glanzlichter und Strähnchen können wunderbar natürlich wirken und sind speziell jenen Frauen zu empfehlen, die die eigene Haarfarbe als «farblos» empfindet.

Wenn wir für unsere Kundinnen eine neue Haarfarbe suchen, raten wir ihnen, sich nach der Natur zu richten. Wenn Sie nie blonde Haare hatten, sind die Chancen, daß Sie mit blonden Strähnchen gut aussehen, äußerst gering. Wenn sich in Ihrem Haar in der Sonne «aschfarbene» Glanzlichter bilden, würde rot gefärbtes Haar schrecklich aussehen. Jede neue Farbe sollte Sie natürlich und gesund wirken lassen. Eine Farbe, die Sie blaß macht, nicht zu Ihren Augenbrauen paßt oder Ihren Augen jeden Glanz nimmt, lohnt sich nicht, unabhängig davon, was die Modezeitschriften als «neueste» Haarfarbe auf den Schild gehoben haben.

Verlassen Sie sich nicht auf Ihren Friseur, wenn Sie Rat für eine neue Haarfarbe wollen, auch wenn Sie ihn noch so sehr schätzen. Suchen Sie einen «Koloristen» auf, um mit ihm zusammen die richtige Farbe zu finden. Ein professioneller Kolorist ist zwar teurer, aber zumindest werden Sie nicht altmodisch aussehen oder den Eindruck erwecken, daß Sie eine Perücke tragen – was allzu häufig das Ergebnis des Herumprobierens in einem örtlichen Salon ist. Wenn bei Ihnen in der Nähe ein großes Kaufhaus liegt, können Sie selbst neue Farben und Frisuren ausprobieren, indem Sie ein paar Perücken in den Farben und Frisuren aufsetzen, die Ihnen vorschweben.

DIE STRUKTUR

Einige Frauen sind mit Haar gesegnet, das ganz natürlich trocknen kann und wunderbar aussieht. Die meisten von uns verlassen sich jedoch auf die «Wunderbehandlungen», die heute angeboten werden, um die Struktur unserer Naturmähnen zu verbessern – Dauerwellen, die dem Haar mehr Körper verleihen oder es in Locken legen, Mousse und Gel, um auch das schlaffste Haar in Form zu bringen, sowie Öl, Wachs und Conditioner, die den natürlichen Zustand verbessern sollen. Wenn man die heutigen Pflegeprodukte ansieht, gibt es für Frauen keine Entschuldigung mehr, wenn sie ihr Haar nicht optimal zur Geltung bringen. Betrachten Sie sich einmal im Spiegel und fragen Sie sich, ob Sie mit einer neuen Frisur schlanker und jünger aussehen könnten. Überwinden Sie sich! Eine schicke neue Frisur kann Ihr Erscheinungsbild genauso stark verändern wie ein neues Kostüm – und kostet sehr viel weniger.

Kapitel 9

Fit für den Erfolg

In den letzten Jahren entstanden neue Kriterien, wie man Erfolg zum Ausdruck bringen kann. Zur schicken Bekleidung kam das gesunde Aussehen hinzu. «Fit und in Form» bedeutet, sich ganz unter Kontrolle zu haben. Wer seine Karriere im Griff hat, muß nach dieser Betrachtungsweise auch seinen Körper kontrollieren können, um erfolgreich zu sein.

Leserinnen, die vorwiegend im Sitzen arbeiten, möchten diesen Abschnitt vielleicht am liebsten überschlagen. «Ersparen Sie mir eine weitere Belehrung darüber, wie man am besten abnimmt, zu joggen anfängt oder Gewichte stemmt. Dazu bin ich viel zu beschäftigt und – ehrlich gesagt – auch über dieses Alter hinaus.» Fassen Sie Mut: Heute schreiben die Fachleute längst keine anstrengende sportliche Betätigung mehr vor, um wieder besser in Form zu kommen, sondern kleine Veränderungen des sitzenden Lebensstils, die die wichtigen Körperorgane (vor allen Dingen das Herz) stärken können. So werden Sie in kürze munterer aussehen und sich energiegeladener fühlen.

ÜBERGEWICHT FÜHRT IN DIE BERUFLICHE SACKGASSE

Wie definieren Sie einen Menschen, der ungesund aussieht? Die Waage erzählt nicht die ganze Wahrheit. Viele stärkere Frauen, die den Fachleuten in Schlankheitsfragen zufolge «Übergewicht» haben, sind in Wirklichkeit fit und gesund, entsprechen jedoch technisch gesehen nicht den Normen des wünschenswerten Gewichts für eine bestimmte Körpergröße und Knochenstruktur. Bei einer Frau, die schlank und zierlich ist, kann man anderseits nicht gleich darauf schließen. daß sie fit ist und besonders gesund lebt. Bei «übergewichtigen» Frauen geht man jedoch einfach davon aus, daß sie für ihre Körperform verantwortlich sind. Meistens wird argumentiert, daß sie durch übermäßiges Essen selbst schuld sind für ihre Fülle. Wenn sie nicht schnell dafür sorgen, wieder zur Idealfigur zurückzukehren, werden diese Frauen denn auch von ihrer Umgebung hart kritisiert.

Es ist eine Tatsache, daß übergewichtige Menschen im Beruf diskriminiert werden. In einer Untersuchung, die wir 1992 bei den zweihundert führenden Unternehmen Großbritanniens durchgeführt haben, bewerteten Personalchefs ein «fittes und gesundes» Aussehen als zweitwichtigsten Faktor bei der Einstellung von Mitarbeitern, der gleich hinter einem schicken Erscheinungsbild kommt. Sie definierten «fit» als «schlank» und «nicht übergewichtig». Eine weitverbreitete Ansicht im öffentlichen Leben und in der Geschäftswelt lautet, daß übergewichtige Menschen sich einfach gehen lassen. Wenn ihnen die Selbstkontrolle fehlt, wie kann man dann erwarten, daß sie im Beruf Leistung zeigen? Viele gehen davon aus, daß Übergewichtige nicht so hart arbeiten wie ihre fitteren Kolleginnen und nicht so ausdauernd sind. Wenn sie nicht einmal ihre Nahrungsaufnahme planen können, wie sollen sie dann geschäftliche Dinge in den Griff bekommen?

Die Vorurteile setzen sich fort, und früher oder später werden übergewichtige Frauen feststellen, daß ihre Karriere blockiert wird. Wenn es beispielsweise um die Entscheidung geht, welche von zwei gleich kompetenten Kolleginnen auf eine Geschäftsreise nach New York geschickt werden soll, um dort die Firma zu repräsentieren, können Sie darauf wetten, daß die «fittere», schlankere, diese Chance erhält.

Anders als bei der Diskriminierung aufgrund von Geschlecht und Rasse gibt es keine Gesetzgebung, die eine Diskriminierung wegen Übergewicht verbietet. Der US-Staat Kalifornien macht hier eine Ausnahme: Dort ist es ein Gesetzesverstoß, jemanden nur wegen seines Aussehens nicht einzustellen (dazu zählen auch ein unattraktives Aussehen sowie Übergewicht). Wenn Sie nicht gesund wirken und stark übergewichtig sind, werden Sie wahrscheinlich irgendwann in Ihrer Karriere einmal Diskriminierung erleben, und vielleicht haben Sie diese Erfahrung bereits gemacht. Sie werden um wichtige Beförderungen und Karrieremöglichkeiten gebracht oder wurden es bereits in der Vergangenheit. Möglicherweise verdienen Sie auch nicht das Gehalt, das Ihnen eigentlich zusteht, weil Ihnen das erfolgreiche Image in der heutigen Geschäftswelt fehlt. Die richtige Kleidung kann durchaus hilfreich sein, doch sie kann einen Körper, den die meisten nur herabsetzend kommentieren, nicht völlig vor den Blicken anderer verstecken.

DAS GEHEIMNIS DER GEWICHTSKONTROLLE

Die meisten Frauen, die sich von Schlankheitskuren versklaven lassen, sind im Grunde unglücklich und können sich nicht so akzeptieren, wie sie sind. Sie mögen übergewichtig sein und übermäßig viele Pfunde verlieren wollen, doch ständige Schlankheitskuren sind kein Weg, um eine langfristige Gewichtskontrolle zu erzielen.

Jeder Mensch hat ein von der Natur festgesetztes natürliches Körpergewicht, und wenn wir versuchen, es zu unterschreiten, werden wir krank, schwach und geben es schließlich auf, das erwünschte Gewicht aufrechtzuerhalten. Die meisten Schlankheitskuren können ein Verlangen nach Zucker auslösen, was dazu führt, daß der Blutzuckergehalt leicht oder akut unter den Normalwert absinkt. Das führt dazu, daß man anfängt zu essen, und wenn man erst einmal damit beginnt, ist es schwer, wieder aufzuhören. 95 Prozent aller Menschen, die eine Schlankheitskur machen, setzen das vorher verlorene Gewicht wieder an – welch eine Enttäuschung nach all dem Kampf mit den Pfunden und den übrigen Schwierigkeiten einer Diät! Viele nehmen sogar noch um zusätzliche Pfunde zu, weil sich ihr Stoffwechsel der geringeren Nahrungszufuhr angepaßt hat.

Vergessen Sie also die Waage und die modischen Diäten. Vermeiden Sie die schnelle Methoden, die Ihnen Schlankheit versprechen. Bei den meisten Gewichtskuren muß das Essen ständig abgewogen und aufwendig gekocht werden, so daß bei einer solchen Diät viel Zeit draufgeht. Statt dessen sollten Sie Ihre *Einstellung* zum Essen überdenken. Wenn Sie essen, obwohl Sie keinen Hunger haben, wenn Sie Sachen in sich hineinstopfen, von denen Sie wissen, daß sie dick machen, haben Sie eine selbstzerstörerische Lebensweise mit einer unnatürlichen Konzentration auf das Essen und einer ungesunden Einstellung gegenüber Nahrungsmitteln. Als vernünftiger Mensch brauchen Sie nur eine vernünftige Einstellung zum Leben. Dazu gehört wesentlich, *was*, *wie* und *wann* Sie essen.

Ich gebe Ihnen hier noch zehn einfache Richtlinien mit, die mit den Ansichten der meisten Schlankheits- und Fitneß-Gurus unserer Zeit übereinstimmen, wenn es darum geht, sein Gewicht zu verändern und sich gleichzeitig dabei wohlzufühlen. Sie sind leicht zu merken und zu befolgen – gerade das Richtige also für die vielbeschäftigte Berufsfrau von heute:

- Lassen Sie keine Mahlzeiten aus.
- Essen Sie lieber vier- bis fünfmal am Tag kleinere Mengen anstelle von drei größeren Mahlzeiten.
- Trinken Sie täglich einen Liter Mineralwasser, um den Aufbau von schädlichen Giftstoffen, die Flüssigkeit und Fett im Körper halten, zu verringern.
- Vermeiden Sie alles Frittierte und Nahrungsmittel mit hohem Fettgehalt. Verwenden Sie beim Kochen und für Salatsoßen Olivenöl

(Sie brauchen weniger und können es leichter als tierisches oder pflanzliches Öl verdauen).

- Versuchen Sie, täglich eine Mahlzeit zu sich zu nehmen, die nur aus Gemüse oder Obst besteht, um Ihrem Körper wichtige, natürliche Nährstoffe zuzuführen, die für Energie und Gesundheit sorgen, und um Ihren Organismus «durchzuspülen».
- Vermeiden Sie sprudelnde und koffeinhaltige Erfrischungsgetränke.
- Essen Sie nichts mehr nach zwanzig Uhr, außer natürlich bei speziellen Anlässen. Achten Sie darauf, daß die Abendmahlzeit die leichteste des Tages ist.
- Setzen Sie sich zum Essen hin, und kauen Sie langsam und gründlich. Schauen Sie beim Essen nicht fern, und lesen Sie nicht gleichzeitig ein Buch. Konzentrieren Sie sich ganz auf die Speisen und genießen Sie jeden Biß.
- Geben Sie keinen Zucker und kein Salz zu Ihrem Essen; etwas Salz beim Kochen geht in Ordnung.
- An drei Wochentagen sollten Sie ganz auf Alkohol verzichten.

Sie wissen im Grunde genommen selbst, wie man sich gesund ernährt. Niemand muß Ihnen sagen, daß Sie auf Süßigkeiten, Plätzchen, Schokolade und industriell verarbeitete Lebensmittel weitgehend verzichten sollten, um schlank zu bleiben. Sie müssen keine Kalorien zählen. Sie sollten nicht hungern, sich aber auch nicht vollstopfen. Genießen Sie Ihre Mahlzeiten, und seien Sie gleichzeitig ehrlich zu sich, was Sie da zu sich nehmen. Kehren Sie einfach zu einer gesunden Ernährung zurück, und akzeptieren Sie sich, so wie Sie sind. Sie werden überrascht sein, wie schnell Ihre Röcke plötzlich wieder elegant sitzen, wie sehr viel besser Sie sich fühlen und wie großartig Sie aussehen.

DURCH SPORT FIT BLEIBEN

Wenn es eine ganze Weile her ist, daß Sie sich von Kopf bis Fuß haben untersuchen lassen und nicht genau wissen, wie fit Sie eigentlich für Ihr Alter sind, sollten Sie einen Termin bei Ihrem Arzt oder in einer Spezialklinik für Fitneß vereinbaren. Sicher, eine solche Untersuchung kostet einiges, aber die Ausgabe lohnt sich.

Der amerikanische Fitneßpapst Dr. Kenneth Cooper (der Schöpfer des Begriffs «Aerobic») empfiehlt einen Belastungstest als Teil der jährlichen medizinischen Untersuchung beim Hausarzt. Dabei wird ein Elektrokardiogramm (EKG) angefertigt, während Sie laufen, auf einem Trimmrad fahren oder sich auf einem Laufband abmühen. Anhand dieses

Tests kann der Arzt feststellen, ob Arterien, die dem Herzen Blut zuführen, besonders belastet oder gar blockiert sind. Selbst wenn Sie ein Fitneßhase sind, sollte Dr. Cooper zufolge dieser Test alle zwei Jahre durchgeführt werden, wenn Sie über Vierzig sind.

Nach einer guten körperlichen Untersuchung ist es an der Zeit, Ihr Aktivitätsniveau zu analysieren und ein Fitneßprogramm zu entwickeln, das zu Ihrem Lebensstil paßt. Sie müssen nicht unbedingt Mitglied in einem teuren Fitneßstudio werden oder sich neue Gymnastikanzüge aus Lycra zulegen, um etwas für Ihre Fitneß zu tun. Sie können sportliche Betätigung in Ihren täglichen Tagesablauf einbauen. Ihre Fitneß hängt wesentlich davon ab, wie stark Sie sich den ganzen Tag über bewegen und wie aktiv Sie sind. Ein regelmäßig absolviertes Sportprogramm ist dazu gar nicht erforderlich. Laufen und Treppensteigen – statt sich auf all die modernen Annehmlichkeiten wie Autos und Aufzüge zu verlassen – können Sie ebenfalls fit halten.

Wenn regelmäßige sportliche Betätigung etwas Neues für Sie ist, rate ich Ihnen, langsam damit zu beginnen, aber leichte Aktivitäten über einen längeren Zeitraum allmählich zu steigern. Anstelle eines zehnminütigen Laufes durch den morgendlichen Park können Sie zwanzig oder dreißig Minuten zu Fuß zum Büro gehen (steigen Sie eine oder zwei Haltestellen früher aus oder parken Sie Ihren Wagen etwas früher, Sie sparen dabei auch noch Benzin). Tun Sie dies an drei oder vier Tagen pro Woche, und schon im Laufe von sechs Monaten wird Ihr Körper spürbar fitter sein.

Dr. Kenneth Cooper hat die Beziehung zwischen Todesfällen und Fitneß bei Geschäftsleuten überprüft, die sich in seiner Klinik untersuchen ließen. Die Mortalität war bei jenen, die sich nie sportlich engagierten, am höchsten. Diejenigen, die sich «regelmäßig etwas sportlich betätigten», hatten eine beträchtlich verlängerte Lebensdauer, wie Dr. Coopers Untersuchung ergab.

Mit wenig Mühe können Sie also nicht nur für Ihr besseres Aussehen und Wohlgefühl etwas tun, sondern auch länger leben. Fitneß hilft Ihnen, etwas gegen den Alterungsprozeß, speziell gegen Herzerkrankungen, hohen Blutdruck und steife Gelenke, zu unternehmen. Sie bestimmen mit, wie schnell Sie altern. Fitte und gesunde Frauen über Vierzig können durchaus die Vitalität von Kolleginnen haben, die zehn oder 15 Jahre jünger sind und sitzend arbeiten, und sie besitzen oft sogar mehr Energie. Fitneß kann also mit dazu beitragen, daß unsichere, von jüngeren Talenten bedrohte Frauen in den mittleren Jahren, die sich um ihren Job sorgen, allen andern ein paar Schritte voraus sind – im wörtlichen wie im übertragenen Sinn!

LIEBER SCHNELL GEHEN ALS RENNEN

«Walking» (schnelles Gehen), ein beliebter Zeitvertreib in ganz Europa, ist heute eine beliebte Sportart und die beste Übung für Personen, die bisher dem Sport fernstanden. In den Vereinigten Staaten schossen in der jüngsten Vergangenheit überall Walking Clubs wie Pilze aus dem Boden. Jane Fonda und andere Trendsetterinnen haben sogar Videos herausgebracht, in denen genau gezeigt wird, wie man es machen soll. Es wurden dafür spezielle Laufschuhe entwickelt – nicht etwa Wanderschuhe für die Berge, sondern Sportschuhe mit speziellen Sohlen und bestimmter Konstruktion, die das «Street-Walking» (also das Laufen auf asphaltierter Unterlage) erleichtern. Sie müssen kein Geld für Designermodelle ausgeben, aber Sie brauchen bequeme Schuhe mit Polstern an den richtigen Stellen, damit Sie auch längere Strecken ohne Gesundheitsprobleme absolvieren können.

Schnelles Gehen ist viel sicherer als Rennen, und für berufstätige Menschen praktikabler, weil sich dieser Sport in den Alltag einbauen läßt. Einige Informationen darüber helfen Ihnen, dieses neue Hobby noch mehr zu genießen. Achten Sie auf eine korrekte Schulterhaltung, damit die Lungen voll funktionieren können. Dann schieben Sie das Becken leicht nach vorn – nur ein wenig mehr, als Sie es normalerweise tun würden –, damit die Hüften ihre volle Beweglichkeit erreichen. Bewegen Sie beim schnellen Gehen Ihren Rumpf leicht von einer Seite zur andern. Tragen Sie dabei nichts in den Händen, damit die Arme ungehindert mitschwingen können. Vielleicht führen Sie Ihre Bürosachen in einem umgeschnallten Rucksack mit sich (Ihr schicker Aktenkoffer bleibt in Ihrem Schreibtisch unter Verschluß, damit Sie ihn tagsüber bei Besprechungen zur Hand haben).

Bringen Sie beim Walking den ganzen Fuß zum Einsatz. Achten Sie auf Ihre Zehen, setzen Sie die Ferse auf und lassen Sie dann den Fuß nach vorne abrollen. Setzen Sie Ihre Fußknöchel ein. Machen Sie große Schritte. Je größer diese sind, desto mehr Energie müssen Sie aufwenden und um so mehr Muskeln werden im ganzen Körper gedehnt. Wenn Sie es richtig machen, ist nicht nur Ihr Körper beteiligt, sondern auch Ihr Kopf und schließlich sogar Ihr Geist. Bauen Sie diese Übung öfter einmal in Ihren Tagesablauf ein, und bald werden Sie sich fitter fühlen und gesünder aussehen.

EIN ANGENEHMES HOCHGEFÜHL

Sportliche Ertüchtigung hilft nicht nur, Kalorien zu verbrennen und das Gewicht niedrig zu halten, sondern dient auch dazu, Ihre Leistung in höchst unterschiedlichen Bereichen ganz beachtlich zu steigern. Sie werden eine spürbare Verbesserung bei Konzentration, Intelligenz und Muskelleistungen feststellen (von Fruchtbarkeit und Sexualität ganz zu schweigen!). Reden Sie mit fitten Kolleginnen und fragen Sie sie, warum sie so aktiv sind. Sicher werden Sie ihnen antworten, daß es wegen des *Gefühls* ist, das sie während und nach der Aktivität verspüren – und nicht unbedingt, um Gewicht zu verlieren.

Versuchen auch Sie, dieses oft beschriebene Hochgefühl beim Laufen selbst zu erleben. Sie werden feststellen, daß alles, was Ihnen vor einem guten Spaziergang oder einem Besuch des Fitneßstudios Kopfzerbrechen bereitet hat, innerhalb von Minuten verfliegt. Körperliche Betätigung läßt Sie klarer denken und rückt Ihre Sorgen in die richtige Perspektive. Wenn ein bestimmtes Problem Sie schier zur Verzweiflung bringt, werden Sie nach einer Sportstunde wahrscheinlich darüber lachen. Mit Alkohol und Drogen schaffen Sie das nicht, hingegen durch sportliche Betätigung, die Sie erst noch in Topform bringt!

Kapitel 10

Präsentationen

Früher oder später werden Sie nicht darum herumkommen, vor einem Publikum zu sprechen. Stellen Sie sich dieser neuen Herausforderung! Erfolgreiche Frauen wissen, daß Ihre Karriere beträchtlich von Ihrer Fähigkeit zur Selbstdarstellung abhängt. Wenn Sie sich inner- und außerhalb Ihres Unternehmens sehen lassen und sich Gehör verschaffen, zeigen Sie nicht nur Profil, sondern verbessern ganz wesentlich auch Ihre beruflichen Aussichten.

Wenn Sie solche Gelegenheiten ausschlagen, stellen Sie sich selbst ein Bein. Falls der Gedanke an einen Auftritt vor Publikum Sie einschüchtert, sollten Sie sich damit trösten, daß die meisten Menschen nervös sind, wenn Sie vor anderen auftreten.

Wenn Sie Ihre Fähigkeiten in dieser Hinsicht wirklich in Zweifel ziehen oder einfach Ihre Techniken verbessern wollen, nehmen Sie ruhig an einem speziellen Kurs teil. Dies ist sogar eine der besten Investitionen, die Sie zur Förderung Ihrer Karriere machen können. Sie sollten nicht einfach nur lernen, wie eine Rede vorbereitet und gehalten wird, sondern diese Erfahrung auch genießen und dabei Sie ganz selbst bleiben können.

Auch wenn Sie einfach nur über ein bestimmtes Thema sprechen, sollten Sie bedenken, daß Sie sich dabei selbst präsentieren. In den ersten drei Minuten entscheiden sich Ihre Zuhörer, ob sie ihnen zuhören wollen oder nicht, wie wir aus Untersuchungen wissen. Aus diesem Grund wird in vielen Büchern und Trainingsprogrammen zu diesem Thema die Bedeutung eines guten Aufhängers so stark betont. Doch genauso wichtig wie das, *was* Sie sagen und *wie* Sie es sagen, ist Ihr persönliches Erscheinungsbild.

Abhängig von der Größe des Publikums oder dem Medium – ob Sie zum Beispiel in einem Video wiedergegeben werden oder im Fernsehen auftreten, sind ganz unterschiedliche Ratschläge vonnöten. Wir wollen uns daher mit verschiedenen Situationen befassen und Ihnen Richtlinien geben, die auf ähnliche Situationen zutreffen und in denen Sie sich wiederfinden könnten.

DIE FIRMENINTERNE BESPRECHUNG MIT BIS ZU 15 ZUHÖRERN

Ein kleiner geschäftlicher Auftritt kann während einer offiziellen Vorstandssitzung stattfinden oder in einer weniger formellen Situation, etwa bei einer Trainingssitzung. Stellen Sie sich diese beiden Hauptfragen:

- *Was ist der Zweck der Präsentation?*
  Besteht Ihre Aufgabe darin zu informieren, ohne die anderen zu starker Teilnahme anzuregen? Oder sollen Sie Ideen, die weiterdiskutiert werden, präsentieren?
- *Wer sind die Zuhörer?*
  Sind es Kollegen aus der Firma? Mitarbeiter, Untergebene oder Vorgesetzte? Klienten oder potentielle Kunden? Die Presse? Die Öffentlichkeit?

DIE FORMELLE PRÄSENTATION

Wenn Sie Ihre Zuhörer in erster Linie informieren und keine Diskussion anregen wollen, müssen Sie Autorität ausstrahlen – mit einem eher konservativen Erscheinungsbild und selbstbewußtem Auftreten.

Die Kleidung

Denken Sie in klassischen Kategorien. Ihr Erscheinungsbild sollte nicht überladen sein. Wählen Sie für Ihr Kostüm die dunkelste Farbe, die Sie tragen können und in der Sie immer noch gesund und interessant aussehen. Tragen Sie darunter eine einfache Bluse. Vervollständigen Sie den Look mit einer auffallenden Kette und starken Ohrringen.

Überprüfen Sie den Sitz des Kostüms bei zugeknöpfter Jacke, denn so müssen Sie es bei einer formellen Präsentation tragen. Wenn Sie einen vollen Busen oder eine volle Figur haben, sollte das zum Einsatz vorgesehene Kostüm glatt und locker sitzen.

Ihr Haar sollte gut frisiert sein, so daß Sie es nicht ständig zurechtzupfen müssen. Wenn Sie sich wegen seines Sitzes unsicher fühlen, verwenden Sie am Morgen einer wichtigen Präsentation Haarspray.

Ihre Körpersprache

Gestik, Auftreten und Stimme müssen so überzeugend sein wie die Worte, die Sie einsetzen. Vermeiden Sie defensive Körperhaltungen. Wenn Sie die Hände hinter dem Rücken verstecken, ihre Arme gegenseitig umfassen oder vor dem Körper kreuzen, vermitteln Sie eine Abwehrhaltung und Unsicherheit gegenüber dem, was Sie sagen.

Oben: Einem Kostüm in hellem Rosa und einer Bluse mit Blumenmuster geht jede Autorität ab. Vor einer Präsentation knöpfen Sie immer die Jacke zu. Als Brillenträgerin sollten Sie bei häufigen öffentlichen Auftritten nichtreflektierende Gläser tragen.
Unten: In einer besonders selbstbewußten Farbkombination aus Ihrer persönlichen Palette (siehe Kapitel 4), etwa Marineblau und Elfenbein, und einem eleganten Stil schenkt man Ihnen mehr Aufmerksamkeit. Zudem wirken Sie glaubwürdiger. Seriöse, nicht überladen wirkende Accessoires vervollständigen den professionellen Schliff.

Nehmen Sie eine *offene* Haltung ein. Wenn Sie Notizen verwenden, halten Sie eine Hand an der Körperseite oder setzen natürliche Handbewegungen mit den Handflächen nach oben ein. Vermeiden Sie *predigende* Gesten, indem Sie zur Unterstützung eines Argumentes den Zeigefinger einsetzen, oder – falls Sie am Tisch sitzen – die Hände falten und die Fingerspitzen aneinanderlegen (was arrogant wirkt!).

Unabhängig von der Ernsthaftigkeit des Themas hilft ein gelegentliches Lächeln, Sympathie zu gewinnen. Suchen Sie regelmäßig und absichtlich zu allen Anwesenden Augenkontakt, so als sprächen Sie zu jedem einzelnen.

Vermeiden Sie den Blickkontakt auch nicht bei Zuhörern, die die Veranstaltung stören oder von Ihnen ablenken wollen. Durch Ihr zuvorkommendes Verhalten zeigen Sie Selbstbewußtsein und können so weitere Störungen oder Zwischenfälle vielleicht sogar im Keim ersticken.

Achten Sie darauf, daß Ihre Stimme überzeugend klingt; beenden Sie alle Erklärungen in tiefem Tonfall, als gäben Sie unverrückbare Tatsache wieder.

DIE ZWANGLOSE PRÄSENTATION

In einem entspannteren Umfeld, in dem sich die Zuhörer öffnen und ihre Ansichten kundtun sollen, muß Ihre Kleidung und Ihr Auftreten weniger Autorität ausdrücken, hingegen mehr Persönlichkeit und Toleranz. Ein Trainingsseminar, eine Mitarbeiterbesprechung oder eine Brainstorming-Sitzung wären die entsprechenden Beispiele. Bei diesen Gelegenheiten sollten Sie offen und zugänglich wirken. Denken Sie an folgende Punkte:

Die Kleidung

Wählen Sie weniger strenge Farben und Kleidungsstile. Anstelle des marineblauen Kostüms (der Kombination aus Jacke und Rock, die für eine formelle Präsentation so passend ist), wählen Sie eine hellere, neutrale Farbe, vielleicht eine steingraue Jacke zu einem roten oder türkisfarbenen Kleid, oder ziehen Sie die Jacke zu einem gemusterten Rock an. Hier haben Sie bei den Farben mehr Freiraum.

Denken Sie jedoch daran, daß *Sie* immer noch diejenige sind, die die Besprechung leitet, und bieten Sie den Anwesenden einen hübschen Anblick. Bombardieren Sie Ihre Zuhörer nicht mit übertriebenen Mustern oder ablenkenden Elementen wie einem rutschenden Tuch oder Haarsträhnen, die Ihnen ins Gesicht fallen und ständig zurückgeschoben werden müssen.

Ihre Körpersprache
Auch Ihr Verhalten muß einer zwanglosen Präsentation angepaßt werden. Sie werden offene Fragen stellen, um zur Diskussion anzuregen, und dies sollte sich in Ihrer Gestik widerspiegeln. Stehen Sie nicht starr an einer Stelle am oberen Ende des Tisches, sondern gehen Sie umher und strecken Sie die Hand aus, um andere zum Reden einzuladen. Berühren Sie die Anwesenden an der Schulter oder am Arm, wenn dies angebracht ist, um das, was sie gesagt haben, zu verstärken oder Ihre Mitarbeiter mit in die Diskussion einzubeziehen. Setzen Sie sich manchmal hin, während andere reden. Wenn Sie ihnen das Feld überlassen, signalisieren Sie, daß ihr Beitrag die Aufmerksamkeit aller – auch Ihre – verdient.

Hören Sie aktiv zu, wenn andere reden. Ihre Augen sollten auf dem Sprechenden ruhen, als sei das, was er sagt, wichtig und interessant. Machen Sie sich Notizen, und fassen Sie die Hauptpunkte der Teilnehmer zusammen. Nicken Sie mit dem Kopf, wenn Sie zustimmen. Wenn Sie hingegen anderer Meinung sind, sollten Sie das Gesagte aufnehmen, ohne Ihre Gefühle zu zeigen. Gestatten Sie es anderen, hin und wieder erhobene Einwände zurückzuweisen. Sie müssen nicht immer diejenige sein, die sich bei schwierigen Punkten exponiert.

Die Fähigkeit, eine zwanglose Besprechung zu leiten, ist besonders wichtig, um sich einen Namen zu machen und zwischen Kollegen, Untergebenen und Managern eine persönliche Verbindung aufrechtzuerhalten. Entwickeln Sie einen Stil, der allen Teilnehmern ein gutes Gefühl gibt, ohne Ihren Ruf als Frau mit Führungseigenschaften auf das Spiel zu setzen.

PRÄSENTATIONEN VOR GROSSEM PUBLIKUM

Wenn man vor einer Gruppe von mehr als 15 Zuhörern spricht, wird die Präsentation zu einer eigentlichen Vorstellung. Dazu müssen Sie nicht nur eine fähige und talentierte Berufsfrau sein, sondern auch noch etwas Unterhaltendes bieten. Keine Angst, ich empfehle Ihnen keine langweiligen Witze zur Belebung Ihrer Rede. Aber Sie müssen nun Ihre Zuhörer nicht nur mit Ihren Worten fesseln und ihre Aufmerksamkeit bewahren, sondern auch mit Ihrem Image. Ein großartiges Paket, das ein tolles Produkt enthält, ist immer eine starke und erfolgversprechende Kombination. Ob Sie nun Verkaufsmanager sind oder einfach sich selbst und Ihre Talente verkaufen – die Regeln sind dieselben.

SIE SIND DAS HAUPTREQUISIT

Eine gute Präsentation vor großem Publikum erfordert nicht nur die richtige Wortwahl, sondern auch gute optische Hilfen. Heute dienen vor allem Bilder dazu, eine Botschaft «hinüberzubringen». Ihre Zuhörer werden im Durchschnitt pro Tag zwei Stunden ferngesehen haben, auf der Fahrt zur Arbeit mit raffinierter Werbung bombardiert worden sein und ganze Stapel von Zeitungen und geschäftlichen Unterlagen gelesen haben. Wahrscheinlich haben sie kürzlich gerade an einem Kurs über richtiges Auftreten teilgenommen, in dem man ihnen eingeimpft hat, wie wichtig optische Hilfen sind. Um eine große Präsentation erfolgreich zu beleben und Ihre Botschaft besser zur Geltung zu bringen, brauchen Sie also technische Unterstützung. Vergessen Sie aber nie, daß das allerwichtigste Requisit *Sie selbst* sind.

Bei einer Präsentation vor einer größeren Zuhörerschaft gelten die allgemeinen Theaterregeln: Sprechen Sie wenn möglich über ein Mikrophon, und dramatisieren Sie Ihre Gesten entsprechend der Größe des Publikums. Zusätzlich müssen Sie die Aufmerksamkeit auf sich lenken und den Blick der Zuhörer durch Ihr Erscheinungsbild fesseln können.

Jetzt kommt einiges an Hausaufgaben auf Sie zu. Damit meine ich nicht das Ausarbeiten Ihrer Rede, sondern den ganzen Rahmen der vorgesehenen Präsentation: Wenn Sie noch nicht vertraut sind mit dem Raum, dem Hintergrund des Rednerpultes, der Beleuchtung usw., kann Ihr Auftritt völlig mißlingen.

DER ZUSCHNITT DES RAUMS

Es ist von größter Bedeutung, daß Sie den Raum genau kennen, indem Sie auftreten werden. Sie müssen wissen, wie sichtbar Ihre Person für die Mehrheit der Zuschauer sein wird. Treten Sie nur dann auf einer Ebene mit den Zuhörern auf, wenn Sie groß genug sind, um gesehen zu werden. Frauen müssen diesen Punkt besonders beachten. Ich selbst bin nur 163 cm groß und bestehe immer darauf, daß man mir ein Podest hinstellt, damit alle mich während meiner Rede sehen können. Befolgen Sie meinen Rat, sonst reduzieren Sie sich einfach auf einen «sprechenden Kopf», der den Blick der Zuhörer nicht lange genug fesseln wird.

Ich erinnere mich an einen Anlaß, wo ich den Saal vor einer wichtigen Präsentation nicht ansehen konnte. Er war völlig überfüllt, und der Tisch, an dem ich saß, stand ganz vorn und war schlecht beleuchtet. Neben mir saßen andere Teilnehmer, die mich um einiges überragten und deren eigene Auftritte gut gelungen waren. Als ich an die Reihe kam, um meine Rede zu halten, ahnte ich das Debakel schon voraus. Als man mich dann vorstellte, entdeckte ich eine Treppe in der Mitte des Raumes, die in den Speisesaal führte. Äußerlich völlig ruhig, stellte ich mich auf die oberste Treppenstufe, bat alle freundlich, ihre Stühle nach mir auszurichten, und sprach von dort oben aus. Obwohl man mir die ungünstige Zeit nach dem Essen zugeteilt hatte, konnte ich nicht nur ihre Aufmerksamkeit wecken, sondern sie auch die meiste Zeit über bei der Stange halten! Es ist jedoch immer besser, derartige Manöver in letzter Minute zu vermeiden, indem man sich den Raum rechtzeitig ansieht.

AUF DER BÜHNE

Bei Konferenzen können Sie davon ausgehen, daß Sie entweder an einem Tisch auf einer Bühne sitzen oder an einem Rednerpult stehen, um von dort ihre Rede zu halten. In beiden Fällen sollten Sie darauf achten, daß Ihre Kleidung Ihre Wirkung nicht zunichte macht.

Achten Sie darauf, daß Ihr Rock nicht nach oben rutscht und bequem genug ist, wenn Sie mit geschlossenen Knien und angewinkelten Beinen dasitzen. Schlagen Sie die Beine nur in Höhe der Fußknöchel übereinander. Wenn Sie an einer Podiumsdiskussion teilnehmen oder am Rednerpult stehen, sollten Sie darauf achten, daß zumindest ihr ganzes Gesicht sichtbar ist. Idealerweise sollte man Ihren Körper bis zur Brusthöhe sehen können, damit Sie die Aufmerksamkeit der Zuhörer fesseln.

Formelle, vorbereitete Reden ermüden das Publikum meistens, wenn sie länger als zehn Minuten dauern. Wenn Sie Ihre Rede nicht auswendig lernen und sich nicht mit Stichwortkarten oder einem skizzenhaften Entwurf behelfen können, sollten Sie die Präsentation auflockern, indem Sie sich etwas vom Rednerpult wegbewegen (vorausgesetzt das Mikrophon kann Ihre Stimme noch übertragen) und scheinbar aus dem Stehgreif sprechen. Man sollte Sie ein-, zweimal *ganz* sehen können, damit die Monotonie des sprechenden Kopfes aufgebrochen wird.

Versuchen Sie doch, die Einleitung abseits vom Rednerpult auf etwas natürlichere Weise zu geben. Sie werden die Zuhörer von Ihrem Selbstbewußtsein überzeugen und mit Ihrem Erscheinungsbild Aufmerksamkeit erregen. Dann gehen Sie hinter das Pult und halten Ihre Rede, bevor Sie am Schluß wieder hervortreten und sich dem Publikum mit einer Schlußbemerkung präsentieren.

DER HINTERGRUND

Damit Sie sich auf einer großen Bühne abheben und deutlich gesehen werden, müssen Sie herausfinden, welche Farbe der Hintergrund hat. Oft handelt es sich um einen sehr dunklen Vorhang, und wenn Sie in einem dunklen Outfit davorstehen, werden Sie einfach verschluckt. Versuchen Sie, eine komplementäre Farbe als Kontrast zu finden.

DIE BELEUCHTUNG

Vielleicht ist der Punkt, daß Sie im Scheinwerferlicht stehen müssen, um gesehen zu werden, für Sie ganz selbstverständlich, doch wie oft sieht man jemanden fast in völliger Dunkelheit sprechen, speziell bei einem Diavortrag. Die kleinen Lampen am Rednerpult, die nur dazu dienen, daß Sie Ihre Notizen lesen können, reichen sicher nicht aus. Ihre Person muß die ganze Zeit über gut ausgeleuchtet sein, damit die Zuhörer aufmerksam bleiben.

Die Beleuchtung enthält eine Vielfalt von blauen und gelben Tönen. Wenn Sie Ihre Rede nicht in einem modernen Konferenzraum halten, sollten Sie vorher feststellen, welche Art von Beleuchtung vorhanden ist. Wenn die Lampen sehr blau sind und Sie ein marineblaues Kostüm mit blauer Bluse tragen, werden Sie völlig verblassen. Wenn die Beleuchtung sehr extrem ist, das heißt stark blau oder gelb, sollten Sie darauf achten, daß Kostüm und Bluse einen Kontrast bilden. Bühnentechniker können in solchen Fällen besonders hilfreich sein.

DIE KLEIDUNG

Bedenken Sie, daß es hier – anders als bei kleinen Präsentationen – vor großem Publikum wie im Theater zugeht. Daher müssen Sie sich der starken Wirkung Ihres «Kostüms» bewußt sein.

Bei einem Auftritt in großem Kreis vermittelt Ihr bester Rotton Selbstbewußtsein (auch wenn Ihnen die Knie zittern) und fesselt den

Optische Hilfsmittel sollten die Bühne nicht beherrschen. Achten Sie darauf, daß ein Scheinwerfer auf Sie gerichtet ist, während Sie Dias vorführen.

Blick der Zuhörer. Ihr Make-up muß auffälliger und akzentuierter sein als gewöhnlich, und wenn Sie Rot tragen, sollten Sie einen passenden oder vom Ton her ähnlich roten Lippenstift wählen. Ohrringe sind als Zubehör wesentlich. Achten Sie darauf, daß Ihre Frisur gut sitzt und ganz glatt ist, die Haare nicht ins Gesicht hängen. Schulterlanges Haar sollten Sie zu einem eleganten Zopf flechten und hochstecken oder zu einem Knoten zusammennehmen.

SO PRÄSENTIEREN SIE SICH

- Leeren Sie alle Taschen Ihres Kostüms, damit es glatt anliegt und keine unschönen Ausbuchtungen zeigt.
- Knöpfen Sie die Jacke zu, da die Augen der Zuhörer sich sonst auf den Bereich oberhalb der Taille konzentrieren, was vielleicht nicht Ihre vorteilhafteste Körperzone ist.
- Vermeiden Sie überladene Details wie herabhängenden oder leuchtendbunten Schmuck.
- Lenken Sie die Aufmerksamkeit auf Ihr Gesicht. Dunkle Farben oder neutrale Töne sollten sich unterhalb der Taille befinden. Vermeiden Sie, daß Ihre Beine oder Schuhe durch helle Farben ablenken.
- Treten Sie möglichst ohne Brille auf. Wenn Sie *unbedingt* eine solche benötigen, sollten Sie darauf achten, daß sich Ihre Augen in der Mitte der Gläser befinden (tragen Sie keine Halbbrille). Die Gläser sollten aus nichtreflektierendem Glas bestehen, damit sich das Licht nicht in ihnen widerspiegelt.
- Überprüfen Sie vorher den guten Sitz Ihrer Frisur. Fixieren Sie widerspenstige Strähnen mit Haarspray.
- Tragen Sie stärkeres Make-up als normal und schenken Sie dabei den Augen besondere Aufmerksamkeit (Eyeliner, Mascara und gebürstete Augenbrauen) und betonen Sie die Lippen. Verwenden Sie einen Konturenstift, bevor Sie den Lippenstift auftragen, um die Lippen zu betonen und dem Lippenstift mehr Halt zu verleihen. Tragen Sie einen durchscheinenden Puder großzügig auf Ihr Gesicht auf, damit dieses möglichst wenig glänzt, und drücken Sie ihn leicht, aber fest auf die Grundierung auf. Sie sollten jedoch nicht allzu gepudert wirken.

DAS KLANGBILD IHRER STIMME

Der Erfolg vieler Politiker, Schauspieler und Geschäftsleute läßt sich zum Teil auf die Qualität ihrer Stimme zurückführen. Überlegen Sie einen Augenblick, welche Stimme Sie besonders bewundern. Das Radio gibt uns immer wieder Gelegenheit, großartige Beispiele zu hören, die uns allen vertraut sind.

Wenn ich die Namen einiger Berühmtheiten erwähne, werden Sie sie sofort *hören:* Heinz Rühmann, Marilyn Monroe, Richard Burton ... Die Stimmen dieser Personen sind charakteristisch – und untrennbar mit ihrer Persönlichkeit verbunden. Wenn Richard Burton eine Stimme wie Helmut Kohl gehabt hätte, wäre er dann ein so erfolgreicher Schauspieler geworden? Wäre Helmut Kohls politische Wirkung anders, wenn er wie Heinz Rühmann zu uns sprechen könnte? Wäre Marilyn Monroe mit einer Stimme wie jener von Hillary Clinton so sexy gewesen?

Welchen Eindruck hinterläßt *Ihre* Stimme bei anderen Menschen? Dies ist eine wichtige Überlegung, denn Ihre Stimme ist gemäß einer neueren Untersuchung zu 38 Prozent für den Eindruck verantwortlich, den Sie auf andere Menschen machen. 55 Prozent hängen von Ihrem Aussehen und Auftreten ab und nur 7 Prozent von dem, *was* Sie sagen. Das heißt natürlich nicht, daß Sie einfach Unsinn erzählen und sich nur auf Aussehen, Auftreten und den Klang Ihrer Stimme verlassen können. Ihren Worten kommt große Bedeutung zu. Doch in der Geschäftswelt und in der Politik müssen wir davon ausgehen, daß Sie wissen, wovon Sie reden (oder daß jemand Sie unterstützen kann). Es geht also mehr darum, wie Sie Ihre Botschaft an Ihr Publikum bringen. Wenn Sie Ihre Idee nicht verkaufen können, werden Sie in der Geschäftswelt oder in der Öffentlichkeit wenig Erfolg haben.

Eine gute Stimme bringt Ihre Überzeugungskraft besser zur Geltung und fesselt zudem Ihre Zuhörer, während Sie sprechen. Ein schlechte Stimme langweilt bestenfalls und ist schlimmstenfalls irritierend, so daß Ihr ansonsten positives Image, an dem Sie hart gearbeitet haben, untergraben wird.

SIND STIMME UND ERSCHEINUNGSBILD IM EINKLANG?

Denken Sie an Ihre eigene Stimme. Sollten Ihnen die folgenden Probleme bekannt vorkommen, wenn Sie aufstehen, um zu sprechen, ist etwas Arbeit vonnöten, um Ihre Stimme zu verbessern.

- Ihre Stimme kommt Ihnen gekünstelt vor. Wenn Sie reden, hören Sie eine andere Stimme, meistens in einer höheren Tonlage als bei einer normalen Unterhaltung.
- Ihre Stimme klingt wie die einer Jugendlichen. Wenn Sie zu Hause angerufen werden und den Telefonhörer abnehmen, werden Sie bisweilen gefragt, ob Ihre Mutter zu sprechen ist.
- Man bittet Sie, «lauter» zu sprechen, selbst wenn Sie nur vor wenigen Zuhörern reden.

- Sie verwenden beim Reden immer wieder Füllwörter: «mmh», «richtig», «wissen Sie», «und so weiter».
- Sie tönen ganz flach, wenn Sie durch ein Mikrophon sprechen.
- Ihre Stimme ermüdet und Ihr Hals schmerzt, wenn Sie eine gute Viertelstunde reden.
- Sie haben einen starken Dialekt, der nicht sehr weitverbreitet ist. Oft werden Sie gebeten, das eben Gesagte zu wiederholen.
- Sie beenden Sätze auf einer hohen Note, als würden Sie eine Frage stellen, während Sie doch eine Feststellung treffen wollen.
- Sie klingen beim besten Willen nicht kompetent.
- Sie mögen den Klang Ihrer Stimme einfach nicht!

SO VERBESSERN SIE IHRE STIMME

Sie sind nicht Ihr Leben lang dazu verdammt, eine mittelmäßige oder schwache Stimme zu haben, denn gegen dieses Übel können Sie wirklich etwas unternehmen.

Ihre Stimme wird hauptsächlich durch Erfahrungen geformt: wie und wo Sie aufgewachsen sind, woher Ihre Eltern stammen, welche Schulen Sie besucht haben, mit welchen Kinder Sie gespielt haben. Im Erwachsenenalter kommen noch andere Faktoren hinzu: wieviel Sie gereist sind, wie Ihre Kolleginnen und Kollegen am Arbeitsplatz reden, welche Programme Sie sich im Fernsehen ansehen oder im Radio anhören, welche Stimme Ihr Partner hat.

Bevor Sie zu den Gelben Seiten greifen, um einen Sprachtherapeuten anzurufen, können Sie selbst einiges tun, um Ihre Stimme zu verbessern, ohne dafür Geld auszugeben. Gehen Sie dabei folgendermaßen vor:

- Bitten Sie Freunde und enge Mitarbeiter, Ihnen zu sagen, was sie an Ihrer Stimme mögen und was sie stört. Erklären Sie ihnen, wie Sie klingen möchten. Zum Beispiel: klar, satt, glaubwürdig, lebhaft, angenehm, beruhigend, selbstbewußt, freundlich, intelligent, natürlich ...
- Üben Sie lautes Vorlesen. Achten Sie dabei auf Ausdrucksstärke und verbessern Sie Aussprache, Geschwindigkeit und Modulation.
- Lesen Sie wenn möglich Kindern vor. Sie sind die ehrlichsten Zuhörer, die Sie sich wünschen können. Wenn sie Ihnen ihre Aufmerksamkeit für längere Zeit schenken, machen Sie es richtig. Wenn sie unruhig werden und nicht mehr zuhören, haben Sie verloren. Fragen Sie sie, ob sie Ihre Stimme mögen, und wenn Sie ein überzeugtes «Nein» als Antwort erhalten, sollten Sie der Sache auf den Grund gehen.
- Nehmen Sie Ihre Stimme mit einem Tonbandgerät auf. Halten Sie kurze, dreiminütige «Reden», indem Sie so tun, als würden Sie für das Radio interviewt. Wählen Sie als Thema etwas, über das Sie frei reden

können, beispielsweise die morgendliche Fahrt zur Arbeit, was Ihnen an einem Film gefallen hat, oder beschreiben Sie Ihr Lieblingsrestaurant. Hören Sie genau zu, wenn Sie das Band abspielen, und versuchen Sie, die nächste Aufnahme zu verbessern, indem Sie das Gelernte anwenden.

Löschen Sie dieses Band nicht! Es kann dazu dienen, Ihre Fortschritte zu dokumentieren. Folgende Fehler können Sie leicht selbst entdecken: unattraktive Tonhöhe, Mmhs und Ahs, monotones Redetempo und fehlende Klarheit.

SO BEREITEN SIE IHRE STIMME FÜR EINE PRÄSENTATION VOR

Wenn Sie eine Weile daran gearbeitet haben, Ihre Stimme zu verbessern, ist die Zeit gekommen, im Stehen zu sprechen. Die meisten Menschen werden dabei nervös – Sie sind mit diesem Problem also sicher nicht alleine. Folgende Ratschläge helfen Ihnen, Ihre Nerven unter Kontrolle zu bekommen und Ihre Stimme so gut wie möglich einzusetzen.

Entspannen Sie sich

Während Sie darauf warten, an die Reihe zu kommen, wird Adrenalin durch Ihren Körper gepumpt. Dabei können Sie sich von Kopf bis Fuß verkrampfen. Wenn Ihr ganzer Körper angespannt ist, können Sie darauf wetten, daß davon auch Ihr Stimmzentrum betroffen ist.

Um dies zu vermeiden, sollten Sie am vorhergehenden Abend oder besser noch am Morgen einer großen Präsentation etwas Sport treiben. Joggen Sie durch den Park, schwimmen Sie ein paar Bahnen oder drehen Sie eine Runde mit dem Rad, bevor Sie noch einige Dehnübungen machen. Bevor Sie Ihre Rede halten, sollten Sie noch einen flotten Spaziergang unter die Füße nehmen. Gehen Sie einmal um den Block, steigen Sie ein paar Treppen hinauf und hinunter oder spazieren Sie durch die Eingangshalle des Konferenzzentrums. Einige kräftige Bewegungen vor Beginn Ihrer Rede führen dazu, daß das Adrenalin in Ihrem Körper freigegeben wird, statt die Muskeln zu verkrampfen, so daß Sie wie gelähmt sind. Doch hüten Sie sich davor, völlig atemlos in den Konferenzraum zurückzukehren!

Atemkontrolle

Vielleicht ist es Ihnen schon einmal passiert, daß Sie beim Atmen während oder kurz vor einer Rede in Schwierigkeiten gerieten und sich so merkwürdig fühlten, daß Sie Angst bekamen. In solchen Fällen können Sie natürlich Ihre volle Leistung nie zeigen, denn die Atmung kontrolliert die Sauerstoffversorgung des Blutes, das wiederum Ihr Gehirn versorgt. Ihre Gedanken müssen ganz klar sein, wenn Sie Ihren Vortrag zu einem erfolgreichen Ende führen wollen. Leider läßt sich der Sauerstoff von Ihrer morgendlichen Jogging-Runde oder Ihrem Spaziergang vor dem Auftritt nicht einfach im Körper lagern; er muß ständig erneuert werden, damit Körper und Gehirn voll leistungsfähig sind.

Wenn Ihre Nerven Ihnen einen Streich spielen, wird Ihre Atmung flach und ist auf den oberen Teil der Lunge begrenzt. Diese Art zu atmen ist anstrengend, zwingt Sie beim Reden zum Luftschnappen und führt dazu, daß sich die Tonlage Ihrer Stimme um eine Oktave nach oben verschiebt und schrill und hoch klingt – was sich keine Frau wünschen kann. Befolgen Sie daher folgende Tips:

- Von Anfang an sollten Sie sich auf Ihren Körper konzentrieren. Wenn Sie stehen, verlagern Sie das Gewicht gleichmäßig auf beide Füße. Auf diese Weise wird Ihr Körper ausgerichtet, so daß Ihre Stimmbänder harmonisch mit Ihrem Zwerchfell und Ihren Lungen arbeiten können.
- Achten Sie auf eine tiefe und ruhige Atmung. Sie sollten zuerst den unteren Teil Ihrer Lungen im Bereich des Zwerchfells mit Luft füllen. Damit die kräftige und sehr wichtige Muskulatur dieses Organs richtig arbeiten kann, sollten Sie keinen engen Gürtel oder Rock tragen. Lassen Sie die Luft von unten in die Mitte der Lungen und schließlich in den oberen Teil aufsteigen. Wenn sie in den Brustraum gelangt, sollten Sie dabei das Gefühl haben, als würde Ihr Atem durch den Hals zu Ihrem Stimmzentrum geblasen werden.
- Machen Sie beim Reden regelmäßige, entspannte Atemzüge. Atmen Sie ein, und warten Sie dann, bis Sie ausatmen, bevor Sie zu sprechen anfangen. Ihre Stimme wird sich tiefer und kontrollierter anhören. Wenn Sie gleich beim Ausatmen oder schlimmer noch beim Einatmen zu reden beginnen, wird Ihre Stimme geradezu verzweifelt klingen. Außerdem zwingt Sie dies, nach Luft zu schnappen. Atemtechnik ist besonders wichtig, wenn man Ihnen Fragen stellt: Wenn Sie darauf warten auszuatmen, kommt es zu einer natürlichen Pause von wenigen Sekunden Dauer. Doch es lohnt sich, auf den selbstbewußteren und selbstsicheren Ton zu warten, der sich dadurch einstellt.

Feuchten Sie Ihre Stimmbänder an

- Vermeiden Sie vor dem Auftritt heiße, anregende Getränke wie Tee oder Kaffee, speziell mit Milch. Ebenfalls wenig hilfreich sind sprudelnde oder sehr kalte Getränke. Feuchten Sie Ihre Stimme am besten mit warmem Wasser an, dem eine Zitronenscheibe beigegeben wurde, oder mit normalem Leitungswasser, das Raumtemperatur haben sollte.

- Wenn Ihre Stimme beim Sprechen trocken wird und Sie kein Wasser zur Hand haben, sollten Sie eine Pause einlegen, zur Ablenkung ein optisches Hilfsmittel oder Ihre Notizen in die Hand nehmen und ein paar Sekunden lang an Ihrer Zunge lutschen. So bildet sich zusätzlicher Speichel, mit dem Sie den Rachenraum befeuchten können. Betrachten Sie diese Maßnahme jedoch nur als letzten Ausweg. Lassen Sie sich vor dem Sprechen immer ein Glas Wasser geben, um erst gar nicht in diese Situation zu kommen.

ULTIMA RATIO: ZIEHEN SIE EINE FACHPERSON ZU RATE

Erst wenn Sie die oben empfohlenen Übungen gewissenhaft befolgt haben und beim Reden weiterhin das Gefühl haben, daß Ihre Stimme Ihrem professionellen Image schadet, sollten Sie einen guten Sprachtherapeuten aufsuchen. Ein ausgebildeter Sprachtrainer, ein Sprachpathologe oder ein Schauspiellehrer kann Ihre Probleme professionell einschätzen und Ihnen spezielle Mittel zur Abhilfe empfehlen. Erinnern Sie sich daran, daß Ihre Stimme fast vierzig Prozent Ihrer Wirkung ausmacht; sie sollte Sie daher nicht im entscheidenden Moment im Stich lassen.

Kapitel 11

Ihre Wirkung am Konferenztisch

Konferenzen sind eine regelmäßig wiederkehrende Möglichkeit, sich zu präsentieren und Vorgesetzten wie Kollegen zu zeigen, was man wert ist. Obwohl die Hälfte derartiger Besprechungen im Grunde reine Zeitverschwendung ist, sind Konferenzen ein wichtiger Teil des Geschäftslebens. Egal ob Sie einfache Teilnehmerin oder Vorsitzende sind, Ihre Karriere hängt von der dort gezeigten Leistung ab.

An Konferenzen offenbaren Sie viel über sich selbst und Ihr Potential. Sie zeigen, ob Sie Führungseigenschaften besitzen, mit Mitarbeitern umgehen können, über Kommunikations- und Präsentationsfähigkeiten verfügen, Ihren Job im Griff haben und ob Sie vertrauenswürdig und verläßlich sind.

Denken Sie einmal über die regelmäßigen Besprechungen nach, die Sie besuchen. Welche Ihrer Kolleginnen wirken immer besonders kompetent? Verhalten sie sich bei jeder Konferenz gleich? Wenn ja – was können Sie von ihnen lernen?

GRUPPENSITZUNGEN

Solche Zusammenkünfte können viele Formen annehmen, angefangen bei wöchentlichen Meetings mit Untergebenen bis hin zu dynamischen, anstrengenden Vorstandssitzungen, bei denen Sie den Vorsitz haben oder sich als aufsteigendes Firmenmitglied einen Namen machen können. Wir wollen einmal sehen, was Sie erwarten kann und worauf Sie vorbereitet sein müssen, wenn Sie Eindruck machen wollen.

ALS EINFACHE TEILNEHMERIN

Wenn man Sie auffordert, an einer Konferenz teilzunehmen, sollten Sie versuchen, sich Klarheit über die Ziele des Vorsitzenden zu verschaffen, um sich besser vorbereiten zu können. Wenn eine Gruppe dazu aufgefordert wird, ein Thema oder mehrere Problemkreise zu diskutieren, bedeutet dies, daß nicht ein einzelner die Verantwortung trägt, eine Lösung zu finden. Die Verantwortung ist also auf alle gleich verteilt. Sie alle sind Individualisten, die unterschiedliches Wissen einbringen, doch am Ende müssen Sie sich auf gemeinsame Lösungen einigen. Wenn Sie nur darauf abzielen, sich in den Augen anderer aufzuwerten oder wichtige Punkte zu machen, wird man Ihnen ablehnend begegnen und Sie vielleicht von solchen Besprechungen sogar ausschließen. Und wenn Sie nicht mehr an wichtigen Entscheidungen teilhaben, wird Ihre Position sehr geschwächt.

Erwarten Sie nie, daß Sie in einer Konferenz «einfach so» Erfolg haben. Ohne entsprechende Vorbereitung geht es einfach nicht. Selbst wenn man Sie nicht um eine kurze Präsentation bittet, sollten Sie so viele Themen wie möglich gründlich durcharbeiten, damit Sie zur Diskussion beitragen können. Nach Möglichkeit sollten Sie intelligente Fragen stellen und Ihre Ansicht recht häufig kundtun, aber ohne es zu übertreiben. Manchmal ist es angebracht, wenn ein Vorsitzender streng ist und die Teilnehmer fest im Griff hat, aber bei normalen Mitarbeiterbesprechungen, Brainstorming-Sitzungen usw., die den größten Teil derartiger Zusammenkünfte ausmachen, sollten Sie sich aktiv daran beteiligen.

MIT UNTERGEBENEN

Unterstützen und ermutigen Sie alle Teilnehmerinnen und Teilnehmer. Geben Sie allen vorher die Tagesordnung an die Hand, oder erklären Sie den Zweck der Besprechung, wenn Sie eine Sitzung kurzfristig einberufen, damit alle ihre Gedanken und Papiere rechtzeitig ordnen können.

Widerstehen Sie der Versuchung, den Teilnehmern ins Wort zu fallen oder jemanden auf persönlichem Niveau zu kritisieren, egal wie groß die Verlockung auch sein sollte. Wenn Sie es auf einen bestimmten Teilnehmer abgesehen haben, werden sich die übrigen zurückziehen, so daß Sie keine positive Reaktion erhalten.

Bitten Sie jemanden, Protokoll zu führen oder zumindest getroffene Entscheidungen und die erforderlichen Schritte festzuhalten. Lassen Sie das Protokoll innerhalb von 24 Stunden nach der Konferenz verteilen, und vermerken Sie genau, wer für welche Aufgabe zuständig ist.

Wenn es Zweck der Besprechung ist, ein Projekt voranzubringen oder etwas zu erledigen, stellen Sie einen Terminplan auf oder setzen Sie ein Datum für die nächste Konferenz fest, damit alle wissen, wann etwas von ihnen erwartet wird.

UNTER GLEICHGESTELLTEN

Ihr Ziel sollte es sein, als Kollegin anerkannt zu werden, sich aber auch als Führerin unter Gleichgestellten Autorität zu verschaffen. Ihr Chef wird beispielsweise herausfinden wollen, was die Gruppe denkt. Bieten

Sie also an, das Protokoll zu führen, das Sie ihm im Namen der Gruppe übergeben.

Wenn ein Tagesordnungspunkt von besonderem Interesse für Sie ist, sollten Sie nicht bis zur Konferenz warten, um sich die Unterstützung der anderen zu sichern. Bemühen Sie sich schon einige Zeit vorher um die Zustimmung wichtiger Personen. Seien Sie bereit, die möglichen Schwächen Ihres Vorschlags zu diskutieren, wobei Ihre Antworten so objektiv wie möglich sein sollten. Selbst wenn Sie gegenüber Einwänden sehr emotional reagieren, sollten Sie dies nie zeigen. Ihre Kritiker werden sich wie auf ein verwundetes Kaninchen auf Sie stürzen, wenn Sie ein Anzeichen von Schwäche durchblicken lassen. Statt dessen sollten Sie die Vorteile Ihrer Ansichten immer wieder zusammenfassen und erklären, warum Ihr Vorschlag den geforderten Zielen entspricht.

MIT VORGESETZTEN

Ihr Ziel sollte es sein, einfallsreich zu erscheinen und Bereitschaft zu signalisieren, an den gemeinsamen Zielen engagiert mitzuarbeiten.

Auf Konferenzen mit Vorgesetzten haben Sie die Möglichkeit, sich ins rechte Licht zu rücken, aber gleichzeitig Ihre Unterstützung zu zeigen. Denken Sie jedoch daran, daß die *Jasagerin* es dem Vorsitzenden zwar leicht macht, sich aber nicht den Ruf einer Frau verdient, der mehr Verantwortung übertragen werden kann. Ebenso ermüdend ist auf der andern Seite die *Untergangsprophetin,* die nie einen guten oder konstruktiven Beitrag leistet. Wenn Sie Einwände haben oder anderer Meinung sind, sollten Sie diese offen zum Ausdruck bringen. Hüten Sie sich aber davor, den Ruf einer Kollegin zu erlangen, die innovative Ideen sofort zu Fall bringt. Führungskräfte denken positiv, nicht negativ.

Vermeiden Sie auch, jede Ansicht sofort mit einer Bewertung zu versehen. Durch das Abwägen von Pro und Kontra können Sie sicherlich einen wichtigen Beitrag leisten, doch Sie sollten sich nicht in diese Rolle drängen lassen. Zumindest gelegentlich sollten Sie entschieden Ihre ganz persönliche Ansicht vertreten. Zwei Rollen sind für Sie tabu:

Die *Störerin* kommt immer zu spät oder verläßt das Zimmer ständig wegen irgendwelcher Arbeiten. Auf diese Weise zeigt eine Kollegin, daß sie sich der Gruppe überlegen fühlt und daß die Anwesenden ihre Aufmerksamkeit nicht verdienen.

Die *Null* bleibt sozusagen Teil der Möblierung, und ihre Tage sind gezählt. Wenn Sie nicht teilnehmen wollen oder können, nehmen Sie anderen wertvollen Platz weg und verlieren die Chance, sich einzubringen. Größerer Einsatz bringt mehr Verantwortung. Mehr Verantwortung bedeutet größere Sichtbarkeit, die zu mehr Erfolg führt.

ALS VORSITZENDE

Um eine gut geführte Konferenz zu leiten, bedarf es neben der Vorbereitung auch des Kommunikations- und Managementgeschicks.

Zur Vorbereitung sollten Sie immer eine möglichst klare Tagesordnung aufstellen. Begrenzen Sie sie auf eine Seite von maximal zwölf Zeilen Länge. Bitten Sie die Mitarbeiterinnen und Mitarbeiter bereits im Vorfeld um entsprechende Aktivitäten, so daß Ihre wichtigsten Leute die Diskussion leiten. *Ihre* Aufgabe besteht darin, neue Tatsachen zu präsentieren, Diskussionen in Gang zu setzen, die zu Lösungsvorschlägen führen, das Pro und Kontra der Vorschläge abzuwägen und für den besten eine Übereinkunft zu erzielen.

Lassen Sie nur Personen an Ihren Sitzungen teilnehmen, die kompetent sind und tatsächlich einen Beitrag zu den anstehenden Problemen leisten können. Wenn die Themen von einer größeren Zahl Mitarbeiter beraten werden müssen, sollten Ihre Manager sich erst mit den jeweiligen Teams zusammensetzen und Ihnen die Einwände und Empfehlungen ihrer Mitarbeiter dann in einer gemeinsamen Konferenz darlegen.

Die Sitzungsteilnehmer sollten genau wissen, was von ihnen erwartet wird. Wenn Sie ihren Input, ihre Unterstützung oder Untersuchungsergebnisse in einer bestimmten Frage wünschen, sollten Sie ihnen ausreichend Zeit geben. Im andern Fall kann eine Konferenz zu einer schwerfälligen Angelegenheit verkommen mit Entscheidungen, die aus dem Stegreif oder unter Zeitdruck getroffen werden.

Setzen Sie sich möglichst morgens zusammen, wenn Ihre Mitarbeiter wirklich wach sind. Wenn Sie für die Tagesordnung den ganzen Tag brauchen, ist es besser, sehr früh zu beginnen und eine großzügige Mittagspause von etwa eineinhalb Stunden einzulegen, so daß die Teilnehmer genug Zeit zur Erholung haben. Unterbrechen Sie auch für mehrere Pausen von rund zehn Minuten Länge, und geben Sie den Teilnehmern die Möglichkeit, draußen ein wenig Luft zu schnappen, wenn es das Wetter erlaubt.

Wählen Sie einen Konferenzraum, der die Diskussion fördert. Ist er zu klein, kann sehr schnell Platzangst unter den Teilnehmern entstehen; zu große und weitläufige Räume schüchtern auf der andern Seite ein und lähmen die Diskussion.

DIE KLEIDUNG

Selbst eine ganz zwanglose Brainstorming-Sitzung kann Status und Anerkennung verschaffen. Um Ihr Prestige zu sichern oder Aufmerksamkeit zu gewinnen, sollten Sie sich so formell kleiden, wie es in Umfeld Ihres normalen Arbeitsplatzes möglich ist.

Wenn Sie einen Bericht vorlegen oder etwas präsentieren, tragen Sie ein elegantes, neutrales Ensemble (Kostüm oder Kleid mit Jacke). Es sollte einen kleinen Farbtupfer enthalten, um den Blick der Zuhörer zu fesseln. Sehr auffallende Farben wie Rot oder Gelb können in einer kleinen Gruppe zu dominant wirken, wenn es sich um die vorherrschende Farbe handelt, aber in einer Bluse oder als Ergänzung zu einer neutraleren Jacke kann dies sehr vorteilhaft sein. Schwarz und Marineblau wirkt an Frauen oft ein wenig schwer und zu düster. Entscheiden Sie sich statt dessen für ein warmes Grau, Steingrau, Oliv, Violett oder Camel, um sicherzugehen, daß Sie zwischen Ihren männlichen Kollegen optisch herausragen.

IHR PLATZ AUF EINER KONFERENZ

Wenn Sie einen Konferenzraum betreten, wo keine feste Sitzordnung vorgesehen ist, kann es schwierig sein, den geeignetsten Platz zur Durchsetzung Ihrer Ziele zu finden. Bei manchen Konferenzen wissen Sie, daß es zu einer Konfrontation kommen wird, bei anderen müssen Sie den Vorsitz führen und von möglichst vielen gesehen werden. Ein andermal möchten Sie wiederum lieber eine diskrete Rolle spielen.

Hier einige allgemeine Richtlinien, wie Sie den strategisch besten Platz finden:

- Wenn Sie Anerkennung suchen, sollten Sie immer guten Augenkontakt zu denjenigen halten können, die die Entscheidungen treffen (der Vorsitzende muß nicht unbedingt dazu zählen).
- Zu einer Präsentation sollten Sie früh eintreffen und den für Ihr Anliegen geeignetsten Ausgangspunkt wählen. An einem langen Tisch sitzen Sie am besten seitlich in der Mitte, an einem ovalen Tisch dagegen an einem der schmalen gekrümmten «Enden».
- Wenn Sie einer vorherzusehenden Auseinandersetzung möglichst aus dem Weg gehen wollen, sollten Sie sich *neben* die herausfordernde Person setzen; es ist besonders schwierig, jemanden von der Seite her anzugreifen. Vermeiden Sie es hingegen, sich Ihrer Gegnerin oder Ihrem Gegner direkt gegenüberzusetzen.
- Wenn Sie sich für einmal ganz der Aufmerksamkeit entziehen wollen, sollten Sie im «toten Winkel» des Blickfelds des Vorsitzenden, Ihrer Vorgesetzten oder der wichtigsten Teilnehmer sitzen, dort, wo die Blicke der Anwesenden kaum einmal hinfallen. Tragen Sie dabei Ihr neutralstes Outfit ohne besonders auffallende Accessoires.
- Wenn Ihre Stellung in der Firma unterhalb jener der anderen Konferenzteilnehmer liegt oder wenn Sie zum erstenmal an einer solchen Besprechung teilnehmen, sollten Sie besser darauf warten, daß man Ihnen einen Platz zuweist.

POSITIVE KÖRPERSPRACHE

Die BBC bat mich einmal, die Dynamik einer Mitarbeiterkonferenz zu analysieren, indem man mir einen Videofilm mit ausgeblendetem Ton vorführte. Es war ganz klar zu sehen, wer wen respektierte, von wem niemand der Anwesenden Notiz nahm und wer gegenüber wem feindlich eingestellt war. Sind *Sie* sich eigentlich bewußt, wieviel von Ihren wahren Gefühlen durch Ihr Verhalten bei Konferenzen sichtbar wird?

Vielleicht können Sie Ihr Verhalten bei kurzen Besprechungen völlig kontrollieren, aber längere Sitzungen stellen die Geduld aller Teilnehmer auf die Probe, und schließlich senden wir vor lauter Müdigkeit ganz unmißverständliche Botschaften aus, ohne dabei den Mund zu öffnen.

Sie können durch folgende Signale andere mit Ihrem Verhalten auf Konferenzen beeindrucken oder im Gegenteil Ihre Position völlig untergraben:

Eindrucksvolle Signale

- Nehmen Sie eine aufrechte und wachsame Sitzposition ein. Beugen Sie sich vor, um echtes Interesse zu zeigen.
- Lassen Sie Ihre Augen auf dem Sprechenden ruhen.
- Machen Sie sich Notizen – nicht die ganze Zeit über, aber von den wichtigsten Punkten.
- Wenden Sie Ihren Körper dem Sprecher oder Vorsitzenden zu.
- Beim Zuhören sollte Ihr Körper eine «offene» Stellung einnehmen: legen Sie die Arme vor sich auf den Tisch, halten Sie sie locker an der Körperseite, falten Sie leicht die Hände.
- Setzen Sie offene Gesten ein: Die Hände sollten offen oder die Handflächen nach oben gewandt sein, als ob Sie Ihren Kollegen eine Idee präsentierten.
- Lächeln Sie und setzen Sie – wenn es angebracht ist – Ihren Humor ein, um Spannungen zu lösen.

Unterminierende Signale

- Sie sitzen nachlässig auf Ihrem Stuhl.
- Sie schauen auf Ihre Notizen, aus dem Fenster, zur Decke.
- Sie kritzeln.
- Sie wenden Ihren Körper ab.
- Sie überkreuzen die Arme fest vor dem Körper (was bedeutet: «Ich lasse nichts an mich heran.»).
- Sie setzen bedrohlich wirkende Gesten ein: etwa den predigenden Zeigefinger, um Ihre Ansicht durchzusetzen.
- Ihr Gesichtsausdruck ist unbewegt, grollend oder zynisch.

WIE IST ES UM IHREN HANDSCHLAG BESTELLT?

Ihr Handschlag offenbart Ihr Selbstbewußtsein, Ihre Professionalität und Ihren Status. Welche Signale senden *Sie* damit aus?

Rechts: Der herablassende Handschlag. Wenn Sie die Hand Ihres Gegenübers in beide Hände nehmen, drückt dies vielleicht Zuneigung und freundschaftliche Gefühle aus, doch von vielen wird diese Geste als mütterlich und gar herablassend empfunden.
Mitte: Auf Armeslänge. Mit geradem und ganz durchgestrecktem Arm fordern Sie andere auf, sich von Ihnen fernzuhalten. Sie geben so zu erkennen, daß Sie sich bedroht fühlen, oder Sie zeigen Reserviertheit und den Wunsch nach Überlegenheit.
Unten rechts: Gerade richtig. Der korrekte Handschlag ist direkt und warm. Ergreifen Sie fest die Hand Ihres Gegenübers, lächeln Sie und schauen Sie ihm direkt in die Augen.

VORSTELLUNGSGESPRÄCHE

Das vielleicht beste Beispiel für ein Zwei-Personen-Treffen und gleichzeitig das wahrscheinlich wichtigste für die Karriere des einzelnen ist das berufliche Vorstellungsgespräch. Da wir von CMB oft gebeten werden, Betroffene bei der Kleiderwahl zu beraten und zu erklären, wie Sie sich bei einem solchen Gespräch verhalten sollten, verdient dieses Thema besondere Aufmerksamkeit.

Als erstes sollte man sich darüber klar sein, daß nicht unbedingt der geeignetste Anwärter den Job auch bekommt. Personalchefs entscheiden sich meistens für jene, die andere am geschicktesten davon überzeugen können, daß sie die richtigen für die ausgeschriebene Stelle sind. Selbst wenn Sie nicht alle notwendigen Qualifikationen oder die nötige Erfahrung haben, sollten Sie in der Lage sein, sich gut zu verkaufen, wenn Sie den Job wirklich wollen und wissen, daß Sie der neuen Aufgabe gewachsen sind. Sie haben eine Menge nicht greifbarer Vorzüge, an denen jeder Arbeitgeber interessiert ist, und diese können fehlende Referenzen durchaus ersetzen: Vielleicht können Sie gut organisieren, hart arbeiten und kommen mit schwierigen Menschen gut zurecht; vielleicht strahlen Sie Begeisterungsfähigkeit aus.

DIE KLEIDUNG

In den ersten drei Minuten des Gesprächs wird Ihr Gegenüber sich entscheiden, ob er Sie *nicht* einstellen wird. Ihr Erscheinungsbild ist sehr wichtig, um diese erste Hürde selbstbewußt zu meistern. Sie sollten erkennen können, ob die ganze Übung danach überhaupt noch einen Sinn hat. Wenn die Drei-Minuten-Marke überschritten ist und Sie bei Ihrem Gesprächspartner immer noch echtes Interesse bemerken, heißt dies nicht, daß Sie den Job bereits in der Tasche haben, aber immerhin haben Sie nun eine echte Chance. Hier sind einige hilfreiche Tips:

- Am Vorabend des Einstellungsgespräches sollten Sie früh zu Bett gehen, damit Sie sich wohlausgeruht von Ihrer besten Seite zeigen können.
- Tragen Sie das beste Kostüm, das Sie sich leisten oder leihen können, und achten Sie darauf, daß es gut gebügelt ist. Überprüfen Sie, ob Sie sich darin bequem hinsetzen können, ohne daß der Rock nach oben rutscht. Wenn Sie wissen, daß Sie gut aussehen, strahlen Sie mehr Selbstbewußtsein aus.
- Wählen Sie lieber neutrale statt auffallende Farben, doch zeigen Sie ruhig mehr Flair, wenn es bei der Bewerbung um eine Stelle in einem kreativen Beruf geht.

- Richten Sie sich nach der aktuellen Mode, aber nicht nach dem neuesten Trend (es sei denn, es geht um eine Tätigkeit in der Modebranche). Wenn Sie nach einem familienbedingten Arbeitsunterbruch ins Berufsleben zurückkehren wollen, sollten Sie alles «mütterlich» Wirkende vermeiden.
- Auffällige Tücher oder Accessoires sind fehl am Platz.
- Tragen Sie kein Parfüm.
- Zielen Sie auf zurückhaltende Eleganz ab.
- Die Schuhe müssen von der Qualität her zum Kostüm passen und gut poliert sein. Mit Trotteurs liegen Sie immer richtig. Tragen Sie keine hochhackigen Schuhe, solche im Ballerina-Stil oder Stiefel (auch wenn Niederschläge angesagt sind).
- Ergänzen Sie Ihr Outfit mit einem eleganten Aktenkoffer oder einer Ledermappe. Wenn Sie weder das eine noch das andere besitzen, sollten Sie sich eine Aktentasche leihen.
- Wenn Sie einen Regenschirm dabeihaben, sollte dieser ebenfalls vom Ton her zur Kleidung passen und nicht zu groß sein.
- Bringen Sie einen schicken kleinen Notizblock und eine Füllerfeder von guter Qualität mit, um sich Notizen zu machen.
- Tragen Sie immer ein natürliches Make-up in weichen Farben, das diskret wirken sollte.
- Decken Sie Pickel mit einer entsprechenden Creme ab.
- Ihr Haar sollte sauber gewaschen sein. Vermeiden Sie fettige Gels, Naß-Look oder ausgefallene Frisuren. Nehmen Sie langes Haar hinten zusammen oder stecken Sie es hoch. Benutzen Sie keine kindlich wirkenden Schleifen oder Befestigungsmittel. Streben Sie nach klassischer Einfachheit.
- Ihre Nägel sollten sauber und manikürt sein; wenn Sie sich Notizen machen, werden diese gut sichtbar sein. Tragen Sie keinen auffällig bunten Nagellack, sondern farblosen, oder polieren Sie die Nägel, damit sie schön glänzen.
- Tragen Sie möglichst wenig Schmuck, hingegen Ohrringe, die nicht allzu diskret wirken.
- Geben Sie Ihren Mantel an der Rezeption ab.

IHR VERHALTEN

Was Sie in einem Bewerbungsgespräch sagen, hat zwar Bedeutung, doch *wie* Sie es sagen und sich im allgemeinen verhalten, wird ebenfalls aufs Genaueste beobachtet. Ihr Gegenüber will nicht nur herausfinden, ob Sie dem Job gewachsen sind, sondern überlegt sich auch, wie gut Sie zur Unternehmenskultur passen.

- Zeigen Sie Ihr Interesse, ohne dabei zu übertreiben.
- Schütteln Sie Ihrem Gegenüber die Hand, und schauen Sie ihm lächelnd in die Augen. Wenn Sie sich verabschieden, reichen Sie ihm wieder die Hand.
- Ihre Sitzhaltung sollte entspannt sein, aber vermeiden Sie ein allzu saloppes Hinsetzen. Sitzen Sie nicht zu weit vorn, außer bei einem sehr weichen Sessel oder bequemen Sofa. (Beachten Sie auch die Hinweise zur Körpersprache in diesem Kapitel.)
- Geben Sie sich nicht zu entspannt, auch wenn das Gespräch Ihrer Meinung nach gut verläuft. Denken Sie «professionell». So sollten Sie beispielsweise das Rauchen unterlassen – fragen Sie erst gar nicht, ob es gestattet ist.
- Geben Sie sich nicht übertrieben witzig – machen Sie allenfalls eine scherzhafte Bemerkung. Niemand will einen Clown einstellen, es sei denn, ein solcher Job stehe tatsächlich zur Diskussion.
- Holen Sie Ihren Block und Füller zu Beginn des Gesprächs hervor, und machen Sie sich im Verlauf ein paar Notizen. Dies zeigt Interesse und Aufmerksamkeit gegenüber Details, doch die Notizen sollten nicht so ausholend sein, daß Sie Ihrem Gegenüber nicht mehr die nötige Aufmerksamkeit schenken können.
- Wenn Ihr Gesprächspartner einen Telefonanruf entgegen nimmt, der etwas länger dauert, nehmen Sie nach ein paar Minuten eine Zeitschrift aus Ihrer Aktentasche und beginnen Sie, darin zu lesen. Auf diese Weise wirken Sie nicht so, als lauschten Sie unfreiwillig. Außerdem zeigt das Lesen eines Fachartikels neben Ihrer Intelligenz, daß Sie keine Zeit zu verschwenden haben.

Betrachten Sie ein Bewerbungsgespräch wie einen Vertreterbesuch, bei dem Sie das einzige Verkaufsprodukt sind. Erwarten Sie nicht, daß ein und dasselbe Verhalten gleich bewertet wird. Jeder Mensch ist anders – das gilt auch für Personalchefs. Sie müssen für alle nachfolgend aufgeführten Standardfragen einigermaßen intelligente, auf jeden Fall aber ehrliche und positive Antworten bereithalten:

- «Warum interessieren Sie sich für die ausgeschriebene Stelle?»
- «Warum wollen Sie Ihre jetzige Stelle aufgeben?»
- «Warum hat man Sie freigestellt?»
- «Welche Leistung erfüllt Sie in Ihrer bisherigen Karriere mit dem größten Stolz?»
- «Wo liegen Ihr Stärken und Schwächen?»
- «Können Sie die Anforderungen dieser Stelle aufgrund Ihrer bisherigen Erfahrungen bewältigen?»

- «Warum sollten wir gerade *Sie* einstellen?»
- «Welche außerberuflichen Interessen haben Sie?»

Sie müssen die Antworten auf diese und ähnliche Fragen unbedingt vorbereiten. Lassen Sie sich bei der Beantwortung etwas Zeit, bis Sie fast ganz ausgeatmet haben.

Versuchen Sie Ihr Gegenüber einzuschätzen. Welche Antwort hat ihm wohl am meisten gefallen, und warum? Manche Menschen wollen sich Ihre Erfahrungen anhand von Beispielen erklären lassen; andere möchten Beispiele für Ihre Arbeit sehen. Einige wünschen, daß Sie sich kurzfassen, andere erwarten umfassendere Antworten. Hören Sie zu und beobachten Sie den Fragesteller, damit Sie auf ihn eingehen können.

Wenn Sie in Ihren ersten Vorstellungsgesprächen nicht die glückliche Kandidatin sind, lernen Sie zumindest durch die Praxis und entdecken, wie Sie sich ins beste Licht setzen können. Denken Sie daran, daß diejenigen, die bei solchen Gesprächen die geschliffensten Antworten parat haben, diese Kunst nur schon länger studiert und das Gelernte in die Praxis umgesetzt haben. Auch *Sie* werden Erfolg haben, wenn Sie sich Mühe geben.

Kapitel 12

Im Scheinwerferlicht der Öffentlichkeit

Wenn Sie in Ihrer Karriere besonders wendig und erfolgreich sind, wird man Sie früher oder später bitten, Ihre Firma in der Öffentlichkeit zu vertreten oder sie vielleicht sogar unter dem prüfenden Blick der Medien zu repräsentieren. Die erste Gelegenheit, im Scheinwerferlicht zu stehen, führt oft zu einer «Kampf-» oder «Flucht»-Reaktion, speziell bei Menschen, die darin nicht geübt sind. Wenn man bei einem Interview nervös ist, diskutiert man seine Position defensiv und merkt nicht einmal, wie streitlustig und wenig selbstbewußt man wirkt. Vielleicht will die Betroffene auch das Interview so schnell wie möglich hinter sich bringen und gibt ihre Antworten in rasendem Tempo, so daß sie den Fragen nicht genug Aufmerksamkeit schenkt und unüberlegte Antworten gibt.

Selbst der fähigste Manager, der sich normalerweise immer Gehör verschafft, kann inkompetent erscheinen, wenn er auf die Begegnung mit einem neugierigen Journalisten nicht vorbereitet ist. Daher lohnt es sich schon, darüber nachzudenken, wie man sich im Lichte der Öffentlichkeit verhalten würde, speziell wenn man daran denkt, ein öffentliches Amt zu übernehmen.

FERNSEHAUFTRITT

Um mit den Medien umzugehen und hier speziell mit dem Fernsehen, bedarf es anderer Fähigkeiten als im normalen Berufsleben, und die meisten müssen diese erst erlernen. Nur wenige von uns können ein Interview ohne Training oder Vorbereitung durchstehen und dabei eine gute Figur machen. Wir haben alle schon einmal gesehen, wie ein Anfänger sich im Fernsehen lächerlich gemacht hat. Sie wissen schon – die Art von Stellungnahmen in der Nachrichtensendung, bei denen der nichtsahnende Sprecher eines Unternehmens unvorbereitet und schlecht zurechtgemacht für ein schwieriges Interview ins Studio geschickt wurde. Es ist schon peinlich, wenn ein normalerweise netter Mensch, der sich zudem gut ausdrücken kann, wie ein Krimineller oder Idiot dasteht.

Das Fernsehen ist eine Kunstform, und Sie müssen die Spielregeln erlernen, um sich und Ihre Sache zu vertreten. Ihr Unternehmen wird Sie für Ihre Tollkühnheit zur Verantwortung ziehen, statt Sie für Ihr mutiges Bemühen zu loben, wenn Sie eine traurige Vorstellung geben... und es dürfte ziemlich sicher sein, daß Sie keine zweite Chance erhalten werden. Bereiten Sie sich also lieber vor.

DIE VORBEREITUNG FÜR EIN FERNSEHINTERVIEW

Wie bei einem erfolgreichen Auftritt vor einem größeren Publikum müssen Sie in den Tagen vor einem Fernsehinterview Ihre Vorbereitungen treffen. Es reicht nicht aus zu wissen, daß Sie ein bestimmtes Thema diskutieren werden.

Stellen Sie sich folgende Fragen:

- In welchem Programmteil werden Sie auftreten? Es besteht ein himmelweiter Unterschied zwischen einer knappgefaßten Nachrichtensendung und einer Talkshow mit offenem Ende. Bisweilen werden zwar dieselben Dinge diskutiert, aber die Behandlung des Themas unterscheidet sich doch grundsätzlich.
- Wieviel Zeit haben Sie für das Interview? Der Moderator der Sendung sollte Ihnen das recht genau sagen können. So könnte es sich beispielsweise um einen fünfminütigen Bericht handeln, in dem man Ihnen jedoch nur ein oder zwei Fragen stellt, so daß Sie schließlich nur gerade *eine* Minute auf dem Bildschirm erscheinen.
- Wer tritt neben Ihnen auf? Gehen Sie davon aus, daß ein Protagonist (möglicherweise Sie selbst) und ein Antagonist (vielleicht ein Konkurrent, ein unzufriedener Arbeitnehmer, ein wütender Kunde, ein Gewerkschaftsvertreter, der Vertreter einer Verbraucherorganisation, ein Politiker usw.) dabei sein werden. Wenn Sie alleine interviewt werden, dürfen Sie sich keinesfalls in Sicherheit wiegen und ganz entspannt zurücklehnen, sondern müssen davon ausgehen, daß der betreffende Fernsehjournalist den Advocatus Diaboli spielen wird.
- Wer interviewt Sie? Vielleicht kennen Sie das Programm; Fernsehmoderatoren arbeiten meistens im Turnus. Klären Sie daher vorher ab, wer gerade Dienst tut. Wenn Sie wissen, wer Sie befragen wird, sollten Sie den Betreffenden vorher beobachten oder die Fernsehanstalt um ein paar Aufnahmen früherer Interviews bitten, um ein Gespür für den Stil und die Technik des Fragestellers zu erhalten.
- Wo wird das Interview stattfinden? Ein Auftritt im Fernsehstudio muß anders vorbereitet werden als beispielsweise eines in Ihrem vertrauten Büro. In letzterem Fall sollten die Filmaufnahmen nie beginnen, bis Sie genau überprüft haben, in was für einer Einstellung Sie

erscheinen. Bitten Sie darum, daß man Ihnen den Monitor zeigt, bevor die Sendung aufgezeichnet wird, und entfernen Sie Dinge, die stören oder die falsch interpretiert werden könnten.

DIE DURCHFÜHRUNG DES INTERVIEWS

Wenn man Sie zu einem Interview ins Fernsehstudio bittet, sollten Sie sich über Ihre eigenen Ziele völlig im klaren sein. Man wird Sie mit allen möglichen Fragen bombardieren, von denen einige für Ihre Hauptbotschaft irrelevant sind. Ihre größte Sorge sollte nie dem Interviewer gelten, sondern der Uhr. Die Zeit ist immer das Allerwichtigste. Daher muß Ihre Botschaft präzise, effizient und durchdacht sein.

Ihre Botschaft

Konzentrieren Sie sich auf ein paar Hauptpunkte, die einfach gehalten sind, aber durch alles, was Sie sagen, verstärkt werden.

Wenn Sie sich gegen einen Angriff verteidigen sollen, egal ob dieser fair war oder nicht, sollten Sie vorher entscheiden, wie Sie darauf reagieren werden. Formulieren Sie Ihre Antwort schriftlich, und üben Sie sie vor dem Interview mit anderen. Seien Sie positiv, geben Sie das Vorgeworfene – falls nötig – zu (sprechen Sie sich vorher mit der Firmenleitung ab und betonen Sie die positive Seite dieser Strategie sowie die Notwendigkeit, mit guten Argumenten gerüstet zu sein); schlagen Sie Lösungen vor und bleiben Sie freundlich (dies ist am allerwichtigsten). Selbst wenn man Sie in die Ecke gedrängt hat und Sie sich in der Defensive befinden, sollte man es Ihnen nicht an Ihrem Erscheinungsbild und dem Klang Ihrer Stimme anmerken. Und vor allem: geraten Sie *nie* in Wut. Sie werden sich zum Gespött der Nation machen.

In manchen Situationen kann ein Interview wichtig für das Geschäft sein und vielleicht sogar einen Wendepunkt in Ihrer Karriere darstellen. Wenn Sie Zweifel haben, ob Sie mit harten Fragen fertig werden und Ihre Position verteidigen können, sollten Sie mit Kolleginnen vorher ähnliche Fragen üben, damit Sie Ihre Botschaft glatt verkünden können. Schließlich repräsentieren Sie auch Ihre Mitarbeiter, und Sie erwarten mit Recht Unterstützung von ihnen.

Der Interviewer

Fernsehmoderatoren sind auch nur Menschen. Viele Amateure, die zum ersten Mal im Studio Rede und Antwort stehen, haben schreckliche Angst vor ihrem potentiellen Interview-Partner. Natürlich ist er Ihnen gegenüber im Vorteil, weil ihm die Technik, das Set und die Hauptfragen, die er Ihnen stellen wird, vertraut sind. Doch Sie sind ihm durch Ihre

Expertise überlegen, und in dieser Beziehung ist *er auf Sie* angewiesen. Der Fernsehmitarbeiter kann Ihre Antworten nicht immer vorherahnen und muß daher blitzschnell reagieren. Das ist Ihr Vorteil, den Sie nutzen sollten!

Geben Sie nie zu erkennen, daß Sie sich dem Fragesteller unterlegen fühlen. Er ist zweifellos sehr intelligent und in der Regel auch gut vorbereitet, aber er ist kein Spezialist auf Ihrem Fachgebiet. Behandeln Sie den Interviewer weder als Über- noch als Unterlegenen, sondern betrachten Sie ihn als gleichwertigen Partner.

Wie stark man Sie auch provozieren mag, Sie sollten Ihre Haltung bewahren und nie zum Angriff übergehen. Der Moderator ist dem Publikum vertraut, während Sie die Außenseiterin sind, die zur Unperson werden kann, wenn Sie feindselig reagieren. Geben Sie kurze und direkte Antworten. Wenn Sie etwas schärfer reagieren müssen, sollten Sie dies mit einem Lächeln tun, um Ihrer harten Antwort die Spitze zu nehmen. Ihr Ziel ist darin zu sehen, offen, kompetent und vertrauenswürdig zu wirken.

IHR IMAGE IM FERNSEHEN

Wenn Sie erwarten, zukünftig öfter einmal eine Rolle im Fernsehen zu spielen, sollten Sie sich rechtzeitig von einer Fachperson beraten lassen. Es ist sehr wichtig für Sie zu erkennen, wie Sie in einem Interview wirken und welche Figur Sie dabei machen.

Fingierte Fernsehinterviews mit Videoaufzeichnung dienen nicht dazu, Sie am Boden zu zerstören, sondern sind sehr aufschlußreich und verhelfen den meisten Menschen zu größerem Selbstvertrauen, wenn es ernst wird, speziell dann, wenn jemand anhand der Aufzeichnung Ihre Stärken und Schwächen fachkundig analysiert.

Wenn Sie keine Zeit haben, sich vor einem wichtigen Interview beraten zu lassen, können Sie sich nach den hier aufgeführten allgemeinen Vorgaben richten, um Ihren ersten Fernsehauftritt erfolgreich zu meistern.

WIRKUNGSVOLLE FARBEN

Jetzt ist es an der Zeit zu lernen, welche Kleidung vor der Kamera am wirkungsvollsten ist. Sie haben vielleicht schon einmal eine besonders hübsche Moderatorin in Zyklam mit dem passenden Lippenstift gesehen und erstaunt festgestellt, daß Sie ihre Botschaft gar nicht richtig aufnehmen konnten, weil dieses Lippenpaar Sie so fasziniert hat!

Bestimmte Farben steigern Ihr Erscheinungsbild vor der Kamera, während das für andere nicht zutrifft:

- Vermeiden Sie extreme, sehr helle oder dunkle Farben. Schwarz erdrückt Sie vor der Kamera, während Weiß bleich macht und eine blendende, unangenehme Wirkung hat.
- Starke Pinktöne wie Magenta bis hin zu Rot gestalten das Fokussieren im Studio schwierig. Sie haben eine Wirkung, die unter Fachleuten als «Ausbluten» bezeichnet wird, das heißt die Umrisse verschwimmen und scheinen wie bei einem Färbemittel auszulaufen.
- Je ausgereifter die Technik ist, desto besser kann sie starke Farben handhaben. Gehen Sie davon aus, daß ein örtlicher Sender oder ein kleineres Studio schlechter ausgestattet ist. In diesem Fall sollten Sie Problemfarben vermeiden.
- Die einfachsten Farben für die Kamera sind Töne aus der Mitte des Farbspektrums: Blau-, Grün- und Violettöne. Sie lassen sich leicht fokussieren und wirken vor der Kamera besonders echt. Blaugrün und Türkis gehören dabei zu den attraktivsten Farben.
- Versuchen Sie es einmal mit den folgenden Blautönen: Mittelblau, Königsblau, Französischblau oder Graublau, Lapis, Violettblau, helles Marineblau oder Petrolblau.
- Die besonders schön wirkenden Grüntöne reichen von Moosgrün und Oliv bis zu Smaragd. Dunkle Grüntöne wie Tannengrün wirken schwarz, während leuchtende Grüntöne blenden können.
- Violettöne wirken elegant vor der Kamera. Sie reichen von mittlerem Flieder, Violett, gedämpftem Pflaumenblau bis hin zu Lila. Auch in diesem Fall sollten Sie bei sehr dunklen Violettönen vorsichtig sein, da sie im Fernsehen schmutzig oder einfach schwarz wirken können.
- Ziehen Sie die Studioausstattung mit in Betracht, wenn es um die Kleiderfrage geht. Viele Studios sind heute sehr bunt ausgestattet, so daß bestimmte (aus der Gruppe der oben empfohlenen) Farben nötig sind, um einen Kontrast zu erzielen. Je neutraler die Umgebung ist, desto farbenfroher können Sie selbst sein. Wenn das Programm, in dem Sie auftreten werden, nicht immer an demselben Ort gedreht wird, sollten Sie im Studio anrufen und sich nach Einzelheiten erkundigen. Gleichzeitig sollten Sie nachfragen, welche Farben am geeignetsten sind. Eine genaue Auskunft liegt ja auch im Interesse der Programmacher.

WIRKUNGSVOLLER STIL

Einfache Kleidungsstile sind für das Fernsehen am besten geeignet. Eine gut geschnittene Jacke mit einem sauberen Halsabschluß ist viel wirkungsvoller als ein gemustertes Ensemble, das vor der Kamera flimmert.

Vergleichen Sie einmal den Kleidungsstil von Nachrichtensprecherinnen mit dem von Moderatorinnen in leichten Unterhaltungssendungen und Shows. Erstere tragen normalerweise einfache Kleidungsstücke, die man leichter «vergißt», während Moderatorinnen in der Unterhaltungsbranche oft einen unvergeßlichen Eindruck hinterlassen! Sie müssen eine Botschaft vermitteln, daher sollte Ihre Kleidung einfach und attraktiv sein und nicht von dem, was Sie sagen, ablenken.

Dem Halsausschnitt kommt eine besondere Bedeutung zu. Wenn Sie einen kurzen Hals haben, sollten Sie ihn nicht mit einem hohen Kragen oder einer dicken Kette überladen. Der Halsausschnitt sollte offen und einfach sein und rund oder mit einem V-Ausschnitt abschließen. Kürzere Frisuren sind vor der Kamera wirkungsvoller.

Wenn Sie einen langen Hals haben, erscheinen Sie wahrscheinlich sehr streng, wenn er vor der Kamera gut sichtbar wird. Lassen Sie ihn weicher wirken, indem Sie sich ein einfarbiges und ungemustertes Tuch in den Jackenausschnitt stecken. Anstelle eines Tuchs können Sie auch ein Halsband oder eine Kette tragen. Ein hochgestellter Kragen hat eine ähnliche Wirkung. Tragen Sie Ihr Haar länger, um den Hals optisch zu verkürzen. Eine schulterlange Frisur steht Ihnen ausgezeichnet.

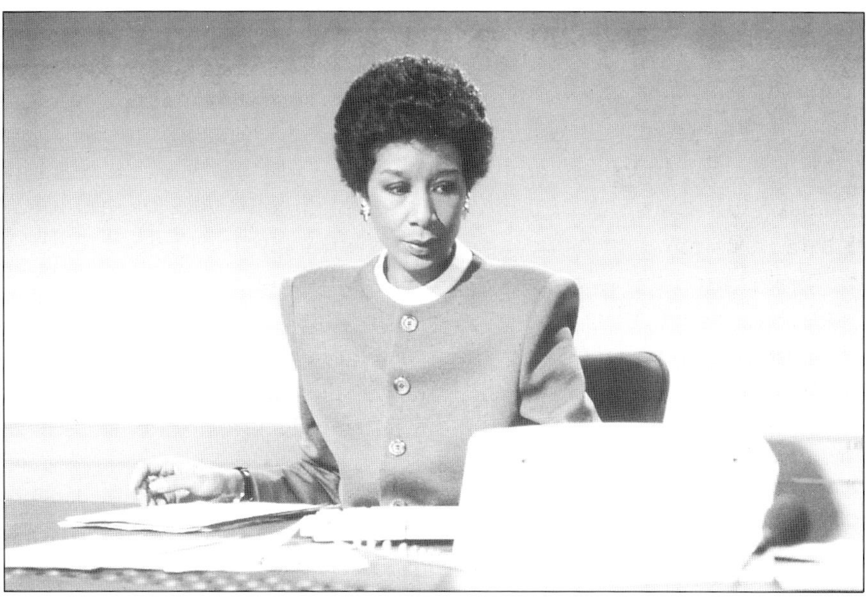

Moira Stuart, eine Sprecherin beim britischen Fernsehen, wirkt in dieser einfarbigen Jacke mit dem einfachen, sauberen Halsausschnitt elegant und professionell. So kann sich der Zuschauer ganz auf die Nachrichten konzentrieren, die sie vorliest. Bei «leichteren» Sendungen können Sie mehr Farbe tragen und ein paar Accessoires hinzufügen. Doch denken Sie immer daran, daß auch hier weniger mehr ist.

Wenn Sie der Meinung sind, daß eine einfach Jacke (in einer neutralen Farbe und ohne besondere Merkmale) zu langweilig ist, können Sie eine Kette oder Brosche in Mattgold oder Silber oder aber Perlenschmuck tragen, um Ihr Outfit etwas aufzupeppen. Vermeiden Sie Diamanté-Schmuck oder farbige Steine. Die Ohrringe sollten nie herabhängen, sonst lenken sie zu stark ab. Und wenn Ihr «Markenzeichen» ein Konglomerat klappernder Armreifen ist, sollten Sie diese vor Ihrem Auftritt ablegen, bevor der Toningenieur Sie erwürgt – mindestens in Gedanken.

DAS MAKE-UP IM FERNSEHSTUDIO

Niemand – weder Mann noch Frau – sollte je ohne Make-up vor der Kamera auftauchen. Es ist unerläßlich, um Sie in dem harten Licht der Lampen elegant, gesund und vor allem *menschlich* aussehen zu lassen. Treffen Sie nicht so spät im Studio ein, daß Sie keine Zeit mehr haben, sich von der Maskenbildnerin zurechtmachen zu lassen, außer wenn Sie sich aus jahrelanger Erfahrung selbst entsprechend vorbereiten können.

Viele glauben, daß viel und schweres Make-up nötig sei, damit jemand am Bildschirm gut aussieht. Das Gegenteil trifft zu! Sie brauchen zwar Grundierung, Abdeckcreme, Puder, Rouge, Mascara und Lippenstift, aber alle Farben müssen matt und subtil sein, um natürlich zu wirken. Tragen Sie auf gar keinen Fall Perlmuttfarben, leuchtende oder besonders dunkle Töne!

Bei Fernsehmoderatorinnen von Sendern in den Vereinigten Staaten fällt auf, daß sie Lipgloss über dem Lippenstift tragen. Für Europäer wirkt dies sehr grell und zieht den Blick des Zuschauers auf den Mund, wo doch die Augen im Mittelpunkt des Interesses liegen sollten. Übernehmen Sie diese amerikanische Gewohnheit daher lieber nicht.

Wenn Sie die folgenden Ratschläge befolgen, werden Sie vor der Kamera eine gute Figur machen:

Grundierung

Wenn Ihre Haut unregelmäßig und von der Struktur her uneinheitlich ist, brauchen Sie eine etwas schwerere Grundierung als gewöhnlich. Eine solche auf Wassergrundlage reicht möglicherweise nicht aus. Versuchen Sie es doch mit einer Creme als Grundlage, um das Gesicht besser abzudecken.

Wählen Sie eine Farbe, die einen Ton dunkler als Ihr natürlicher Hautton ist. Normalerweise sollte er Ihrem Hautton entsprechen (d.h. beim täglichen Make-up). Doch in der starken Studiobeleuchtung können Sie sehr blaß und abgespannt wirken, wenn Sie Ihren Hautton nicht ein wenig verstärken.

Abdeckcreme
Es ist sehr wichtig, den Bereich unter den Augen etwas heller zu gestalten, selbst wenn Ihre Augenringe im allgemeinen nicht besonders auffällig sind. Studioleuchten unter der Decke können Schatten unter den Augen sehr verstärken; daher sollten Sie diesen Bereich immer mit Abdeckcreme aufhellen.

Durchscheinender Puder
Es reicht nicht aus, den Puder leicht mit einem großen Pinsel aufzutragen. Drücken Sie ihn statt dessen leicht mit einer Puderquaste auf. Sie können dadurch etwas «mehlig» wirken, aber die Haut absorbiert den Puder bald, und in wenigen Minuten wirken Sie ganz normal.

Lidschatten
Vermeiden Sie bunt wirkende Farben wie Blau oder Grün. Weiche Brauntöne, zusammen mit einem natürlichen Highlighter, etwa weichem Rosa oder Apricot, wirken am schönsten. Wenn Sie Grautönen verwenden, wird man denken, Sie hätten am Abend zuvor ein «Veilchen» verpaßt bekommen. Daher halten Sie sich besser an die gedämpften Brauntöne, von Kakao über warmes Grau und Honigfarbe bis zu neutralem Braun.

Kajalstift und Mascara
Betonen Sie Ihre Augen am oberen und unteren Augenlid leicht mit einem weichen Kohlestift, aber wählen Sie nie Schwarz. Versuchen Sie es mit einem neutralen Braun, Efeu, Marine oder Pflaumenblau, je nachdem, was am besten zu Ihren Augen paßt.

Verwenden Sie Mascara großzügig, aber mit einer dünnen Schicht am oberen Wimpernkranz auf (nur Schwarz oder Braun). Lassen Sie die Tusche trocknen, bevor Sie die Wimpern bürsten. Tragen Sie eine zweite Schicht auf, wenn sie dichter oder länger wirken sollen.

Augenbrauen
Füllen Sie den Umriß mit einem gedämpften, braunen Lidschatten aus, den Sie leicht tupfend mit einer kurzborstigen Bürste auftragen. Dies wirkt natürlicher als mit einem Augenbrauenstift gezogene Linien. Zum Schluß bürsten Sie die Brauen mit einem Kämmchen, das Sie in Haar-Gel getaucht haben.

Rouge
Hier sollten Sie sehr zurückhaltend sein. Wählen Sie nur einen natürlichen Ton, der Ihre Farbgebung ergänzt. Lachs, Terracotta und ein blas-

ses Rosa sind besonders empfehlenswert. Achten Sie darauf, daß die Übergänge so natürlich wie möglich wirken.

Lippenstift
Da vor der Kamera Rot oder starke Pinktöne zu vermeiden sind, sollten Sie für Ihre Lippen einen weichen, neutralen Ton, aber keinen Perlmuttstift wählen. Eine bekannte Make-up-Künstlerin beim US-amerikanischen Fernsehsender CBS empfiehlt einen Farbton, der der Innenseite der Lippen entspricht. Ich bin der Meinung, daß Sie ruhig einen etwas fröhlicheren Ton wählen dürfen.

Als erstes pudern Sie die Lippen leicht, damit der Lippenstift besser haftet. Wählen Sie eine natürliche Grundierung in weichem Mauve, Mahagoni, bräunlichem Rosa oder Weinrot, und tragen Sie dann einen Tupfer helleres Lachsrosa oder kühleres Pink in der Mitte der Ober- und Unterlippe auf. Achten Sie darauf, daß die Farben gut ineinander übergehen.

Frischen Sie Puder und Lippenstift auf, wenn zwischen dem Schminken und Ihrem Auftritt längere Zeit vergeht. Damit sich beim Kaffee- oder Wassertrinken der Lippenstift nicht ablöst, sollten Sie die Tasse, bevor Sie einen Schluck nehmen, diskret mit der Zunge befeuchten. Die nasse Oberfläche verhindert, daß der Lippenstift an der Tasse haften bleibt.

IHRE FRISUR IM FERNSEHEN

Eine attraktive Frisur ist für ein gutes Fernsehimage sehr wichtig. Ihr Haar umrahmt Ihr Gesicht; daher sollten Sie sehr sorgfältig einschätzen, wie gut seine Form, Farbe und Struktur zur Geltung kommen, speziell vor der Kamera. Frisuren, die im Alltagsleben durchaus angebracht sind, können im Fernsehen katastrophal wirken.

Beantworten Sie jetzt folgende Frage: Wenn Sie heute abend im Fernsehen auftreten würden, wie würde dann Ihr Haar wirken? Berufstätige Frauen brauchen eine Frisur, die sie zwischen den alle vier bis sechs Wochen stattfindenden Besuchen bei einem guten Friseur leicht selbst pflegen können. Haben Sie als Trägerin von schönem, dichtem und langem Haar auch das Geschick, es hochzustecken oder hinten zusammenzunehmen? Wenn dies nicht aus Sie zutrifft, ist ein schicker, schulterlanger Haarschnitt, den Sie mit Haar-Gel oder Spray kontrollieren können, eher zu empfehlen.

Für das Fernsehen sollte Ihr Haar das Gesicht umrahmen; Sie sollten aber nicht in diesem Rahmen verschwinden. Passen Sie Ihre Frisur und Ihr gesamtes Erscheinungsbild dem Stil der betreffenden Sendung an, und Sie werden dem Publikum gefallen. Wenn Sie in einer Nachrichtensendung auftreten, sollte Ihr Äußeres ungekünstelt und nicht überladen wirken. Für eine Magazinsendung oder Talkshow hingegen hat ein strenger, einfacher Stil nicht genug Ausstrahlung.

Die Farbe ist sehr wichtig, damit Ihre Frisur zum Erfolg beitragen kann. Oft wirkt naturfarbenes, nicht koloriertes Haar tot und farblos vor der Kamera, selbst wenn es normalerweise sehr hübsch aussieht. Wenn Sie Ihr Haar nicht kolorieren wollen, können Sie es mit einer auswaschbaren Spülung versuchen, die Ihrer natürlichen Haarfarbe entspricht, um Ihrer Frisur vor einem Fernsehauftritt einfach etwas mehr Schwung zu verleihen.

Wenn Sie Ihr Haar bereits kolorieren lassen, sollten Sie den Wurzeln besondere Aufmerksamkeit schenken. Speziell Frauen mit platinblondem Haar müssen darauf achten, daß sie ihren Haaransatz regelmäßig nachfärben lassen, sonst wirkt ihr Haar schmutzig – selbst wenn sie es gerade gründlich gewaschen haben. Lassen Sie sich daher vor einem Fernsehauftritt einen Termin bei Ihrem Friseur geben.

Wenn Sie graues Haar haben, sollten Sie es nicht nur wegen eines Fernsehauftritts färben lassen. Gedämpfte Grautöne und selbst kraftvolles, graumeliertes Haar wirken im Fernsehen sehr schön.

Die künstlich gefärbten Blond-, Rot- und Orangetöne können im Fernsehen hingegen schrecklich aussehen. Die weicheren aschfarbenen Strähnchen bei blonden Frauen und die kastanienfarbenen Töne bei Brünetten wirken viel besser. Eine Frau mit natürlich rotem Haar sieht am Bildschirm immer prima aus.

BRILLEN

Allzuoft sieht man Menschen bei ihrem ersten Fernsehauftritt mit schlechtsitzenden, altmodischen Brillenrahmen. Meistens sind die Gläser nicht entspiegelt, so daß sie das helle Licht der Studiobeleuchtung reflektieren. Solche Brillen schaden Ihren Chancen, effektiv aufzutreten.

Doch viele Menschen fühlen sich ohne ihre Brille einfach nicht wohl. Obwohl der britische Premierminister John Major ohne Brille viel jünger und besser aussähe, gibt sie ihm offenbar ein Gefühl von Sicherheit. Und vielen anderen, Männern wie Frauen, ergeht es ebenso. Bisweilen kann eine attraktive Brille das Erscheinungsbild eines Menschen tatsächlich verbessern. Wieder andere, die eigentlich gar keine Sehhilfe brauchen, tragen eine Brille mit normalem Glas, weil sie sich davon ein reiferes, glaubwürdigeres Aussehen versprechen. Und viele Brillenträger trügen lieber Kontaktlinsen, können dies jedoch aus den unterschiedlichsten Gründen nicht tun.

Wenn Sie im Fernsehstudio eine Brille tragen müssen, wählen Sie ein attraktives Modell. Am Bildschirm sollte eine Brille nicht so modisch oder überladen sein, daß sie von Ihrem Gesicht ablenkt. Wählen Sie für den Rahmen also eine neutrale Farbe und einen durchsichtigen Steg. Ihre Augen sollten sich in der Mitte der Gläser befinden.

KONTAKTLINSEN

Viele Berufstätige haben sich für Kontaktlinsen entschieden, weil diese sie natürlicher und jünger wirken lassen. Wenn Sie allzu sorglos mit Ihrer Brille umgehen, so daß sie leicht zerkratzt und verbogen wird, oder wenn Sie sie öfter einmal verlieren und teuren Ersatz beschaffen müssen, dann sind Kontaktlinsen für Sie sicher besser geeignet.

Ihr Optiker kann Ihnen sagen, ob Kontaktlinsen für Ihre spezielle Sehschwäche geeignet sind. Wenn ja, haben Sie die Wahl zwischen durchsichtigen und farbigen Linsen. Es gibt Hunderte von Tönen, so daß Sie sogar braunen Augen einen blauen Schimmer verleihen können. Natürlich sind gefärbte Linsen opak und können die Augenfarbe wesentlich verändern. Die Wirkung von undurchsichtigen Linsen kann Ihr Gegenüber jedoch stark irritieren, da Ihre Augen so ins Zentrum der Aufmerksamkeit gerückt werden, daß die Kommunikation darunter leidet. Wenn Sie daher Ihre natürliche Augenfarbe verändern oder stärker betonen wollen, sollten Sie sich für durchscheinende Linsen entscheiden, bei denen die Veränderung nicht so offensichtlich ist.

Denken Sie daran, daß farbige Linsen nicht unbedingt zu Ihrer Garderobe und Ihrem Make-up passen. Die Augenfarbe ist von größter Bedeutung dafür, welche Kleider-, Haar- und Make-up-Farbe Ihnen am besten stehen. Wenn Sie also Ihre Augenfarbe mit Hilfe von Kontaktlinsen in verschiedenen Farben stark verändern wollen, denken Sie auch an die anderen Investitionen, die für Ihr neues Image noch anfallen.

DIE KÖRPERSPRACHE

Neben den bereits aufgeführten gibt es noch weitere Dinge, die Sie vor einem Interview, das erfolgreich verlaufen soll, beachten sollten.

Ihre Haltung

Viele Fernsehstudios sind mit niedrigen, bequem gepolsterten Sofas und Sesseln ausgestattet. Das erweist sich für die meisten Anfänger buchstäblich als Fallgrube, da sie sich automatisch wie zu Hause hinsetzen und weit hinten in den Polstern versinken. Wenn Sie so natürlich in einem Sessel oder auf einem Sofa im Fernsehstudio sitzen, verlieren Sie alle Energie und Glaubwürdigkeit.

Setzen Sie sich im Sessel ziemlich weit nach vorne und beugen Sie sich leicht vor, wobei Ihr Rücken so gerade wie möglich sein sollte. Wenn Sie klein sind und das Gefühl haben, daß der angebotene Sitz Sie kleiner als den Moderator erscheinen läßt, sollten Sie um einen höheren Sessel mit einem festen Sitzkissen bitten. Wenn man auf diese Bitte nicht eingeht, *bestehen* Sie darauf! Schließlich sind Sie als Gast in die Fernsehanstalt eingeladen worden, und man sollte die Höflichkeit besitzen, Sie als solchen zu behandeln. Außerdem ist es im Interesse des Programms, daß Sie klar sichtbar sind! Achten Sie also darauf, daß die Bedingungen so vorteilhaft wie möglich sind, damit Ihr Auftritt positiv verläuft.

Gesichtsausdruck und Gestik

Die Atmosphäre in einem Fernsehstudio ist nüchtern und eher einschüchternd. Von allen Seiten ist man von diversen technischen Geräten umgeben, geschäftige Assistenten eilen umher, rüsten Sie mit Mikrophonen aus, schicken Sie hierhin und dorthin und geben Ihnen Anweisungen. Da ist es nur verständlich, daß Sie inmitten all dieser Aktivitäten erstarren und in die Kamera blicken wie ein geblendetes Reh in die Scheinwerfer eines Autos.

Holen Sie ein paarmal tief Luft, bevor Sie sich (etwas vorgebeugt und gerade) hinsetzen und den Moderator anlächeln. Lassen Sie sich von den Kameras nicht ablenken, und versuchen Sie nicht, direkt in eine Kamera zu sprechen. Sie werden sich mit dem Moderator und möglicherweise mit anderen Gästen unterhalten. Versuchen Sie sich vorzustellen, daß dieses Gespräch bei Ihnen zu Hause oder in Ihrem Büro stattfindet; und dennoch sollten Sie sich nicht zu sehr entspannen: Denken Sie daran, daß Sie eine Botschaft zu vermitteln haben.

Wenn es sich um ein ernstes Thema handelt, wirken Sie eher einfältig, wenn Sie die ganze Zeit über ein Lächeln aufsetzen. Sie wollen seriös und glaubwürdig aussehen, nicht streng. Hin und wieder sollten Sie jedoch ruhig lächeln, damit Sie die Sympathie der Zuschauer gewinnen.

Bei Interviews mit lockerem Unterton sollten Sie fast die ganze Zeit über lächeln, selbst wenn dies nicht Ihrem Naturell entspricht. Mein Mund beispielsweise zieht sich an den Winkeln (wie bei vielen Menschen) nach unten. Wenn ich einen unbestimmten Gesichtsausdruck zur Schau trage, wirkt dies auf andere, als ob ich verärgert wäre. So zeige ich bei Fernsehinterviews ein wirkungsvolles Lächeln und sehe freundlich aus, obwohl es für mich fast unerträglich ist, denn ich komme mir dabei ziemlich dumm vor. Heute werden ja auch die meisten Moderatoren aufgrund ihres Aussehens verpflichtet: Sie alle haben von Natur aus nach oben gezogene Mundwinkel!

Sie müssen nicht nur Augenkontakt zum Fernsehmoderator halten, ein freundliches Gesicht zeigen und die richtige Sitzhaltung einnehmen, sondern auch Gesten einsetzen, die offen sind. Manche Gäste, die nervös sind, kreuzen die Arme, was defensiv wirkt. Und wenn Sie an einem Tisch oder Schreibmöbel sitzen und die Hände unter der Tischplatte verstecken, können Sie davon ausgehen, daß die Zuschauer gleich wissen, daß Sie sie insgeheim nervös ringen! Ihre Hände sollten gut sichtbar sein, denn ohne sie wirken Sie unnatürlich.

Bei besonderer Nervosität können Sie Ihre Hände zu Anfang falten, doch dann sollten Sie sie langsam öffnen, um Ihre Ansichten zu unterstreichen. Hüten Sie sich jedoch davor, wild mit den Armen herumzurudern – dies passiert manchmal, wenn Studiogäste sich von der eigenen Begeisterung zu stark mitreißen lassen. Den Zuschauern kann das sehr irritieren. Hände können auch unverhältnismäßig groß wirken, wenn man sie in Richtung Kamera ausstreckt! Vermeiden Sie den predigenden, erhobenen Zeigefinger oder aggressive, schneidende Bewegungen durch die Luft, um das Gesagte zu betonen. Halten Sie die Handflächen leicht nach oben oder in einem leichten Winkel zur Seite gerichtet; so bieten Sie den Anblick eines Menschen, dessen Standpunkt berücksichtigt werden sollte. Achten Sie vor Ihrem Auftritt immer darauf, daß Ihre Hände und Nägel so wohlgepflegt sind wie Ihr übriges Äußeres.

Kapitel 13

Eine Karriere im öffentlichen Leben

Wenn Sie in Ihrer Karriere erfolgreich sind, bietet sich oft die Möglichkeit, ein öffentliches Amt zu bekleiden: Vielleicht übernehmen Sie ehrenamtliche Aufgaben, etwa als Mitglied einer wohltätigen Einrichtung, in der Elternvereinigung einer Schule oder im Vorstand eines Krankenhauses. Oder Sie üben ein öffentliches Amt aufgrund einer Wahl aus, das Sie halbtags oder sogar voll in Anspruch nimmt.

Gerade Politiker wissen, daß Ihr Image genauso wichtig ist wie das, was sie vertreten, wenn sie eine erfolgreiche Karriere in einem politischen Amt anstreben. Selbst wer öffentlich die Bedeutung eines guten Images bestreitet (aus Angst, die Wähler könnten glauben, sie nähmen ihren Job nicht ernst), konzentriert sich insgeheim genauso stark auf die Präsentation wie auf die Formulierung seiner politischen Vorstellungen. Sie wissen, daß diese Professionalität in der modernen Politik erforderlich ist. Der Politiker ist ein Medium, um Probleme zu erklären und Lösungen vorzuschlagen. Er verkauft seine Botschaft und wird dabei selbst zu einem Teil davon.

Jeder, der im öffentlichen Leben steht, sei es ein Aktivist, der sich mit einer bestimmten Problematik befaßt, oder ein gewählter Politiker, weiß um die Bedeutung der Fernsehpräsenz. Viele meistern dieses Problem gekonnt, während andere der Herausforderung ausweichen und schnell wieder in Vergessenheit geraten. Parteiführer und Firmen, die das Medium Fernsehen effizient für ihre Zwecke nutzen, stehen in der Regel auf der Gewinnerseite.

In den USA wurde das Fernsehen zum erstenmal in den fünfziger Jahren zur politischen Bühne. Damals wurde aus dem Kongreß eine Diskussion zum organisierten Verbrechen übertragen. Diese Fernsehübertragung machte den Vorsitzenden des Untersuchungsausschusses, den bescheiden auftretenden Senator Estes Kefauver aus den Südstaaten, zu einer wahren Kultfigur. Beim Wahlkampf zwischen John F. Kennedy und dem damaligen Vizepräsidenten Richard Nixon, der ersten derartigen Fernsehdiskussion zwischen den Kandidaten um das Amt des Präsidenten der Vereinigten Staaten, unterlag der durchaus erfahrene und wohl auch besser vorbereitete Nixon gegen den jungen Emporkömmling aus dem Kennedy-Clan. Sein Hauptfehler bestand darin, daß er sich ganz auf seine politischen Vorteile verlassen und sogar geweigert hatte, sich für seinen Fernsehauftritt zurechtmachen zu lassen: So trug er die falschen Farben und wirkte ohne Schminke blaß und kraftlos. Kennedy hingegen trug nicht nur die richtige Kleidung, er hatte sich vor dem Fernsehauftritt auch schminken lassen. Ja, er ließ sich sogar zu Körpersprache und Gestik beraten, um wie ein Siegertyp zu wirken. Und die amerikanische Öffentlichkeit reagierte mit Begeisterung auf seinen Auftritt!

Alle führenden Persönlichkeiten in der Weltpolitik unserer Epoche haben ihre eigenen Berater; diese schreiben ihnen nicht nur denkwürdige Reden, sondern unterrichten sie auch in der Schauspielkunst, um ihre Vortragsweise zu verbessern, und geben ihnen Richtlinien für die richtige Kleidung, die ein vitales Äußeres vermitteln. Harold MacMillan unterzog sich als erster Premierminister einer gründlichen Überholung seines Äußeren, als das Fernsehen die britische Politik entdeckte. Lyndon B. Johnson, an den man sich nicht in erster Linie wegen seines guten Aussehens erinnert, ließ seine Hemdkragen um einige Zentimeter erweitern, um seinen auffälligen Adamsapfel zu verbergen. Einer seiner Nachfolger, Jimmy Carter, zeigte sich Ende der siebziger Jahre während der Ölkrise bei seinen im Fernsehen übertragenen Kamingesprächen in Wollpullovern, um seinen Landsleuten überzeugend zu vermitteln, daß sie die Heizung herunterdrehen und sich dafür wärmer anziehen sollten – so wie es offensichtlich auch die Familie Carter im Weißen Haus tat.

Fasziniert beobachtete man ein Jahrzehnt später die langsame, aber um so gründlichere Veränderung bei Großbritanniens erster Premierministerin. Angefangen bei der Sprechweise von Maggie Thatcher – man riet ihr, die Stimme zu senken und energischer zu sprechen – bis hin zu Farbe und Frisur, Make-up und Kleidung vollzog sich vor unseren erstaunten Augen eine fortschreitende Feinabstimmung.

Selbst ihr Nachfolger, der sich selbst schon als «abgrundhäßlich» beschrieb, hat sich Rat geholt. Man hält es kaum für möglich, aber John Majors charmant nichtssagendes Äußeres ist das Ergebnis einer äußerst diskret vorgenommenen Auftakelung. Die düsteren grauen Anzüge wurden durch Chester-Barries-Anzüge von höchster Qualität ersetzt, die Krawatten sind nicht mehr ganz so konservativ wie einst, die blauen Hemden, die seinen Bartwuchs unterstrichen haben, haben jetzt eine rosafarbenen oder gedämpft weißen Ton, und die Gläser seiner Brille wurden durch entspiegelte ersetzt. Zugegeben, die Wirkung dieser Veränderungen kann mit dem Ausdruck «bescheiden» umschrieben werden, aber zu größeren Schritten ist der britische Premier gegenwärtig nicht bereit.

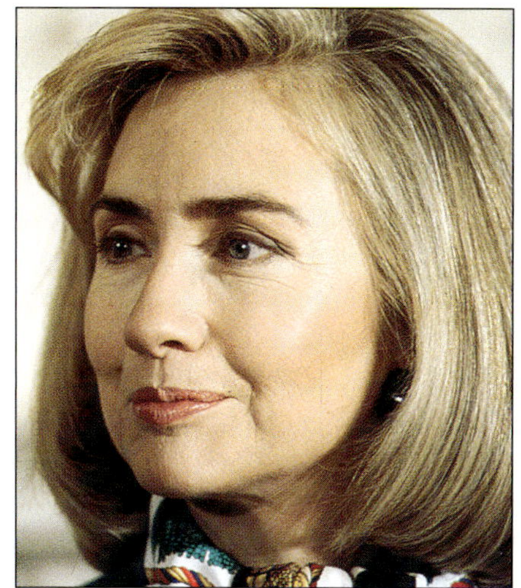

Hillary Clinton in früheren Jahren *(links)* und nach ihrer Metamorphose zur Präsidentengattin *(rechts)*.

DIE LEBENSPARTNER DER POLITIKER IM RAMPENLICHT

Die Gefährten von Politikern – im allgemeinen sind es die Ehefrauen – müssen sich immer häufiger Kommentare zu ihrem Erscheinungsbild gefallen lassen. Man gibt ihnen unverblümt zu verstehen, daß sie mit ihrem Outfit dem Image ihres Landes im Ausland helfen oder schaden. Ehefrauen großer Politiker werden sogar zusammen fotografiert und nach ihrem modischen Aussehen bewertet.

So mußte Amerikas First Lady Hillary Clinton ihr Image während des Wahlkampfes um die Präsidentschaft von 1992 von Grund auf überholen lassen, da ihre strenge Wirkung als «Karrierefrau» nach Meinungsumfragen ihrem Mann Wählerstimmen kostete. Die früher getragene unästhetische Brille wurde durch Kontaktlinsen ersetzt und das von Natur aus mausgraue Haar goldblond aufgehellt; ihre früher recht formlosen Kostüme ersetzte man durch körperbetontere aus Strickstoff.

Man riet Hillary sogar, mit ihrem Rezept für Schokoladekuchen gegen die amtierende First Lady, die mütterlich wirkende Barbara Bush, anzutreten – und die Rechtsanwältin gewann den friedlichen Wettstreit zur Überraschung aller, die der jugendlich wirkenden Senatorsgattin aus Little Rock (Arkansas) nur geringe Chancen eingeräumt hatten – ein Mosaikstein für das positive Image des später gewählten Präsidenten.

SO BAUEN SIE IMAGE IN DER ÖFFENTLICHKEIT AUF

Wenn Sie sich auf eine Rolle im öffentlichen Leben vorbereiten wollen, sollten Sie sich rechtzeitig überlegen, was geändert werden muß, bevor Sie im Scheinwerferlicht stehen. Was Sie sich zuletzt wünschen, ist eine allgemeine Diskussion Ihres Aussehens oder Ihrer Bekleidung. Ein gutes Image in der Öffentlichkeit ist vielleicht nicht der Hauptgrund, warum man Ihnen eine Aufgabe überträgt, doch es hat sicherlich Anteil daran, daß man Ihnen zuhört und möglicherweise auch glaubt. Es überbrückt die Kluft, die zu Menschen einer anderen Altersgruppe oder mit anderem sozialem Hintergrund besteht, und das ist von größter Bedeutung, egal ob es sich um einen Politiker, einen Firmenvertreter oder das Mitglied einer Wohltätigkeitsorganisation handelt.

Die erste Herausforderung beim Aufbau eines Images, das in der Öffentlichkeit *für* und nicht *gegen* Sie arbeitet, besteht darin, alles Störende zu entfernen oder dafür eine bessere Lösung zu finden: für eine zu prägnante Frisur, eine Zahnlücke, eine irritierende Angewohnheit in der Gestik oder eine unvorteilhafte Stimme.

SPEZIELLE RATSCHLÄGE FÜR IHR IMAGE

Lassen Sie Ihr Erscheinungsbild überprüfen

Wenn Sie Ihr Äußeres nicht objektiv beurteilen können, sollten Sie eine Vertrauensperson fragen, was Sie ändern sollten, um Ihr Image zu verbessern. Schenken Sie Ihrem Gesicht besondere Aufmerksamkeit, da es gerade auch bei Fernsehinterviews besonders exponiert ist. Sind Sie wirklich erstklassig gepflegt? Ist Ihre Haut bei bester Gesundheit, oder wäre es an der Zeit, eine Kosmetikerin aufsuchen?

Gehen Sie dreimal pro Jahr zum Zahnarzt, damit Ihre Zähne in Ordnung gebracht und so weiß wie möglich sind. Überlegen Sie, ob Sie beispielsweise bei schlechten Zähnen eine Krone einsetzen lassen sollten.

In Ihren Augen liegt das gewisse Etwas

Ihre Augen sind von größter Bedeutung für Ihre Wirkung in der Öffentlichkeit. Machen Sie wirklich das Beste daraus? Betonen Sie sie immer mit einem Kajalstift und gedämpftem Lidschatten. Ziehen Sie die Augenbrauen nach und tragen Sie immer Mascara. Zupfen Sie unschöne Härchen zwischen den Brauen aus oder lassen Sie sie mit Wachs entfernen, um gepflegter zu wirken. Achten Sie darauf, daß Ihre Brille entspiegelt und nicht getönt ist, da man Ihre Augen sehen kann.

Jedes Haar am rechten Platz

Wenn Ihr Haar sich nur schwer unter Kontrolle bringen läßt, sollten Sie sich von einer Fachperson beraten lassen und einen besseren Schnitt in Betracht ziehen. Eventuell ist eine Dauerwelle oder eine andere Behandlung die Lösung. Wenn Ihr Haar ergraut und der Ton Ihnen nicht zusagt, sollten Sie an eine Farbspülung denken, die Ihrer natürlichen Farbe entspricht. Verwenden Sie bei feinem Haar täglich Haarspray, um es zu fixieren. Dichtes Haar sollten Sie kurzgeschnitten tragen. Verreiben Sie etwas Gel zwischen den Handflächen und «durchkämmen» Sie Ihre Haare leicht mit den Fingern , damit die Frisur sitzt, aber bei Bewegungen doch noch mitschwingt.

Tun Sie etwas für Ihre Fitness!

Ein schwerfälliger, lethargischer Mensch kann nicht einfach Fitneß vortäuschen, indem er sich in der Öffentlichkeit etwas schneller bewegt. Sie müssen wirklich gut im Schuß (nicht unbedingt besonders schlank) sein und Energie an den Tag legen, die man nur auf gute Ernährung, ausreichenden Schlaf und sportliche Betätigung zurückführen kann. Viel zu oft machen sich Menschen, die öffentliche Ämter bekleiden, zu Sklaven ihres Terminkalenders. Solche Sünden hinterlassen schließlich ihre Spuren, und schon aus diesem Grund sollten Sie Ihr Leben in die eigenen Hände nehmen. Ihr täglicher Zeitplan sollte sportliche Betätigung ebenso erlauben wie Pausen zur Erholung.

Wenn Sie wirklich erschöpft sind, sollten Sie versuchen, mindestens ein Wochenende auf einer Schönheitsfarm zu verbringen, um sich zu entspannen und verwöhnen zu lassen. Vergessen Sie ein Wochenende lang die beruflichen Probleme und entspannen Sie sich zwei Tage völlig, ohne irgendetwas Verpflichtendes zu tun.

Zeigen Sie Persönlichkeit!

Wenn Sie einen Auftritt in der Öffentlichkeit vor sich haben, sollten Sie sich von allen anderen Personen etwas abheben. Bringen Sie immer einen Farbtupfer in den grauen Alltag, außer natürlich bei traurigen Anlässen.

Wirken Sie zugänglich auf andere

Wenn Sie eine Gruppe oder ein Unternehmen offiziell vertreten, sollten Sie so zugänglich wirken, daß andere sich vorstellen könnten, auf Sie zuzugehen und Ihnen eine Frage zu stellen oder ein Gespräch mit Ihnen anzufangen. Schauen Sie nicht zu ernst drein. Nehmen Sie auch sich selbst nicht so tierisch ernst, sonst wirken Sie abweisend gerade auf *die* Menschen, die Sie eigentlich für sich gewinnen wollen.

Achten Sie immer auf Ihre Sitzhaltung, Ihre Gestik und Ihren Gesichtsausdruck. Setzen Sie sich nicht so steif hin, als ob Sie einen Stock verschluckt hätten. Beugen Sie sich vor, verändern Sie Ihre Sitzposition leicht, neigen Sie den Kopf zur Seite, wenn Sie zuhören, und lächeln Sie, wenn sich die Gelegenheit ergibt und es angebracht ist. Berühren Sie ruhig die Menschen, mit denen Sie zusammentreffen (keine übertriebenen Umarmungen oder Küsse). Strecken Sie ihnen die Hand entgegen, berühren Sie Ihr Gegenüber am Oberarm oder drücken Sie leicht eine Hand, um zu zeigen, daß Sie auf Menschen zugehen. Eine einfache Berührung bringt zum Ausdruck, daß der einzelne für zählt, und man wird entsprechend positiv auf Sie reagieren.

Wenn man Sie zu einem Fernsehinterview für eine Wochenendsendung einlädt, sollten Sie nicht in einem geschäftsmäßigen Kostüm auftreten. Die Menschen, die Sie zu Hause auf dem Bildschirm sehen, tragen wahrscheinlich Freizeitkleidung. Natürlich können Sie nicht in einem Jogging-Anzug erscheinen, wenn es sich nicht gerade um eine Sportveranstaltung handelt, aber geben Sie sich ruhig etwas salopper. Tragen Sie einen legeren Rock und eine hübsche Bluse oder, wenn Hosen Ihnen stehen und Ihrem Stil eher entsprechen, können Sie ein elegantes Paar zusammen mit einem bunten Strickoberteil anziehen. Make-up und Frisur müssen jedoch auch in diesem Fall erstklassig sein.

Ein Nachwort auf den weitern Lebensweg

«Sich selbst treu bleiben»

Damit sind wir auf den letzten Seiten dieses Buches angekommen. Unsere neuesten Ratschläge, wie Sie sich im Beruf am besten präsentieren, liegen vor Ihnen. Ich hoffe, daß Sie zumindest einige der vielen Tips in diesem Buch in die Tat umsetzen werden. Denn wenn Sie Ihr heutiges Erscheinungsbild nicht ehrlich analysieren, die Frage, wie Sie auf andere wirken und in welchen Bereichen Sie Ihr Image verbessern müssen, ehrlich beantworten, wie können Sie sich dann weiterentwickeln? Erwarten Sie nicht, daß andere Ihre Fähigkeiten erkennen, wenn Sie sie selbst verleugnen, indem Sie an einem negativ belasteten Image festhalten.

Ich hoffe, daß Sie jetzt wissen, in welche Richtung Sie sich entwickeln und was Sie als erstes unternehmen müssen. Vielleicht schreiben Sie sich für einen Kurs ein, in dem Ihre Präsentationsfähigkeiten geschult werden, damit Sie Ihre Angst vor Reden in der Öffentlichkeit verlieren, jetzt wo Sie erneut gesehen haben, wie wichtig dies für Ihre zukünftige Karriere ist. Vielleicht habe ich Sie dazu inspiriert, in eine langweilige Garderobe etwas mehr Schwung hineinzubringen, weil Sie erkannt haben, daß Ihre Kleidung Ihrer Persönlichkeit nicht gerecht wird. Mit den vorliegenden Richtlinien für Farb- und Stilwahl und den Aufbau einer harmonischen Garderobe können Sie Ihr Erscheinungsbild im Rahmen Ihrer finanziellen Möglichkeiten auf einfache Weise aufpolieren.

Akzeptieren Sie zumindest, daß Ihr Image Sie zwar bisher nicht ganz im Stich gelassen hat, daß aber für die Zukunft ein etwas anderes Erscheinungsbild gefragt ist, wenn Sie weiterhin Erfolg haben wollen. Ein etwas intensiverer Blick auf die Details Ihrer Ausstattung muß im Laufe Ihrer Karriere immer wieder einmal erlaubt sein. Ruhen Sie sich also nie einfach auf den bisher errungenen Lorbeeren aus. Unternehmen Sie etwas gegen die Schwächen in Ihrem Outfit, gegen alle Hemmnisse, die Ihrem Erfolg im Wege stehen könnten.

Schließlich sollten Sie daran denken, daß die Verpackung und die Kunst, sich selbst zu präsentieren, mit Ihrer ganzen Persönlichkeit im Einklang sein muß. Ein neues Image wird Sie nicht zu einem anderen Menschen machen; vielmehr trägt es dazu bei, daß *Ihr wahres Ich* stärker hervortritt. Ein verbessertes Image kann Ihr Selbstvertrauen beträchtlich steigern, doch es kommt ganz allein auf *Sie* an, die Sache zu einem guten Ende zu führen.

Wenn meine Ratschläge Ihnen helfen, bisher verschlossene Türen aufzustoßen, früher nie in Angriff genommene Hürden zu überspringen, und Sie dabei – und das ist das Wichtigste – für sich selbst ein besseres Gefühl haben, dann hat sich die Mühe für mich gelohnt. Ich wünsche Ihnen für die Zukunft alles Gute!

Bildnachweis

Umschlagfoto Iain Philpott
Seiten 13, 28 Fotos: Iain Philpott
Seite 31 COLOR ME BEAUTIFUL, Fotostudio Ernest W. Gruber, Salzburg, © HALLWAG AG, Bern
Seite 34 Foto mit freundlicher Genehmigung von THE BODY SHOP PLC
Seiten 48, 50, 52, 54, 56 und 58 Fotos © REX FEATURES
Seiten 49, 51, 53, 55, 57 und 59 Fotos: John Steward
Seite 61 COLOR ME BEAUTIFUL, Fotostudio Ernest W. Gruber, Salzburg, © HALLWAG AG, Bern
Seite 87 COLOR ME BEAUTIFUL, Fotostudio Ernest W. Gruber, Salzburg, © HALLWAG AG, Bern
Seite 90 COLOR ME BEAUTIFUL, Fotostudio Ernest W. Gruber, Salzburg, © HALLWAG AG, Bern
Seite 92 *Links:* Schuhe von MARKS & SPENCER; *rechts:* Schuhe von BALLY. Fotos: Iain Philpott
Seite 95 *Links und Mitte:* Rock von NEXT, Oberteil von MARKS & SPENCER; *rechts:* Jacke Jacke von NEXT, Tuch von COLOR ME BEAUTIFUL, Ohrringe von KENNETH JAY LANE. Fotos: Iain Philpott
Seite 97 Foto: Iain Philpott
Seite 98 Jacken und Hose von MARKS & SPENCER. Fotos: Iain Philpott
Seite 100 *Oben:* Weste und Hose von MARKS & SPENCER; *unten links:* Kostüm von FABRICE KAREL; *unten rechts:* Cardigan und Rock von MARKS & SPENCER, Ohrringe und Kette von KENNETH JAY LANE. Fotos: Iain Philpott
Seite 101 *Oben links und rechts:* COLOR ME BEAUTIFUL, Fotostudio Ernest W. Gruber, Salzburg, © HALLWAG AG, Bern; *unten links und rechts:* Fotos: Iain Philpott
Seite 103 Fotos: Iain Philpott
Seite 104 *Links:* Kleid und Jacke von MARKS & SPENCER; *rechts:* Kleid von MARKS & SPENCER, Tuch von COLOR ME BEAUTIFUL, Ohrringe und Brosche von KENNETH JAY LANE. Fotos: Iain Philpott
Seite 105 Foto: Iain Philpott
Seite 112 Rock und Oberteil von MARKS & SPENCER. Fotos: Iain Philpott
Seite 115 Schuhe von BALLY. Fotos: Iain Philpott
Seite 118 Foto: Iain Philpott
Seite 120 *1.* Twinset von MARKS & SPENCER; 2. Jacke und Bluse von NEXT, Ohrringe von WORLD GOLD COUNCIL; *3. wie 2. oben,* mit Tuch von COLOR ME BEAUTIFUL. Fotos: Iain Philpott

Seite 124 Fotos mit freundlicher Genehmigung von Dentics, kosmetische Zahnstudios und Geschäfte

Seite 137 *Oben:* Foto © Telegraph Colour Library; *unten:* Foto © Tony Stone Photolibrary London.

Seite 142 Foto © Tony Stone Photolibrary London.

Seite 155 Er trägt einen Anzug von Hugo Boss bei Austin Reed; sie trägt eine Jacke und einen Rock von JH Collectibles bei Selfridges, Tuch von Options bei Austin Reed. Fotos: Iain Philpott

Seite 165 Foto © BBC News and Current Affairs

Seite 175 Fotos © Rex Features

Stichwortverzeichnis

Kursiv gesetzte Seitenzahlen beziehen sich auf die Illustrationen, fettgedruckte auf Schwerpunkte im Text.

Kennen Sie Ihre ganz persönlichen Farben?

Nun haben Sie eine Fülle an Informationen über professionelles Styling. Kennen Sie jedoch auch Ihre ganz persönlichen Farben? Denn Kleider machen Leute, und Farben betonen Ihren Typ. Für die praktische Anwendung und den gezielten Einkauf bietet Ihnen *Color Me Beautiful* das exklusive und handliche Image-Etui. Neben interessanten Tips und Information finden Sie darin Ihre ganz persönlichen Farben als Original-Stoffmuster.

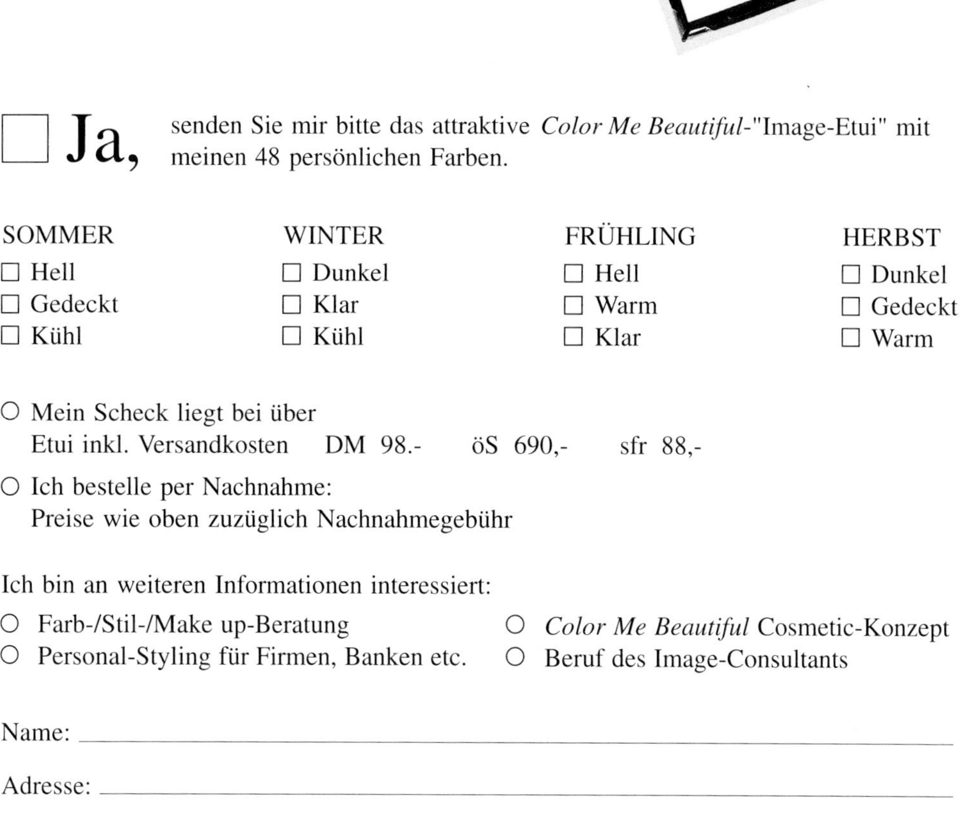

☐ **Ja,** senden Sie mir bitte das attraktive *Color Me Beautiful*-"Image-Etui" mit meinen 48 persönlichen Farben.

SOMMER	WINTER	FRÜHLING	HERBST
☐ Hell	☐ Dunkel	☐ Hell	☐ Dunkel
☐ Gedeckt	☐ Klar	☐ Warm	☐ Gedeckt
☐ Kühl	☐ Kühl	☐ Klar	☐ Warm

○ Mein Scheck liegt bei über
Etui inkl. Versandkosten DM 98.- öS 690,- sfr 88,-

○ Ich bestelle per Nachnahme:
Preise wie oben zuzüglich Nachnahmegebühr

Ich bin an weiteren Informationen interessiert:

○ Farb-/Stil-/Make up-Beratung
○ Personal-Styling für Firmen, Banken etc.
○ *Color Me Beautiful* Cosmetic-Konzept
○ Beruf des Image-Consultants

Name: ____________________

Adresse: ____________________

Telefon: ____________ Datum/Unterschrift ____________

Deutschland: Hollerallee 29 · D-28209 Bremen Telefon 04 21 / 347 78 77 · Telefax 04 21 / 347 77 65
Österreich: Postfach 48 · A-5101 Bergheim · Telefon 0 62 23 / 32 89 · Telefax 0 62 23 / 32 89
Schweiz: Postfach 637 · CH-8021 Zürich · Telefon 01 / 915 41 61 · Telefax 01 / 915 41 67

... oder haben Sie noch Fragen?

Die persönliche *Farbberatung*

Sind Sie ganz sicher, die richtige Farbbestimmung getroffen zu haben? Wenn nicht, rufen Sie uns einfach an - wir nennen Ihnen gerne unseren ausgebildeten Image-Consultant in Ihrer Nähe. Das Erlebnis der persönlichen Beratung bietet Ihnen:

- die persönliche Farbanalyse
- die individuelle Checkliste mit Anregungen (z.B. welche Farbe zu welchem Anlaß, Kombinationstips)
- das exklusive und handliche Stoffmusteretui mit Ihren 48 individuellen Farben
- Ratschläge und Tips für den persönlichen Einkauf

Rufen Sie uns an:
Tel: 04 21 / 347 78 77

Die persönliche *Stil- & Make-up Beratung*

Sie wissen, daß die richtigen Farben nur einen Teil Ihres Images darstellen.
Korrektes Make-up und passender Stil haben jedoch eine ebenso große Bedeutung. In einer persönlichen Beratung bei einer unserer geschulten Consultants ganz in Ihrer Nähe erfahren Sie alles zu folgenden Themen:

- individuelle Analyse des persönlichen Stils
- Besprechung der Schnitte, Materialien, Muster und Details
- Beratung zu Kombinationsmöglichkeiten und zur Garderobenplanung für Beruf und Freizeit
- Gemeinsames Besprechen der Unterlagen (Ergänzung zu Ihrem Exklusiv-Etui)
- Ihr optimales Make-up, abgestimmt auf Sie
- Die richtige Schminktechnik, Tages- u. Abend-Make-up
- Ratschläge zu Frisur und Brille sowie Ideen für einen neuen, anderen Look
- Die *Color Me Beautiful*-Cosmetic-Linie

Rufen Sie uns an - *Color Me Beautiful* Beratungen sind sowohl einzeln wie auch gemeinsam zu buchen.
Tel: 04 21 / 347 78 77

Das erfolgreiche *Personal-Styling*

Der erfolgreiche Weg in die Chefetage führt über Personal-Styling.
Sie möchten immer den besten Eindruck hinterlassen, egal was Sie oder Ihre Mitarbeiter repräsentieren oder verkaufen - Personal Styling heißt das Zauberwort.

Wenn Sie mehr über diese *Color Me Beautiful*-Seminare wissen wollen, rufen Sie uns an:
Tel: 04 21 / 347 78 77

Diese Visitenkarte ...

... haben nur ausgebildete *Color Me Beautiful*-Consultants. Nur diese Beraterinnen dürfen im Namen von *Color Me Beautiful* Beratungen durchführen. Achten Sie darauf, denn ihre fortlaufende Schulungen und ihre erstklassige Qualifikation garantieren Ihnen optimale, persönliche Beratung und Service. *Color Me Beautiful*-Consultants gibt es weltweit. In Deutschland, in Österreich und in der Schweiz finden Sie unsere Consultants unter folgenden Adressen:

Color Me Beautiful®
IMAGE CONSULTANTS
IMAGE CONSULTANTS · DEUTSCHLAND · ÖSTERREICH · SCHWEIZ
D-28209 Bremen, Hollerallee 29, Tel. 0421/3477877, Fax. 3477765

Color Me Beautiful bildet laufend in Seminaren und Trainings neue Consultants aus. Daher kann diese Liste nur zum Zeitpunkt des Druckes aktuell sein. Für nähere Informationen rufen Sie unsere Zentrale an: Telefon 04 21 / 347 78 77 Telefax 04 21 / 347 77 65

Deutschland

D-01454 Radeberg
Petra Erdmann
Waldstr. 7
Tel. 03528/44 27 77

D-01324 Dresden
Küntzelmannstr. 11
Tel. 0351/3 64 65

D-01445 Radebeul
Uta Hertzschuch
Borstr. 43
Tel. 0172/35 83 576

D-04249 Leipzig
Erika Hotho
Fuchspfad 1
Tel. 0341/47 83 264

D-10243 Berlin
Susanne Wollnik
Fredersdorfer Str. 11
Tel. 030/588 80 22

D-10623 Berlin
Susanne B. Benthaus
Marburger Str. 3
Tel. 030/213 99 24
Tel. 030/313 97 80

D-10719 Berlin
Eva Maria Bradtke-Schacher
Uhlandstr. 61
Tel. 030/86 11 981

D-12049 Berlin
Nuran Irgi
Hermannstr. 206
Tel. 030/622 38 43

D-14052 Berlin
Christine Kötters
Reichsstr. 37
Tel. & Fax 030/304 71 17

D-14052 Berlin
Renate Radtke
Warnenweg 9
Tel. 030/302 47 76

D-14165 Berlin
Sabine Woysch
Sachtlebenstr. 29
Tel. 030/815 54 52
Tel. 030/815 85 42

D-16352 Schönerlinde
Sylvia Berschneider
Mühlenbeckerstr. 25
Tel. 030/94 83 483

D-20354 Hamburg
Regina Bolgen
Marriot Hotel Hbg
Beauty Farm
ABC-Str. 52
Tel. 040/34 34 77

D-23858 Reinfeld
Regina Bolgen
Bahnhofstr. 10
Tel. & Fax 045/33 27 64

D-21376 Salzhausen
Maike Tadsen
Kreuzweg 40
Tel. 04172/78 59

D-22301 Hamburg
Anke Pesci
Poßmoorweg 21 B
Tel. 040/270 10 57

D-22399 Hamburg
Alexa Hengstenberg M.A.
Weidenkoppel 16a
Tel. 040/60 2 04 25

D-22529 Hamburg
Angelika Frahm
Grelckstr. 8B
Tel. 040/58 21 24

D-24107 Quarnbek
Elke Krug-Möller
Ziegelhofer Weg 29
Tel. & Fax 04340/13 38

D-28209 Bremen
Karin Bison-Unger
Holler Allee 29
Tel. 0421/347 78 77
Fax 0421/347 77 65

D-29342 Wienhausen/OT Oppershausen
Marie Luise Schlag
In den Tannen 3
Tel. 05149/89 00

D-30559 Hannover
Vera Hesse
Ottenshof 21
Tel. 0511/51 18 60
Fax 0511/52 65 02

D-30853 Langenhagen
Marion Kühn
Walsroderstr. 134 B
Tel. 0511/77 28 77

D-30938 Burgwedel
Marion Hipp
Kleinburgwedelerweg 17
Tel. & Fax 05139/88 8 76

D-34121 Kassel
Jeannette Thias
Heinrich-Heine-Str. 17
Tel. 0561/28 48 75

D-35452 Heuchelheim
Karin Jung
Beethovenstr. 22
Tel. 0641/61 8 22

D-38110 Braunschweig
Friederike Plock-Girmann
An den Ohewiesen 2k
Tel. 05307/33 52

D-38448 Wolfsburg
Sabine Frey
Stralsunder Ring 24
Tel. 05361/77 42 24

D-38723 Seesen
Helga Burgheim
Petersberg20/OT Bilderlahe
Tel. 05381/39 40
Fax 05381/48 281

D-40031 Düsseldorf
Marie-Luise G. Odemar
Kurfürstenstr. 5
Tel. 0211/35 92 74
Fax 0211/35 81 10

D-40699 Erkrath
Margarete Gross
Donaustr. 4
Tel. 02104/46 8 18
Fax 02104/44 96 58

D-44581 Castrop-Rauxel
Sigrid Hüsken
Recklinghauserstr. 56
Tel. 02305/7 30 89

D-44787 Bochum
Monika van Lohuizen
c/o HARVEY´S
Hue Str. 18
Tel. 0234/1 48 60

D-44791 Bochum
Annegret Micus
Erbhof 13
Tel. 0234/51 28 65

D-44791 Bochum
Elke Sobolewski
Alexandrinenstr. 24
Tel. 0234/50 24 56

D-44879 Bochum
Vera Schaumann
Keilstr. 93
Tel. 0234/94 09 274

D-47167 Duisburg
Senem Kaya
Hölscherstr. 8
Tel. 0203/58 85 14

D-48155 Münster
Gabriele Stegt
Neuheim 12
Tel. 0251/311 14 50
Fax 0251/31 17 23

D-48291 Telgte
Madeleine Groneberg
Emsstr. 14-16
Tel. 02504/3500
Tel. 02504/16 72

D-49824 Emlichheim
Lucie Knoche
Thüringerweg 4
Tel. 05943/268

D-49835 Wietmarschen
Jean Tan
Hauptstr. 90
Tel. 05908/613

D-49844 Bawinkel
Angela Pleus
Mäske 11
Tel. 05963/298
Tel. 05931/13 7 70

D-50672 Köln
Rita Petri
Hans-Böckler-Platz 3
Tel. 0221/51 94 74

D-50733 Köln
Helga Janßen
Steinbergstr. 3
Tel. 0221/73 61 47

D-53125 Bonn
Lieselotte Schubert
Philipp-Reis-Str. 9
Tel. 0228/29 87 39
Fax 0228/29 86 39

D-53125 Bonn
Ramona Mignon
Philip-Reis Str. 9
Tel. 0228/25 78 80

D-53359 Rheinbach
Heide Rasimowitz
Landskronweg 31
Tel. 02226/12 911

D-55270 Ober-Olm
Corinna Lehr
Kleiststr. 5
Tel. 06136/88 8 62

D-56410 Montabaur
Dorothea Schwickert
Am Himmelfeld 62
Tel. 02602/18 7 57

D-57632 Seelbach
Victoria Stinner
Hauptstr. 1
Tel. 02685/13 54

D-58256 Ennepetal
Inge Düllmann
Milsperstr. 12
Tel. 02338/12 51
Tel. 02333/36 18

D-60529 Frankfurt
Renate Nielbock
Geisenheimerstr. 121
Tel. 069/35 94 32

D-61250 Usingen
Hannelore Meyer
Obergasse 8
Tel. 06081/33 01
Fax 06081/168 34

D-61352 Bad Homburg
Jutta Machka
Frankfurter Landstr. 67
Tel. 06172/30 33 96

D-63322 Rödermark
Doris Sattler
Paul-Ehrlich-Str. 16-20
Tel. 06074/95 7 46
Tel. 06074/98 5 27

D-63589 Linsengericht-Altenhaßlau
Anja Bobeth
Am Sportfeld 2
Tel. 06051/7 54 50
Tel. 06058/384

D-63739 Aschaffenburg
Christiane Reising
Frohsinnstr. 7
Tel. 06021/22 6 40
Tel. 06028/37 37

D-63755 Alzenau
Sibylle von Hänisch
In den Mühlgärten 62
Tel. 06023/42 52
Fax 06023/311 83

D-63773 Goldbach
Karin Matterne
Aschaffenburgerstr. 147
Tel. 06021/55 01 00
Tel. 06021/54 07 50

D-63877 Sailauf/Aschaffenburg
Schlosshotel Weyberhöfe
Tel. 06093/9 40-0
Fax 06093/94 01 00

D-64287 Darmstadt
Ingeborg Gorr
Spessartring 29
Tel. 06151/71 01 26

D-64560 Riedstadt-Leeheim/Darmstadt
Monika Hiegl
Kiefernweg 2
Tel. 06158/71 4 92

D-64625 Bensheim
Renate Haberland
Melibokusstr. 13
Tel. 06251/73 2 82

D-65185 Wiesbaden
Evelin Reinders-Faulhaber
Schlichterstr. 10
Tel. & Fax 0611/37 86 53

D-65719 Hofheim (Wallau)
Irmhild Pearce
Zur Burg 1a
Tel. 06122/12 9 48

D-65812 Bad Soden
Yvonne Lenz-Müller
Kelkheimerstr. 34
Tel. 06196/63 190
Tel. 09352/23 62

D-65824 Schwalbach
Gabriele Mammitzsch
Adlerstr. 26
Tel. 06196/81 2 81

D-67346 Speyer
Inge Göttmann
Postplatz 2
Tel. 06232/24 4 97
Tel. 06232/74 0 12

D-69115 Heidelberg
Ria Dambach
Kurfürsten Anl. 61
Tel. 06221/27 0 90

D-69126 Heidelberg
Brigitte Holler
Kirschgartenstr. 17
Tel. 06221/37 29 76
Tel. 06221/210 14

D-70567 Stuttgart
Maria Boers
Im Schießgärtle 11
Tel. 0711/71 34 24
Fax 0711/71 77 62

D-70839 Gerlingen
Andrea Fricker
Mittlere Ringstr. 79
Tel. 07156/48 844

D-71032 Böblingen
Petra Ehrmann
Fasanenweg 8
Tel. 07031/28 98 07
Fax 07031/27 46 82

D-72119 Ammerbuch
Brigitte Zink
Dreifürstensteinstr. 5
Tel. & Fax 07032/714 77

D-72127 Kusterdingen
Sigrid Staller
Weinbergstr. 27
Tel. 07071/31 9 52

D-72213 Altensteig
Erika Eckert
Urbachstr. 14
Tel. 07453/87 24

D-72218 Wildberg
Ilse Rohrer
Salachternweg 15
Tel. 07054/25 87

D-72250 Freudenstadt
Ursula Erbig
Panoramastr. 17
Tel. 07441/35 49

D-73240 Wendlingen
Elke Amann
Blumenstr.27
Tel. 07024/54 884

D-73430 Aalen
Christine Noll-Mönch
Marktplatz 17
Tel. 07361/64 1 30

D-73488 Ellenberg
Kunigunde Stolz
Elchweg 5
Tel. 07962/82 00

D-73550 Waldstetten
Anni Löw-Ries
Gmünder Str. 92
Tel. 07171/42 3 96

D-73730 Esslingen
Ursula Wieland
Silcherstr. 7
Tel. 0711/316 79 11

D-74172 Neckarsulm
Doris Berreth
Reutlingerstr. 58
Tel. 07132/81 3 96

D-75172 Pforzheim
Maya Rey
Durlacherstr. 1
Tel. 07231/17 2 83

D-78359 Nenzingen/Bodensee
Karin Huober
Braunenbergerstr. 13
Tel. 07771/61 7 20

D-79232 March
Brigitte Stoll
Im Bemmenstein 4
Tel. 07665/40 5 19

D-79595 Rümmingen
Judith Blum
Tumringerstr. 20
Tel. 07621/88 787

D-79674 Todtnau
Michaela Klingele
Rütte 3
Tel. 07671/87 12

D-80999 München
Ingrid Keuerleber
Franz-Albert-Str. 6a
Tel. 089/812 06 98
Fax 089/813 14 40

D-81247 München
Hannelore Vonier
Karwinskistr. 102
Tel. 089/811 46 47

D-81737 München
Johanna Hausruckinger
Thomas-Dehler-Str. 30
Tel. 089/637 16 02

D-82418 Murnau-Seehausen
Margit Sereny-Limmer
Seeleiten 2 b
Tel. 08841/900 42
Fax 08841/622 03

D-83026 Rosenheim
Renate Lux
Arnulfstr. 14
Tel. 08031/26 82 48

D-83071 Stephanskirchen
Gabriele Haaks-Becke
Adalbert-Stifter-Weg 14
Tel. 08036/18 99

D-83395 Freilassing
Gerlinde Behensky
Humboldtstr. 5
Tel. 08654/61 5 31

D-84172 Buch
Silvia Schindler
Hartbeckerforst 22b
Tel. 08706/16 14

D-85084 Reichertshofen
Lee Ann Schöpf
Waldingerstr. 19b
Tel. 08453/98 36

D-85457 Wörth
Claudia Kruppa
Bahnhofstr. 6
Tel. 08122/47 20 9

D-86163 Augsburg
Uschi Eichinger
Mittenwalder Str. 45
Tel. 0821/61 70 4
Fax 0821/66 58 03

D-86956 Schongau
Margot Vatter
Am Hohen Graben 1
Tel. 08861/84 47

D-87527 Sonthofen
Marlene Kroiss
Jahnstr. 1
Tel. 08321/89 800

D-91541 Rothenburg
Margit Neuberger
Feuchtwangersstr. 16
Tel. 09861/40 245

D-92237 Sulzbach-Rosenbg.
Karin Zagel
Friedrich-Silcher-Str. 11
Tel. 09661/73 94

D-92245 Kümmersbruck b. Amberg
Sonja Brenner
Kurt-Schumacher-Str. 2
Tel. 09621/75 6 86

D-94249 Bodenmais
Monika Sauer
Fischerweg 12
Tel. 09924/76 27

D-94327 Bogen
Irmgard Kaltner
Dianastr. 5
Tel. 09422/43 54

D-96274 Itzgrund
Christina Seebach-Künzel
Ringstr. 17
Tel. 09531/68 05

Österreich

A-1030 Wien
Freyja Wisböck
Löwengasse 25/10
Tel. 01/714 10 30

A-1090 Wien
Christine Pamphlett-Leitzenberger
Stroheckgasse 12/12
Tel. 01/31 01 627 (abends)

A-1110 Wien
Gabriela Schmidt
Nowalskigasse 2
Tel. 01/769 46 46

A-1160 Wien
Michaela Marschall
Gallitzinstr. 91 A
Tel. 01/94 87 165

A-1190 Wien
CENTRO G, Lindermaier
Döblinger Str. 31
Tel. & Fax 01/36 56 95

A-1200 Wien
Ruth Glaser
Klosterneuburgerstr. 99
Tel. 01/33 03 002

A-1220 Wien
Brigitte Hainz
Prinzgasse 11
Tel. 01/283 12 60
Tel. 01/283 12 609

A-1220 Wien
Sylvia Schick
Süssenbrunnerstr. 11
Auto-Tel. 0663/084 666

A-2263 Dürnkrut
Brigitte Jungwirth
Dr. Karl Renner Straße 9
Tel. 02538/804 44

A- 2542 Kottingbrunn
Ursula Mendl
Oskar-Helmer-Str. 20/2
Tel. 02252/760 19

A-3021 Pressbaum
Gudrun Kobatsch
Hauptstr. 63
Tel. 02233/3210

A-3100 St. Pölten
Vera Klempa
Kranzbichlerstr. 41
Tel. 02742/74 2 88

A-3335 Weyer
Eva Radlmüller
Waidhofnerstr. 28
Tel. 07447/86 21
Fax 07447/87 79

A-4040 Linz
Doris Orso
Freistädterstr. 23
Tel. 0732/23 12 29
Fax 0732/23 12 29-10

A-4060 Leonding/Linz
Helga Schwandner
Larnhauserweg 3/17
Tel. 0732/67 36 39

A-4407 Dietach/Steyr
Elfriede Port
Niedergleinkerstr. 88
Tel. 07252/80 706

A-4910 Ried/Innkreis
Annemarie Dämon
Dr. Sennstr. 17
Tel. 07752/85 410

A-5020 Salzburg
Eva Kinz
Peilsteinerstr. 40
Tel. 0662/42 69 97

A-5280 Braunau
Waltraud Heiml
Linzerstr. 55
Tel. 07722/685 55

A-5322 Hof
Gudrun Buchner
Hinterschroffenau 40
Tel. 06221/82 43

A-5621 St. Veit/Pg.
Johanna Schindler
Rennlehenweg 4
Tel. 06415/68 76

A-5640 Badgastein
Christine Langegger
Poserstr. 8 b
Tel. 06434/46 22
Tel. 0662/88 09 13

A-6020 Innsbruck
Elfi Knofler
Arzlerstr. 43 a
Tel. 0512/261 7 45

A-6082 Patsch/Innsbruck
Lydia Troger-Ager
Kirchstr. 12
Tel. 0512/37 81 48

A-8010 Graz
Monika Maninger
Sporgasse 32
Tel. & Fax 0316/81 25 69
Auto-Tel. 0663/030 246

A-8160 Weiz
Hedi Fischer
Birkfeldstr. 14 a
Tel. 03172/43 50
Tel. 03172/29 52
Fax 03172/29 52 4

A-8230 Hartberg
Brigitte Pitter
R.-Obendrauf-Str. 8
Tel. 03332/62 0 23
Fax 03332/62 0 23-4

A-8900 Selzthal 34
Hildegard Meissnitzer
Selzthal 34
Tel. 03616/71 93

A-8970 Schladming
Margit Walcher
Parkgasse 73
Tel. 03687/23 332

A-9020 Klagenfurt
Margit Klaritsch
Werner-Berg-Gasse 6
Tel. 0463/26 21 27

A-9821 Obervellach
Astrid Triebelnig
Kosmetik-Fachinstitut
Tel. 04782/2043-25

Schweiz

CH-2502 Biel
Edith Dorn
Obergasse 24
Tel. 032/22 90 92

CH-3013 Bern
Paulette Maurer
Altenbergstr. 6
Tel. 031/331 77 62

CH-3027 Bern/Bethlehem
Elisabeth Seeberger
Neuhausweg 11
Tel. 031/992 66 94

CH-3076 Worb/Bern
Thea Berger
Vechigestr. 58
Tel. 031/839 36 10

CH-3303 Jegenstorf
Monika Scheurer
Eschenweg 6
Tel. 031/761 13 25

CH-3604 Thun
Marlis Straub
Distelweg 30
Tel. 033/36 38 85
Fax 033/36 42 62

CH-3626 Hünibach
Heidi Dietrich
Alte Thunstr. 36
Tel. 033/43 58 19

CH-4001 Basel
Helga Köninger
Gerbergasse 53
Tel. 061/262 00 50

CH-4106 Therwil
Nicole Brodbeck
Teichstr. 16
Tel. & Fax 061/722 01 20

CH-4112 Flüh
Ilse Baumann
Höhenweg 16
Tel. & Fax 061/731 22 37

CH-4142 Münchenstein
Gitta Stöcklin
Kaspar-Pfeiffer-Str. 4
Tel. & Fax 061/411 09 90

CH-4146 Hochwald
Margrit Schmid
Herrenmatt 12
Tel. 061/751 60 60

CH-4310 Rheinfelden
Barbara Baudin
Kapuzinergasse 22
Tel. 061/831 18 23

CH-4950 Huttwil
Bernadette Walther
Eriswilstr. 44
Tel. & Fax 063/72 32 91

CH-5013 Niedergösgen
Heidi Gähwiler
Schachenrainstr. 5
Tel. 064/41 72 12

CH-6003 Luzern
Eva Wüest-Schnell
Pfistergasse 27
Tel. 041/22 33 38

Ch-6020 Emmenbrücke/Luz.
Theresa Schacher
Bahnhofstr. 9
Tel. 041/55 14 53

CH-6024 Hildisrieden
Ruth Bucher
Malorain 23
Tel. 041/992 75
Fax 041/992 75 1

CH-6043 Adligenswil/ Luzern
Beatrice Barden
Gämpi 10
Tel. 041/31 25 20

CH-6203 Oberkirch
Berthi Kocher
Grünauweg 15
Tel. 045/21 77 72

CH-6948 Porza
Edith Dolder
Via Marter 10
Tel. 091/51 43 38

CH-7205 Zizers
Carmen Bächler
Löwenbungert 6
Tel. 081/51 87 85

CH-8122 Binz
Barbara Evans
Im Gassacher 6
Tel. 01/980 09 62

CH-8126 Zumikon
Dagmar Hagmann
Chapfstr. 88
Tel. 01/918 00 18
Fax 01/919 00 04

CH-8400 Winterthur
Beatrice Germann
Buchrütiweg 4
Tel. 052/213 86 93

CH-8505 Homburg-Reckenwil
Christiane Köhler-Müller
Tel. 054/63 35 70

CH-8700 Küsnacht/Zürich
Ursula Kamer
Baumgartenstr. 6
Tel. 01/910 73 22

CH-8700 Küsnacht/Zürich
Pierette de Stoppani
Seestr. 254
Tel. 01/912 18 50

CH-8713 Uerikon
Ursula Bachmann
Seestr. 243
Tel. 01/926 55 38

CH-8805 Richterswil
Rosmarie Iseli
Feldstr. 19
Tel. & Fax 01/784 65 30

CH-8902 Urdorf
Ursula Kern
Uetlibergstr. 33
Tel. 01/734 23 54

CH-8907 Wettswil/Albis
Lea Ruprecht
Rainstr. 17
Tel. 01/700 09 19

CH-8910 Affoltern/Albis
Annelise Christen
Giessenstr. 15 B
Tel. 01/761 09 13

CH-8942 Oberrieden
Theresia Hatt
Alte Landstr. 48
Tel. 01/720 32 42

CH-8967 Widen
Helena Leitgeb
Kelleräcker 42
Tel. 057/33 45 59

CH-9000 St. Gallen
Marlies Felder
Dufourstr. 28
Tel. 071/25 63 46
Tel. 071/23 25 95

CH-9057 Weissbad/ Appenzell
Ruth Gschwend
Zidler
Tel. 071/88 17 11

CH-9443 Widnau
Silvia Menzi
Diepoldsauerstr. 8
Tel. 071/72 18 88
Fax 071/72 13 51

CH-9500 Wil
Monique Wüthrich
Höhenstr. 16
Tel. 073/22 52 52
Tel. 073/22 69 32

CH-9562 Maerwil
Yvette Sommer
Sitegassli 17
Tel. 073/26 22 35

CH-9652 Neu St. Johann
Ursula Betschart
Gerlistr. 6
Tel. 074/421 90

weitere deutschsprachige Consultants

B-4700 Eupen
Helga Peters
Kehrweg 40
Tel. 0032/87 74 25 84

I-39050 Unterinn-Ritten
Margareth Lintner
Hauptstr. 3
Tel. 0471/35 91 90

H-1031 Budapest
Maria Gyöker
Rozalia ut 38 - 42
Tel. 00361/173 0992
Fax 00361/1315 563

B-1150 Bruxelles
Sigrid Hüsken
Av. Pere Agnello 1a
Tel. 02/771 82 96

Für weitere Informationen:
Deutschland: Hollerallee 29 · D-28209 Bremen · Tel. 04 21 / 347 78 77 · Fax 04 21 / 347 77 65
Österreich: Postfach 48 · A-5101 Bergheim · Tel. & Fax 0 62 23 / 32 89 · Schweiz: Postfach 637 · CH-8021 Zürich · Tel. 01 / 915 41 61 · Fax 01 / 915 41 67